中非联合研究交流计划
2012—2013年课题研究报告选编

外交部非洲司 编

世界知识出版社

前　言

中非联合研究交流计划是中国政府在2009年11月举行的中非合作论坛第四届部长级会议上宣布的对非务实合作举措之一。2012年7月,中国政府在论坛第五届部长级会议上宣布将继续实施"交流计划",此后三年内开展100个学术研究、交流合作项目。在中非学者的积极支持和踊跃参与下,"交流计划"已日益成为中非学术领域的重要品牌。中非学者智库交往由少到多,合作由浅入深,中非学术研究队伍不断壮大,带动了中非人文交流和民间认知的不断深化。

2012—2013年,"交流计划"项下开展了课题研究、学术交流、研讨会、著作出版四大类共71个联合研究与交流项目,其中课题研究项目28个,研究方向涵盖了非洲形势和中非关系的主要领域。

本书选编了课题研究项目成果报告中5篇有代表性的作品,其中有对近十余年来国内外中非关系研究的梳理,有对中非关系的国际贡献以及中非合作对非洲实现千年发展目标贡献的探究,有的专注于非洲具体热点问题,有的则聚焦中国企业在非洲履行社会责任情况。有关报告中的观点和看法属作者个人意见,供读者相互交流和参考。

编者

2014年4月

目 录

第一编 国际社会对中非关系的研究现状

第一章　国际社会对中非关系的研究：阶段与特点 / 2
第二章　国际社会对中非关系的研究：议题与观点 / 39

第二编 中非合作对非洲实现联合国千年发展目标的贡献及启示

第一章　中非合作促进非洲实现MDGs的历史发展 / 134
第二章　中非合作对非洲实现MDGs的贡献 / 145
第三章　中非合作的经验与启示 / 157
第四章　政策建议（略）/ 168

第三编 南北苏丹争端与中国对策

第一章　南北苏丹边界资源问题及对争端的影响 / 173
第二章　国际社会对南北苏丹问题的关注 / 179
第三章　南苏丹面临的挑战和南北苏丹目前局势的特点 / 183
第四章　中国在南北苏丹问题上应采取的对策（略）/ 193

第四编　新形势下中非关系的国际贡献研究

第一章　中非关系面临的新形势 / 197

第二章　中非关系的物质贡献 / 208

第三章　中非关系的战略意义 / 219

第四章　中非关系的理论启示 / 235

第五章　政策建议 / 247

第五编　中国企业在非洲履行社会责任调查

第一章　企业社会责任概述 / 255

第二章　中国企业进入非洲的现状及特点 / 263

第三章　中国在非洲企业履行社会责任情况的现状及特点：
中国的视角 / 272

第四章　中国在非洲企业履行社会责任情况的现状及特点：
非洲的视角　288

第五章　中国在非企业履行社会责任存在的问题 / 308

第六章　中国在非企业履行社会责任存在问题的原因分析 / 311

第七章　其他国家（地区）的企业在非洲履行社会责任的情况 / 314

第八章　中国在非履行社会责任典型案例 / 320

第九章　促进中国在非企业更好地履行社会责任的对策 / 330

| 第一编 |

国际社会对中非关系的研究现状 *

---

* 李安山：课题组负责人，北京大学国际关系学院教授、非洲研究中心成员。
　龙刚 [Antoine Rogèr Lokongo，刚果（金）]：北京大学国际关系学院博士候选人，非洲研究中心成员。
　沈晓雷：北京大学国际关系学院博士生，非洲研究中心成员。
　李杉（Erfiki Hicham，摩洛哥）：北京大学国际关系学院博士候选人，非洲研究中心成员。
　赵光锐：北京大学国际关系学院博士，南京大学政府管理学院讲师。
　田欣：北京大学国际关系学院硕士生，非洲研究中心成员。
　王唱：北京大学历史系硕士生，非洲研究中心成员。

第一章
国际社会对中非关系的研究：阶段与特点

本章就国际社会在三个不同阶段对中非关系的研究及其特点进行分析。本报告认为国际社会对中非关系的研究可分为三个阶段：1990年代；2000—2008年；2008年以来。这三个阶段的研究各有特点。

一、第一阶段（1990年代）

1990年以前，国际社会对中非关系关注不多，较为扎实的学术著作屈指可数，如戴文达（J.J.L. Duyvendak）、费勒西（Teobaldo Filesi）、拉尔金（B.D.Larkin）、奥根桑沃（A. Ogunsanwo）、于子桥(George T.Yu)、哈奇森（A.Hutchison）和斯诺(P. Snow)等人的研究。[①]

在1990年代，西方人对中国在非洲的活动并未十分在意，虽然有一些研究，但一般倾向于将中非关系放在发展研究或国际关系的角度去考

[①] J.J.L.Duyvendak, *China' Discovery of Africa, Stephen Austin and Sons*, 1947; Teobaldo Filesi, *China and Africa in the Middle Ages,* London: Frank Cass, 1972; Bruce D. Larkin, *China and Africa 1949 - 1970,* Berkeley: University of California Press, 1971; Aleba Ogunsanwo, *China's Policy in Africa,* Cambridge: Cambridge University Press, 1974 George T. Yu, *China's African Policy: A study of Tanzania,* Praeger Publishers, 1975; Alan Hutchison, *China's African Revolution,* London: Hutchinson, 1975; Philip Snow, *The Star Raft: China's Encounter with Africa,* London: Weidenfeld and Nicolson, 1988. 有关90年代以前的研究状况，参见D.Large, "Beyond 'Dragon in the Bush'：The Study of China-Africa Relations", African Affairs, 107/426 (2008), pp.45-61. 该文对90年代以后的研究稍有涉及。

察。美国学者布罗蒂加姆和英国学者伊恩·泰勒在90年代对中非关系研究较多。两人的研究都是以博士论文为基础。

布罗蒂加姆的博士论文是关于中国对非洲农业援助的，其研究角度是从发展援助出发。布罗蒂加姆在《中国的援助与非洲的发展》一书中指出，中国与非洲的合作一直相对稳定；中国高层领导对非洲的访问在改革开放后的70年代末期到90年代甚至有所增加；中国早期对非援助中15%—20%的款项被用于44个非洲国家的120项农业援助。"尽管整个援助承诺方面在不同年份有所变动，中国人也承认他们不再能支持像坦赞铁路那种规模的项目，但在整个1980年代与1990年代，中国仍继续提供新贷款，并对多个非洲国家免除了债务。"[1] 对中非关系将带来双赢这种结果，她可谓独具慧眼。她在论及中国对非洲的农业援助时注意到，中国的援助可能会在"绿色革命"（而非意识形态上）对非洲起到积极正面的作用。[2] 她的研究集中在中国对西非国家的农业援助，并辅之以个案，这些有关中非关系的研究相当扎实，为她撰写《龙的礼物：中国在非洲的真实故事》打下基础。[3]

泰勒的重点放在冷战时期中国与南部非洲（10个国家）的关系，有的章节先后以论文的形式发表，这也为他后来介入当代中非关系的研究打下基础。[4] 然而，他不谙中文，加之对中国抱有较强的意识形态偏见，从而影响了其研究的客观性。他的博士论文研究中有关中文方面的资料

---

[1] Deborah Brautigam, *Chinese Aid and African Development: Exporting Green Revolution*, London: Macmillan Press Ltd., 1998, pp.42-43.

[2] Deborah Brautigam, *Chinese Aid and African Development: Exporting Green Revolution*, p.210.

[3] Deborah Brautigam, "South-South technology transfer: The case of China's Kpatawee Rice Project in Liberia", *World Development*, 21:12 (1993); Deborah Brautigam, *China and Kpatawee Rice Project in Liberia*, Universitat Bremen, Germany, Liberia Working Group Papers, No.8, 1993.

[4] Ian Taylor, "China's foreign policy towards Africa in the 1990s", *Journal of Modern African Studies*, 36:3(1998), pp.443-460; Ian Taylor, "The 'Captive State' of Southern Africa and China: the PRC and Botswana, Lesotho and Swaziland", *Journal of Commonwealth and Comparative Politics*, 35:2(1997), pp.75-95; S. Cornelissen and Ian Taylor, "The political economy of Chinese and Japanese linkages with Africa: a comparative perspective", *Pacific Review*, 13:4(2000), pp.615-633.

多取自当时中国出版的英文资料和台湾的英文杂志，局限性较大，表现出明显的西方偏见和台湾方面资料的影响，如他在论述中国—津巴布韦关系时认为中国对津巴布韦进行"殖民化"。他的博士论文于2006年结集出版，但显得比较粗糙，应景成分明显。①

此外，这一阶段的研究中部分与中国大陆和台湾在非洲的争夺有关。②当时台湾发行的英文杂志《问题与研究》（Issues and Studies）也成为国际学术界发表有关中国对非政策或中非关系的重要学术阵地。③从总体而言，这一时期的中国在国际关系上所占地位并未引起学术界和媒体的关注，中非关系在国际政治中的影响尚未彰显，除了中国大陆与台湾争夺国际舞台这一议题外，学者和舆论关注较少。

当然，这种研究状况与中国当时的国力有关。直到20世纪末，中国在国际舞台上是否重要仍是国际政治学界讨论的问题。1999年，曾任伦敦国际战略研究所研究部主任的杰拉德·西格尔发表了"中国重要吗？"一文，从经济、军事和政治上分析了中国国力，认为中国只是一个"二流的中等国家"，在国际政治中无足轻重。④在中非关系问题上，杰拉德·西格尔的论点也有一定的影响力。他早在1992年发表的题为"中国与非洲"的文章比较有代表性，他并不认为中国在国际舞台的作用有多么重要；同时他认为，中国强大后对非洲人将更为重要：而从中国的角度看，非洲在中国对外政策的考量中只会是重要性最小的地区。⑤今天看来，这

---

① Ian Taylor, *China and Africa Engagement and Compromise*, Routledge, 2006.

② George Yu and D.J.Longenecker, "The Beijing-Taipei struggle for international recognition: from the Niger affair to the UN", *Asian Studies*, 34:5(1994), pp.475-488; Deborah Brautigam, "What can Africa learn from Taiwan? Political economy, industrial policy and adjustment", *Journal of Modern African Studies*, 32:1(1994), pp.111-138.

③ 例如Deon Geldenhuys, "The politics of South Africa's 'China Switch'" *Issus and Studies*, 33:7(1997), pp.93-131; Ian Taylor, "Africa's place in the diplomatic competition between Beijing and Taipei", *Issues and Studies*, 34:3(1998), pp.126-143。

④ Gerald Segal, "Does China Matter?" *Foreign Affairs*, Vol. 78, No. 5, September/October 1999, pp.24-36.

⑤ Gerald Segal, "China and Africa", *The Annals of the American Academy*, January 1992, p.126.

一观点有失偏颇。

西方研究者中也有例外。这些作者中有的看到了中非关系的潜力。例如，研究发展问题的学者黛博拉·布罗蒂加姆在她的博士论文研究中发现了中非关系的特点，特别是中国对非援助与西方的不同，并开始关注中非合作问题。她在研究了文革后的中国对非政策后指出，"尽管撒哈拉以南非洲在现今和以前的超级大国外交政策的谋划中已被边缘化，但它仍是中国全球地缘政治中的重要部分"。[1] 她在为马歇尔基金会写的有关中国对非援助的报告中仍坚持这一观点。[2] 这种持续关注及独特视角为她后来成为中非关系的著名学者打下了基础。

这一阶段，国际社会关于中非关系的研究主要有以下三个特点。第一，专门研究不多。尽管1990年代是中国企业在非洲打基础的时期，但由于中国的国际地位在西方的眼中尚不重要，中非关系在国际政治中的地位并不突出，其重要性未显现出来，也丝毫未引起国际学术界及媒体的重视。第二，关注中非关系的学者很少。前面提到，这一阶段从事中非关系研究的学者只有少数几位，当时可以说是默默无闻。关注中非合作或中非关系议题的主要是国际政治和发展学方面的学者。第三，研究的倾向性较强。由于冷战色彩的影响，除个别外，研究中非关系的学者倾向性较强，意识形态立场明显。第四，研究内容多涉及发展援助或大陆和台湾关系。这一时期有的学者研究中非关系多从国际关系或国际政治的角度出发，即使是发展研究，也是从国际政治的立场来评判中国对非洲发展援助带来的影响，有的则是分析大陆与台湾对非洲的争夺。

二、第二阶段（2000–2008年）

2000年中非合作论坛第一届部长级会议的召开和中非关系的快速发展引起了国际社会的注意。一方面，西方政府对中国在非洲影响力的快速增长感到意外，缺乏心理准备，一种焦虑油然而生；另一方面，他们

---

[1] Deborah Brautigam, *Chinese Aid and African Development,* Macmillan Press, 1998.
[2] Deborah Brautigam, "China's African Aid: Transatlantic challenges", A Report to the German Marshall Fund of the United States, April 2008, pp.10-13.

凭着在非洲的传统优势和经营经验,对中非合作存在的一些问题进行污蔑毁谤,用"新殖民主义论"和"经济帝国主义论"对中国进行攻击。

2004年,两篇重要文章对中非关系作出评价。杰里在《新共和国》上发表了"中国的非洲战略"一文,认为"中国正在收买非洲领导人的心,致力于赢得发展中国家同盟军并提升在国外的软实力。"① 姆卡里亚在《非洲安全评论》上发表了题为"非洲与中国:战略伙伴"一文,认为"中国力图将非洲看做在能源、贸易和地缘政治方面的战略伙伴"。"中非合作确实会经历高潮和低潮,但可以肯定中国正在与非洲建立一种长期的战略关系以保证其在国际领导、市场、能源和空间的地位。"② 中非关系的迅速发展引起了外界的一些猜测、曲解和攻击,一时间,各种指责和批评铺天盖地而来,大致有三种观点:"近年扩张说"、"石油能源说"和"新殖民主义说"。这些观点的理论基点是"中国威胁论"。③

第一种观点认为,中国在过去30年对非洲不闻不问,近年才因资源需要对非洲进行渗透。"在沉寂了30年后,中国当前卷入非洲反映了一种野心勃勃的新观点。今天,能源、贸易和不断增加的地缘政治利益成为中国在非洲力争实现的议事日程上极重要的因素。"④ 这种观点显然忽略了历史事实。中国与非洲的关系确实有过起伏,但双方的交往与合作一直存在。对中非合作研究较深的西方学者已认识到这种关系的延续性。布罗蒂加姆在研究了文革后的中国对非政策后指出,中国总理访非开始了中国对援助体系的三项改革(援助系统的架构、援助标准的规范和加强

---

① Stenphanie Giry, "China's Africa Strategy," *The New Republic*, Vol. 231, No. 20, November 2004, pp.19-23.

② D. Jardo Muekalia, "Africa and China's Strategic Partnership," *African Security Review*, Vol. 13, No.1, 2004, pp.1-11.

③ Joshua Eisenman and Joshua Kurlantzick, "China's Africa Strategy," *Current History*, May 2006, pp. 219-224. 也有学者将中国在非洲的所为看做是中国尽力扩大南南合作潜力的尝试。Ana Alves, "The Growing Relevance of Africa in Chinese Foreign Policy: The Case of Portuguese Speaking Countries," Daxiyangguo: Revista Portuguesa de Estudos Asiàticos, Numeros 7, 1 Semestre 2005, pp.93-108。

④ "CSIS Prospectus: Opening a Sino-U. S. Dialogue on Africa, 2003," Muekalia, "Africa and China's Strategic Partnership," p. 8.

对非洲人力资源培训）；中国的种种措施已为后来中非合作的提速打下坚实基础；中国已开始注意将援助与投资相联系。她证实了一个为多数西方作者忽略的事实：中国与非洲的合作关系是长期的、一以贯之的，并非如有的学者或媒体所传言的是从中国需要原材料的近期才开始的。正如她在《龙的礼物》中所指出的："当无人真正在注意时，为中国当前介入非洲的基石已经在奠定。"①

第二种观点认为，中国发展对非关系的目的是为了石油和资源；② 为了获取石油和各种资源，中国不惜牺牲"民主"和"人权"来支持专制政权，这些所谓"专制政权"主要是指那些与西方作对或坚持独立立场的国家如苏丹的巴希尔政权、津巴布韦的穆加贝政权等。③ 在所谓的"漠视人权"或"支持独裁政权"的指责声中，中国与苏丹发展友好关系和支持津巴布韦2005年选举结果都成为"罪状"。④ 相当多的研究集中在贸易和能源。在一些学者看来，石油能源是中非关系的出发点，中国的快

---

① Deborah Brautigam, *The Dragon's Gift, The Real Story of China in Africa*, Oxford University Press, 2009, p.60. [已有中译本，参见黛博拉·布罗蒂加姆：《龙的礼物：中国在非洲的真实故事》（沈晓雷、高明秀译），社会科学文献出版社，2012年。目前台湾版已出，书名为《红色大布局》，2013年。]

② Stenphanie Giry, "China's Africa Strategy", pp.19-23; Princeton N. Lyman, "China's Rising Role in Africa," July 21, 2005, http://www.cfr.org/publication/8436/chinas_rising_role_in_africa.html.

③ Gideon Mailer, "China in Africa: Economic Gains, Democratic Problems," http://zope06.v.servelocity.net/hjs/sections/africa/document.2005-05-09.6105323022; Joshua Eisenman, "Zimbabwe: China's African Ally", China Brief, Vol.5,No. 15, July 5, 2005, pp.9-11.

④ Yitzhak Shichor, "Sudan: China's Outpost in Africa", *China Brief*, Vol.5, No.21, October 13, 2005, pp.9-11; Joshua Eisenman & Joshua Kurlantzick, "China'sAfrica Strategy",p. 223.

速发展需要能源，而非洲丰富的自然资源正好提供了中国发展的动力。①这种分析有其道理，但有人认为从20世纪90年代后期起，中国从非洲进口能源的增加侵害了西方的传统利益。② 丹尼尔·拉吉的文章以苏丹为例分析了中国在非洲军事争夺和战后重建的作用。③ 一些学者认为西方对中国的批评和指责不合理，对中国介入非洲石油能源的事实进行客观评价。即使是美国政府提供的资料也表明，就2006年的石油产量而言，在非洲的所有中国石油公司所产石油也只有美孚这一家美国公司在非洲的石油产量的1/3。④ 布鲁金斯的高级研究员艾丽卡·唐斯明确指出，西方在非洲的石油利益要远远大于中国，所占石油区块也多于中国；中国在非洲的石油板块或是那些边角余料，或是那些西方石油公司认为不安全的区域。⑤

第三种观点认为，中国在非洲实行"新殖民主义"或"经济帝国主义"。⑥ 2006年2月，英国外务大臣杰克·斯特劳在尼日利亚发表讲

---

① Amy Myers Jaff and Steven W Lewis, "Beijing's oil diplomacy", *Survival*, 44:1(Spring 2002), pp.115-133; Erica S. Downs, "The Chinese energy security debate", *The China Quarterly*, 177 (2004), pp. 21-41; David Zweig & Bi Jianhai, "China's Global Hunts for Energy," *Foreign Affairs*, 84：5（2005）, pp. 25-38; Ian Taylor, "China's oil diplomacy in Africa", *International Affairs* 82, 5 (2006), pp. 937-959; Wenran Jiang, "China's booming energy ties with Africa", *Geopolitics of Energy* 28, 7 (2006); E.G.Meyerson, et al, "The rise of China and the natural resource curse in Africa", mimeo, 2007; Ricardo Soares de Oliveira, 'Making sense of Chinese oil investment in Africa" in Alden, Large and Soares de Oliveira, eds., *China Returns to Africa*, pp.83-109; D. P.Keenan, *Curse or Cure? China, Africa and the Effects of Unconditional Wealth*, University of Illinois, College of Law, 2008.

② See Bernt Berger, "China's Engagement in Africa: Can the EU SitBack?", *South African Journal of International Affairs*, 13: 1 (Summer/Autumn, 2006) , pp.115-127; Princeton Lyman, "China's Involvement in Africa: A View from the US, " ibid, pp.129-138.

③ D. Large, "China's Involvement in Armed Conflict and Post-War Reconstruction in Africa: Sudan in Comparative Context." Danish Institute for International Studies, Copenhagen, 2007.

④ US State Department, "China in Africa: Implications for US Policy," in *Africa News*, June 4, 2008.

⑤ Erica S. Downs, 'The fact and fiction of Sino-African energy relations', *China Security* 3, 3 (2007), pp. 42-68.

⑥ Dianna Games, "Chinese the New Economic Imperialists in Africa," Business Day, February 2005; Lindsey Hilsum, "China's Offer to Africa: Pure Capitalism", *New Statesman*, July 3, 2006, pp.23-24.

话，认为中国在非洲所做的事正是英国100多年前所为，实际上将中国在非洲所为与英国的殖民主义画上等号，从而引发对中非关系性质的讨论。有的西方记者更加极端，认为中国正在非洲创造一个奴隶帝国。[1] 以牛津为基地的英国非政府组织"发展中的权利与责任"（Rights and Accountability in Development, RAID）于2007年发表了题为"对在非洲矿产行业经营的中国公司的忠告"的简报，对中国在赞比亚和刚果（金）的矿产企业的人权问题提出批评。[2] 一位德国记者认为中国正在通过三种方法入侵非洲，即支持那些只希望保护自己的权力而不关心民主、良政和人权的非洲独裁者；为非洲独裁者提供所需现金并通过向非洲出口廉价消费品而破坏当地的行业；廉价地购买非洲丰富的自然资源。他认为，对于非洲人民而言，最初对中国的热情慢慢变成恐惧。[3] 法国国际关系研究所亚洲中心主任尼奎特认为，中国在非洲的经济活动是低成本、缺乏制约性的，很大程度上构成了一种掠夺系统；应将中国纳入国际规范，使其外资政策遵守国际规则。[4] 当然，也有一些不同观点，认为"西方跨国公司对非洲资源的掠夺型开采是所谓非洲的'经济殖民主义'的真正原因。"[5] 2006年，在肯尼亚《民族日报》和全非网等非洲媒体上广泛转载了题为"中国在呼唤：是否到了与美国和欧洲说再见的时间了？"

---

[1] Peter Hitchens, "How China has created a new slave empire in Africa", *Daily Mail*, September 28, http://webnt.calhoun.edu/distance/internet/Business/eco231/downloads/phchina.pdf.

[2] RAID, *Advice to Chinese Companies Operating in the Mining Sector in Africa*, Briefing Paper, 2007.

[3] Andreas Lorenz, "The Age of the Dragon: China's Conquest of Africa", *Spiegel Online International*, May 30, 2007. http://www.spiegel.de/international/world/the-age-of-the-dragon-china-s-conquest-of-africa-a-484603.html.

[4] Valérie Niquet, "La Stratégie Africaine de la Chine", *Politique étrangère*, 2eme trimestre 2006; Valérie Niquet, "China's Africa Strategy", http://www.diplomatie.gouv.fr/en/IMG/pdf/0805-Niquet-ANG.pdf, January 2007.

[5] "China! The New Neo-colonialists in Africa?" http://us_and_them.gnn.tv/blogs/16420/China_The_new_neo_colonialists_in Africa.

的文章以及类似议论。① 这种倾向引发了西方进一步担忧。

除了这三种比较流行的主流观点外,一些严肃的学者在客观研究中非关系。爱丁格尔的论文分析了中国对非洲的农业援助。② 沙伯力和严海蓉就中非合作提出了自己的看法,认为这是一种既是朋友也有利益的复杂关系。他们认为,对中非关系的发展存在着两个话语:其一,西方政治势力和媒体批评中非关系的每一个方面;其二,认为中国人受到非洲人的支持。然而,中非关系包括中国的援助、移民政策、投资和基础设施贷款等,都是具有中国特点的独特方式。他们用事实批判了有关将中国在非洲的活动贴上"殖民主义"标签的观点,指出这只是西方社会的无理指责。他们更倾向于认为中国在非洲实施的是"普通的资本主义"(ordinary capitalism)。他们还通过对非洲人的采访调研了非洲对中国的看法,其结论与西方媒体的也大相径庭。③ 德国著名的发展学研究学者阿希通过投资、贸易、援助和移民等四个方面的分析,认为中国的所谓"非洲模式"有自己的特点,中国在非洲的卷入从总体上给非洲大陆带来了正面影响,但究竟谁是真正的受益者却不得而知,非洲政府应该掌握更大的主动权,从而争取在与中国交往中得到更多的利益。西方政府和学者不宜对中国的影响一味批判,应加强各方面的研究以得出更客观的

---

① Mark Sorbara, "With China Calling, Is It Time to Say Goodbye to US And Europe?" *The Nation* (Nairobi), April 13, 2006. S. Akaki, "Uganda: Would We Prefer a Chinese 'Commonwealth' Today?" Oct. 29, 2007. *allAfrica.com*. allafrica.com/stories/200710290256.html.

② H.Edinger, "How China Delivers Rural Development Assistance to Africa." Presentation at the 6th Brussels Development Briefing, July 2, 2008, www.slideshare.net/euforic/how-china-delivers-rural-developmentassistance-to-africa.

③ B.Sautman and Yan Hairong, "Friends and Interests: China's Distinctive Links with Africa", *African Studies Review*, 50:3 (December 2007), pp. 75–114;. B. Sautman and Yan Hairong, *East Mountain Tiger, West Mountain Tiger: China, the West, and "Colonialism" in Africa*, Maryland Series in Contemporary Asian Studies, No.3-2006; Barry Sautman and Yang Hairong, 'Africa Perspective on China-Africa Links', *The China Quarterly*, Vol. September 2008.

对中国的负面评论和指责多，中立客观的研究较少，这与一种他们生存的社会氛围有很大的关系。[①] 然而，也有一些欧美学者指出要对中国在非洲的影响作更深入的研究，不宜匆忙得出负面结论。四是缺乏实证研究。这些研究主要是从总体上描述或定性，建立在深入细致的实地考察基础上的研究很少。一些学者（如德国的阿希和英国的柯兰德等）明确指出当前的研究缺乏实证分析。五是一些国际组织（包括非洲的非政府组织）的调研报告虽然有所偏见，但相对较为客观地分析了中非关系的经济实质。

三、第三阶段（2008年以来）

2008年，欧盟和美国几乎同时提出要与中国在处理非洲事务方面加强合作。这种态度多少对国际社会的研究取向有所影响。国际社会对中非关系的研究呈多元化趋势。这种多元化体现在观点、作者以及有关议题的多元。

以前的研究多落脚在定性上，对中非关系或中国在非洲的作用主要是批评。然而，这种情况正在改变。西方社会不时出现对中非关系的正面积极的看法，有的明确提出西方人没有资格批评中非关系，有的直接指出中非关系有助于非洲经济发展。可谓褒贬兼有，异彩纷呈。

国际社会一般习惯于将中非关系置于一种经济关系的框架里进行研究和分析，这与现实相关。有的研究比较宏观，或是将中国在非洲的活动对非洲发展所产生的影响作为主题；[②] 或是关注中国发展的经验教训及

[①] 2007年的民调表明，一半的美国受访者认为中国在非洲的影响力对美国国家利益会形成很大或较大的威胁。"UPI Poll: China's Influence in Africa," United Press International, July. 27, 2007. 2008年的西欧民调也显示，多数人认为中国对于全球稳定是一个巨大威胁。"China Seen as Biggest Threat to Stability," *Financial Times*, April. 15, 2008.

[②] G. Mohan, *China in Africa: Impacts and prospects for accountable development*, University of Manchester, Effective States and Inclusive Development Research Centre, ESID Working Paper, No.12, 2012.

— 第一编 国际社会对中非关系的研究现状 —

主编的《中非关系：过去、现在与未来》是在一次中非双方学者合作召开的学术研讨会基础上出版的论文集，较早地开始了中非学术合作。① 塞内加尔的阿达玛·盖耶的《龙与鸵鸟》是非洲学者写的第一本较系统描述当代中非关系的书，虽然有些偏见，但其中提到的一些问题值得重视。② 在美国教书的加纳学者奥武苏等提出了要防止中美争斗可能为非洲带来的弊端。③ 加纳记者安科玛指出了为何西方对中国在非洲的拓展害怕的原因。④ 津巴布韦《先驱报》记者蒙约罗提出要加强中非交流。⑤ 一些个案研究也开始出现。有的学者就中非合作出现的机会和挑战提出了自己的看法。⑥ 有的学者将中国—安哥拉关系看做实用主义的伙伴关系。⑦ 值得注意的是，尽管一些非洲知识分子对中非关系的现状提出一些批评，但他们多对中非合作持正面态度。

这一阶段的中非关系研究有以下特点，一是有关中非关系的研究成果猛增，特别是一些西方基金会资助的项目特别多。二是国际社会对中非关系的研究的主导仍集中在西方学者和媒体，少数非洲学者和中国学者参与讨论，但基本处于边缘位置。三是西方作者的倾向性比较明显，

---

① Kwesi Prah, ed., *Afro-Chinese Relations: Past, Present and the Future*, Cape Town, 2007.

② Adama Gaye, *Chine-Afrique, le dragon et l'autruche*, L'Harmattan, 2006. 此人曾作为北大国际关系学院和非洲研究中心的访问学者在北大交流。

③ Francis Owusu and Pa'draig R. Carmody, "Competing hegemons? Chinese versus American geo-economic strategies in Africa", *Political Geography*, 26 (2007), pp. 504-524.

④ Baffour Ankomah, "China in Africa: Why the West is worried", *New African Magazine*, Issue 471, March 2008.

⑤ Fidelis Munyoro, "Africa: Journalists Urged to Strengthen China-Africa Relations", The Herald, June 4, 2008.

⑥ O.Ajakaiye, "China and Africa: Opportunities and Challenges." Paper presented at African Union Task Force on Strategic Partnership Between Africa and the Emerging Countries of the South, September, 2006. Addis Ababa, Ethiopia. www.aercafrica.org/documents/china_africa_relations/Opportunities_and_Challenges%20_Olu.pdf.

⑦ I.Campos and A. Vines, "Angola and China: A Pragmatic Partnership." Center for Strategic and International Studies. Working paper presented at CSIS Conference on Prospects for Improving U.S.-China-Africa Cooperation, December 5, 2007, Washington, DC. http://csis.org/files/media/csis/pubs/080306_angolachina.pdf.

国外学者主编的有关中非关系的论文集开始出现中国学者的名字。① 杨立华、贺文萍、刘海方、李安山在杂志上发表有关中非合作的文章；② 网络上也出现中国学者的观点。③ 这些中国学者的英文文章无疑对国际社会了解中国方面的观点起到了积极作用。

非洲学者相继介入，观点各异。他们中既有长期在国外工作的教授，或是长期在欧美生活的非洲知识分子，也有一直在非洲的学者和非政府组织的活动家。尼日利亚学者恩杜比西·奥比沃拉在题为"谁害怕中国在非洲？"的文章既提出了中国在非洲存在的现实，也指出了问题，特别值得注意的是，他提出了多条增进中非合作的建议，其中包括公民社会应积极参与到中非合作论坛之中。④ 在南非从事研究的加纳学者普拉

---

① Kwesi Kwaa Prah, ed., *Afro-Chinese Relations: Past, Present and the Future*, Cape Town, 2007；Paul Tiyambe Zeleza, ed., *The Study of Africa, Global and Transnational Engagements*, Dakar: DODESRIA, 2007; Paul Moorcraft, ed., *Symposium on Chinese–Sudanese Relations*, London: Centre for Foreign Policy Analysis, 2008; Chris Alden, Daniel Large & Ricardo Soares de Oliveira, eds., *China Returns to Africa: A Rising Power and a Continent Embrace*, London, 2008; Dorothy-Grace Guerrero and Firoze Manji, ed., *China's New Role in Africa and the South*, Fahamu and Focus on the Global South, 2008；Robert Rotberg, ed., *China into Africa: Trade, Aid, and Influence*, Brookings Institution Press, 2008.

② Yang Lihua, "Africa: A View from China", *South African Journal of International Affairs*, 13:1,（Summer/Autumn 2006）; He Wenping, "China-Africa Relations Moving into an Era of Rapid Development", *Inside AISA*, No. 3&4, (Oct/Dec, 2006); Liu Haifang, "China and Africa: Transcending 'Threat or boon'", *China Monitor* (2006 March); He Wenping, "The Balancing Act of China's Africa Policy", *China Security*, 3:3（Summer 2007）, pp.23-40；Li Anshan, "China and Africa: Policies and Challenges", *ibid*, pp.69-93; Liu Haifang, "China-Africa Relations through the Prism of Culture: The Dynamics of China's African Cultural Diplomacy", *Journal of Current Chinese Affairs* (2008).

③ He Wenping, "How to Promote 'All-round Cooperation' between China and Africa", *African Executive*, 2008, http://www.africanexecutive.com/modules/magazine/articles.php?article=3157; He Wenping, "Bottlenecks in China-Africa Relations", African Executive, 2008；http://www.africanexecutive.com/modules/magazine/articles.php?article=3129; He Wenping, "China Africa Cooperation: What's in it for Africa?", *African Executive*, 2008, http://www.africanexecutive.com/modules/magazine/articles.php?article=3120. Li Anshan, "Transformation of China's Policy towards Africa", CTR Working Paper, Hong Kong University of Science and Technology, 2007.

④ N.Obiorah, "Who's Afraid of China in Africa?", *Pambazuka News*, http://www.pambazuka.org/en/category/comment/38853, December 14, 2006.

本比较全面的研究文集。① 哈佛大学在2007年5月举办"中国与非洲：地缘政治与地缘经济的考量"国际研讨会后出版了由罗伯特·罗特伯格主编的《中国进入非洲》。② 一些杂志专门出版了中非关系的特刊。《南非国际事务杂志》于2006年出版了《中国在非洲》专刊，论文集较为全面地分析了中非关系的各个方面。伦敦大学亚非学院于2008年组织了有关中非关系的讨论会，论文以《中国与非洲：全球化与发展中的新兴模式》为题作为《中国季刊》特刊第9期出版，从不同角度分析了中国与非洲的合作，较为详尽地综合了这一领域的不同观点。③ 意大利的学术杂志《非洲与东方》也发行了"中国在非洲"的专刊，刊登了包括中国学者和非洲学者的文章。④

在这一阶段，中国和非洲学者的有关文章开始出现。李安山在美国非洲研究会的杂志《非洲研究评论》上撰文将20世纪中国非洲研究分为感受非洲、支持非洲、了解非洲和研究非洲四阶段，并分析了中国非洲研究的长处和弱点。这是中国学者较早在国外杂志发表的学术文章。⑤

---

① Chris Alden, Daniel Large and Ricardo Soares de Oliveira, eds., *China Returns to Africa* (Hurst, London, 2008).

② Robert I. Rotberg, ed., *China into Africa: Trade, Aid, and Influence*, Washington, DC: Brookings Institution Press, 2008.

③ Julia Strauss & Martha Saavedra, ed., *China and Africa: Emerging Patterns in Globalization and Development*, The China Quarterly Special Issues, New Series, No.9., Cambridge University Press, 2009. 有关这一期主要文章的内容，国内学者已有翻译介绍，参见薛琳、赵岩：《国际学界论当代中非关系》，《西亚非洲》，2010年第7期，第43—48页。

④ "La Cina in Africa", *Afriche e Orienti*, 2（2008）.

⑤ Li Anshan, "African Studies in China in the Twentieth Century: A Historiographical Survey", in *African Studies Review*, 48:1(2005).

一些值得借鉴的地方。世界银行在这方面触角最灵敏，反应也最快。它观察到中国在非洲多个领域的快速拓展，希望从这种双方合作中学习中国的经验。一方面，世界银行的高管开始不断吸引非洲和中国的经济学家，让他们担任副行长或高级顾问，另一方面，它组织一些经济学家对中非关系诸方面进行调研。世界银行和国际货币基金组织的几份调研报告反映了这种倾向。布罗德曼所主持的世界银行的研究报告《非洲的丝绸之路》较客观地评价了中国和印度在非洲的经贸活动及其对非洲内部的影响。作者为哈佛大学教授，通过中文助理掌握了一些中文资料，从非洲的"边界以外"、"边界之间"与"边界之内"三个角度分析了中印在非洲的活动对非洲的影响。[1] 福斯特等人的报告分析了中国在非洲加大基础设施建设的做法对非洲经济发展的积极作用。[2] 王建业的报告分析了中国在非洲迅速拓展的原因。[3] 扎法尔的研究则从贸易、投资和援助三个方面宏观地阐述了不断加强的中非关系。[4] 非洲的一些非政府组织也开始加强对中非关系的研究。例如，非洲债务与发展论坛网络（African Forum and Network on Debt and Development, AFRODAD）一份调研报告以赞比亚为例就中国对非援助进行了分析。[5] 这些研究报告使西方对中非经济关系的发展现状与势头有了初步了解。

有关中非关系的国际研讨会非常频繁，各种论文文章也出版了不少。下面将着重列出较重要的几种。在剑桥大学召开的"中国在非洲的角色"研讨会以及后来出版的《中国回到非洲》综合了不同观点，是一

---

[1] Harry. *Broadman, Africa's Silk Road: China and India's new economic frontier*, Washington D.C.: World Bank, 2007.

[2] V. W. Butterfield Foster, C. Chuan and N. Pushak, *Building Bridges: China's growing role as infrastructure financier for sub-Saharan Africa*, Washington D.C.: World Bank, 2008.

[3] Wang, J.Y., *What Drives China's Growing Role in Africa*, IMF Working Paper WP/07/211, 2007.

[4] A. Zafar, "The growing relationship between China and Sub-Saharan Africa: Macroeconomic, trade, investment and aid links", *World Bank Research Observer*, 22:1(2007), pp.103-130.

[5] Inyambo Mwanawina, "An assessment of Chinese development assistance in Africa: Zambia", A study commissioned by the African Forum and Network on Debt and Development (AFRODAD), 2007.

经过多年在非洲和中国的实地调查，用大量的事实研究了中国援建的坦赞铁路对当地居民生活带来的巨大影响。①

南非斯坦陵博什大学中国研究中心在这一阶段的研究成果和调研报告对国际社会了解中非经济关系起到了重要作用。柯晶晶（Lucy Corkin）等通过在南部非洲四个国家的中国建筑行业的活动进行实地研究后，为了解中国在非洲的基础建设情况提供了较为翔实的资料。②罗恰就中国在非洲油气方面的投资对非洲发展产生的效果提出质疑。③马丁·戴维斯对中国向非洲国家提供的发展援助这一课题进行了初步研究。这些报告指出中非关系中存在的一些问题，但明确指出，中国的介入为非洲创造了新机会，并指出中国与西方的不同，为西方了解中国在非洲的情况提供了较为真实的画面。④由于中国企业在非洲的发展不时存在着忽略环境因素的现象，从而引发了当地非洲人的不满。一些学者、研究机构和非政府组织也开始关注这一问题。⑤国际河流组织的政策主任彼特·博沙德的调研报告集中描述了中国企业在非洲造成的环境影响。⑥

国际金融组织的政治经济敏感度非常强，它们意识到中非合作中有

---

① Jamie Monson, "Defending the People's Railway in the era of liberalization", *Africa*, 76(2006):1, pp.113-130; Jamie Monson, "Freedom Railway: the unexpected successes of a Cold War development project", Boston Review 29(2004):6; Jamie Monson, "Liberating Labour? Constructing anti-hegemony on the TAZARA realway in Tanzania, 1965-1976", in Chris Alden, Danniel Large, and Richardo Soares de Oliveira, eds., *China Returns to Africa*, London, 2008.

② Lucy Corkin and C. Burke, *China's Interest and Activity in Africa's Construction and Infrastructure Sectors*, Stellenbosch University, Centre for Chinese Studies, report prepared for DFID China, 2006.

③ J. Rocha, "China and African Natural Resources: Developmental Opportunity or Deepening the Resource Curse?" In Hannah Edinger, Hayley Herman, and Johanna Jansson, ed., *New Impulses from the South: China's Engagement of Africa*, Stellenbosch: Centre for Chinese Studies, Stellenbosch University, 2008.

④ M. Davis, *How China delivers development assistance to Africa*, Stellenbosch University, Centre for Chinese Studies, report prepared for DFID China, 2008.

⑤ M. Chan-Fishel, "Environmental Impact: More of the same?" in F. Manji and S. Marks eds., *African Perspectives on China in Africa*, Nairobi: Fahamu., 2007.

⑥ P.Bosshard, *China's Environmental Footprint in Africa*, John Hopkins University, School of Advanced International Studies, SAIS Working Papers in African Studies, 2008.

究。① 布罗德曼认为中国和印度在非洲创出了一条新的合作形式。②

长期从事非洲研究的伦敦经济学院的克里斯·艾尔登开始关注中非关系并兼任南非国际事务研究所的中非项目负责人。他通过发表多篇著述成为这一领域的重要学者。③ 英国发展研究所的谷靖指出，非洲可能有潜力改变其对中国的政策，非洲对中国必须有一个统一的战略。她还在另一篇论文中指出了在非洲的中国中小企业的作用和影响。④ 这一阶段，伊恩·泰勒关于冷战时期中非关系的博士论文整理出版。⑤ 有的学者从历史的角度对中非关系进行了较为详尽的阐述。⑥ 欧洲的一些年轻学者也开始涉猎中非关系，如丹尼尔·拉吉和乔纳森·霍尔斯拉格。⑦ 美国历史学家孟洁梅（Jamie Monson）对坦赞铁路的研究可谓持之以恒。她

---

① P. Kragelund, "Chinese Drivers for African Developmenet? The effects of Chinese investments in Zambia" in M. Kitissou, ed., *Africa in China's global Strategy*, London: Adonis and Abbey Publishers, 2007, pp.162-181.

② H. Broadman, "China and India Go to Africa: New Deals in the Developing World", *Foreign Affairs* 87:2(2008).

③ Chris Alden, *China in Africa*, London: Zed Books, 2007; Chris Alden, "China–Africa relations: the end of the beginning" in Peter Draper and Garth le Pere, eds., *Enter the Dragon: Towards a free trade agreement between China and the Southern African Customs Union*, Institute for Global Dialogue/South African Institute for International Affairs, Midrand, 2006, pp. 137-153; Chris Alden, "China in Africa", *Survival* 47:3 (2005), pp. 147-164.

④ Jing Gu, "The Impact of Africa on China", http://www.aercafrica.org/documents/asian_drivers_working_papers/JHumphreyJingGuTheImpactof.pdf, June 2006; J.Gu, "China's private enterprises in Africa and the implications for African development", *European Journal of Development Research*, 21:4(2009), pp. 570-587.

⑤ Ian Taylor, *China and Africa: Engagement and Compromise*, Routledge, 2006.

⑥ D.Tull, "China's engagement in Africa: scope, significance and consequences", *Journal of Modern African Studies,* 44:3(2006), pp.459-479.

⑦ Daniel Large, "As the beginning ends: China's return to Africa", Pambazuka News, http://www.pambazuka.org/en/category/letters/38852, December 14, 2006; Daniel Large, "China's role in the mediation and resolution of conflict in Africa ", Centre for Humanitarian Dialogue (CHD), Oslo Forum 2008 – The Oslo Forum of Mediators, co-hosted by the Norwegian Ministry of Foreign Affairs and Centre for Humanitarian Dialogue(CHD); Jonathan Holslag, "China's new mercantilism in Central Africa", *African and Asian Studies*, 5:2 (2008), pp.134-169.

— 第一编 国际社会对中非关系的研究现状 —

面的或反面的，同时提出学术界应在八个方面进行知识补充。① 由于这一报告的合作者分别来自英国、肯尼亚和南非的大学研究机构，报告的客观性、重要性和前瞻性十分明显。

这一时期，由于中国与印度等新兴市场国家与非洲的交往呈快速增长，学术界对这种双边关系的研究明显增多，但多注重于中、印对非洲的经济影响。有的学者分析了中国产业分布以及中国和新兴市场国家的贸易活动与非洲产业的关系。② 肯尼亚内罗毕大学发展研究所的麦考米克分析了中国和印度的援助对非洲发展的影响。③ 英国著名的研究发展学教授李真金（Rhys Jenkins）等开始研究中国和印度的发展以及贸易对非洲贫困化的影响以及中国和其他新兴国家对非洲投资给本土经济带来的变化。④ 卡普林斯基与莫里斯特别关注中国、印度等亚洲国家在非洲的经济活动是否影响到撒哈拉以南非洲的出口导向的工业化。⑤ 莫里斯和爱因荷恩的研究集中到中国出口产品对南非纺织业的影响，这是不错的个案研究。⑥ 克拉吉伦德对中国投资对赞比亚的多重影响进行了研

---

① Raphael Kaplinsky, Dorothy McCormick and Mike Morris, *The Impact of China on Sub-Saharan Africa*, The DFID China Office, 2006.

② Deborah Brautigam, 'Close encounters: Chinese business networks as industrial catalysts in sub-Saharan Africa', *African Affairs* 102, 408 (2003), pp. 447–67; Bates Gill and James Reilly, 'The Tenuous Hold of China Inc. in Africa', *The Washington Quarterly* 30, 3 (2007), pp. 37-52; J. Henley, S. Kratzsch, M. Kulur and T. Tandogan, *Foreign Direct Investment from China, India and South Africa in Sub-Saharan Africa: A new or Old Phenomenon?* UNU-WIDER Research Paper No. 2008/24, 2008.

③ D. McCormick, "China and India as Africa's New Donors: The Impact of Aid on Development" *Review of African Political Economy*, 35:115(2008), pp.73-92.

④ R. Jenkins and C. Edwards, *The Effect of China and India's Growth and Trade Liberalization on Poverty in Africa*, Norwich: Overseas Development Group, Report to DFID, 2005; R. Jenkins and C. Edwards, "The economic impacts of China and India on Sub-Saharan Africa: Trends and prospects", *Journal of Asian Economies*, 17 (2006), pp.207-226.

⑤ R. Kaplinsky and M. Morris, "Do Asian drivers undermine export-oriented industrialization in SSA?", *World Development*, 36:2(2008), pp.254-273.

⑥ Morris M. and G. Einhorn (2008), "Globalisation, Welfare and Competitiveness: The Impacts of Chinese Imports on the South African Clothing and Textile Industry", *Competition & change* 12(4), pp.355-376.

4%的外国直接投资(FDI)投在非洲，拉丁美洲却占26%，在亚洲的投资占有64%。然而，2005年以来，在非洲的中国企业明显增加，从事多种行业包括纺织品、医药、农业、服务和采掘业。这些企业具有创业精神，能迅速适应当地市场状况。作者认为非洲政府应建立标准以避免不合格的商业实践，要求中国企业注意环境成本和雇佣非洲员工，防止它们在某些非洲国家降低标准。非洲各国政府、非洲联盟和公民社会要一起来建立具有建设性的政策框架，从而使外国直接投资有助于当地经济和社会发展。中国和非洲应该互相学习。①

卡普林斯基是英国著名的学者，他长期从事发展中国家的工业化研究。他领导的团队为英国国际发展署做的研究报告也注意到西方在研究中非关系方面的弱点：只关注熟悉的主题而忽略不熟悉的内容。标题为"中国在撒哈拉以南非洲的影响力"的报告从贸易、投资和援助三个方面对中国在非洲的影响力进行了细致的分析。研究做得颇为详细，例如，在分析商品的性价比时，他们以花园设备为例，这一套设备在加纳需50英镑，在南非需60英镑，在中国只需30英镑。通过这种比较，他们得出中国的商品会对非洲的市场产生冲击。报告分析了中国企业在非洲的作用以及投资的四种类型：加强能源资源投资；参与基础设施建设；参与全球生产网络；小型企业投资。报告意识到投资的双向性，即也有非洲企业在中国投资。报告将中国对非援助分6种类型，分别为资助大型项目、减免债务、技术培训（包括奖学金）、技能援助（包括医疗队）、免除关税和维和行动。报告分析了中国在三个方面的直接影响和间接影响，而这两类影响又分为互补性和竞争性两类。报告的结论认识到目前西方社会对直接影响的了解比间接影响更多；也认识到要更好地理解中国在非洲的介入必须加强对地缘战略和政治要素的了解。结论十分谨慎地提出：目前尚不能断定中国对哪个国家或地区的哪种利益集团的影响是正

---

① G. Collender, "Challenging the Perception of Chinese Business in Africa", *Institute of Development Studies*, http://www.ids.ac.uk/news/challenging-the-perception-of-chinese-business-in-africa, December 17, 2008.

结论。①

莱顿大学非洲研究中心卢伊的"非洲与中国：战略伙伴关系？"从合作历史、中国援助、中非合作论坛、贸易投资等方面分析了双方的战略关系。他指出，西方对这一问题的讨论缺乏对真实情况的了解，并希望自己的研究能填补空白。他认为，中国对非洲的战略重点与以前相比发生了重大变化，目前将注意力集中在经济特别是石油方面，这种关系对非洲而言有一定的积极作用，其中重要的一点是为非洲国家提供了多种合作空间，而不像以前一样局限于与西方打交道。此外，大量的石油输出也使非洲国家的年金大大增加。另一方面，中国政府在经贸关系中不考虑人权、环境和良政（他也明确指出在西方国家也存在这种做法）。中国目前正在占领非洲市场，这对非洲有负面影响，如纺织品等工业品的大量输入将使非洲的同类工厂关闭。他认为，这种战略伙伴关系不对等，对非洲而言，中国成为了仅次于美国和法国的第三大贸易伙伴；对中国而言，与非洲的贸易只占其国际贸易的2%。因此，在这种关系中，中国所占分量远超非洲。②

英国伦敦国际发展中心的柯兰德指出，当前中非研究的一大弱点是缺乏实证分析。她对中国在非洲的经济活动来自中国政府的这一西方流行说法提出挑战，认为中国私营部门越来越多地推动中非经济交流。尽管大多数中国私营企业有自己的行为方式且缺乏政府支持，但2005年以来中国出台的促进境外投资的政策已明显推动私营部门走向海外。在与中国企业、商会和中国官员进行深度访谈后，她认识到在非洲的中国行为体的复杂性和多样性。她指出，中国官方数据表明，2006年中国只有

---

① Helmut Asche, "Contours of China's 'Africa Mode' and Who May Benefit", *Journal of Current Chinese Affairs* (China Skull), 3/2008, pp.165-180; in Helmut Asche & Margot Schüller, *China's Engagement in Africa. Chances and Risks for Development*, Eschborn: Deutsche Gesellschaft für Technische Zusammenarbeit (GTZ), 2008; H. Asche, and M. Schüller, "China's Engagement in Africa—Opportunities and Risks for Development", Deutsche Gesellschaft für Technische Zusammenarbeit (GTZ), Africa Department, Economic Affairs, 2008.

② Judith van de Looy, "Africa and China: A Strategic Partnership?", African Studies Centre, Leiden, The Netherlands, ASC Working Paper 67/2006, 2006.

其对非洲的影响。① 然而，部分研究开始细化，主要分为以下三个方面：贸易、投资和经济技术合作（外援），这三个方面又衍生出不同的内容（如商品与服务的流通，管理与技术的投入，金融业的卷入与移民或工程人员的流动），并产生不同的后果，如经济增长、社会效果、环境影响和良政得失。非洲开发银行组织编写的一份报告对中国在非洲的贸易和投资进行了梳理和分析。②

从贸易而言，《欧洲发展研究杂志》在2009年第4期专门组织了多篇文章讨论中非贸易的快速发展对非洲带来的影响，有的学者尝试对双方贸易进行全面分析，有的研究这种发展对非洲产生的多重影响；有的着重研究这种贸易对非洲农产品的影响。③ 此外，有的研究关注中非关系对非洲大陆内部贸易的作用，有的分析中国的经济增长与撒哈拉以南非洲农产品出口的关系甚至对其他发展中国家粮食价格及其出口的影响。④ 还有的学者对中国—非洲的木材贸易链进行追踪分析。⑤

卡普林斯基仍然继续他的一贯做法，从发展经济学的角度研究中国在非洲的投资活动，进而将这种研究置于国际原料的价格体系中进行分

---

① J. Thoburn, *China's Development Lessons for Low Income Africa: A Scoping Study*, Norwich: International Development UEA, Report for DFID, 2013.

② M-F.Renard, *China's Trade and FDI in Africa*, African Development Bank Working Paper, No.126, 2011.

③ O.Ademola, A. Bankole and A. Adewuyi, "China-Africa Trade Relations: Insights from AERC Scoping Studies", *European Journal of Development Research*, 21:4(2009), pp. 485-505; G.Giovannetti, and M. Sanflippo, "Do Chinese exports crowd-out African goods? An econometric analysis by country and sector", *European Journal of Development Research*, 21:4(2009), pp. 506-530; N.Villoria, "China's growth and the agricultural exports of Sub-Saharan Africa", *European Journal of Development Research*, 21:4(2009), pp.531-550.

④ L. Montinari and G. Prodi, "China's Impact on Intra-African Trade" *The Chinese Economy*, 44:4(2011), pp.75-91; P. De Grauwe, R. Houssa and G. Piccillo, "African trade dynamics: is China a different trading partner?", *Journal of Chinese Economic and Business Studies*, 10:1(2012), pp.15-45; N.Villoria, "The effects of China's growth on the food prices and the food exports of other developing countries", *Agricultural Economics*, 43(2012), pp.499-514.

⑤ IUCN, *Scoping study of the China-Africa Ttimber trading Chain*, Beijing: International Union for Conservation of Nature and Natural Resources, 2009.

析。① 学者有时将中国在非洲的所为与中国在南美或亚洲的投资进行比较，以找出其共同点。② 有的学者仍在强调中国资源产业对非洲的影响。有的研究进一步细化，如布罗蒂加姆对中国在非洲农业方面投资的研究，哈格伦德关于中国在赞比亚铜矿投资者的研究，克诺林加对中国在非洲公司的企业责任的研究，李真金对中国在非洲企业劳资关系的研究等，中国投资对非洲环境的影响仍是国际社会关注的一个问题。佩赫和艾亚尔的研究提示了中国在非洲造成的环境问题。③ 法国援助署专门组织法国和中国双方学者对中国公司在乍得投资带来的环境影响进行了评估。④

中国对非洲的援助从形式和内容均与以经合组织为代表的国际援助体系不同，因而引发了国际社会的兴趣，也导致了各种猜测，有的甚至将中国对非洲的援助称为"流氓援助"，认为"流氓援助"是在非民主和非透明的情况下提供的发展援助，其作用往往是扼杀真正的进步而伤害了普通公民。⑤ 经合组织发展委员会的研究人员就中国对非援助的起源、

---

① R. Kaplinsky and M. Morris (2009), "Chinese FDI in Sub-Saharan Africa: Engaging with Large Dragons", *European Journal of Development Research*, 21:4(2009), pp.551-569; M.Farooki and R. Kaplinsky, *The Impact of China on Global Commodity Prices: The global reshaping of the resource sector*, Abingdon: Routledge, 2012.

② R. Gonzalez-Vicente, "China's engagement in South America and Africa's extractive sectors: new perspectives for resource curse theories", *The Pacific Review*, 24:1(2011), pp. 65-87; R. Kaplinsky, A. Terheggen and J. Tijaja, "China as a Final Market: The Gabon Timber and Thai Cassava Value Chains", *World Development*, 39:7(2011), pp. 1177-1190.

③ D. Brautigam, "Chinese engagement in African agriculture: fiction and fact" in J. Allan, M.Keulertz, S. Sojamo and J. Warner, ed., *Handbook of Land and Water Grabs in Africa: Foreign Direct Investment and Food and Water Security*, Abingdon: Routledge, 2012; D. Haglund, "Is it for the long term? Governance and learning among Chinese investors in Zambia's copper sector", *China Quarterly*, New Series No.9 (2009), pp.627-646; C. Lee, "Raw Encounters: Chinese Managers, African Workers and the Politics of Casualization in Africa's Chinese Enclaves", *China Quarterly*, Vol. 199 (2009), pp. 647-666; K.Peh and J. Eyal, "Unveiling China's impact on African environment", *Energy Policy*, 38 (2010), pp.4729-4730.

④ Geert van Vliet and Geraud Magrin, ed., *The Environmental Challenges Facing a Chinese Oil Company in Chad*, AFD, 2012.

⑤ M. Naim, M., "Rogue Aid", *Foreign Policy*, 159 (2007), pp.95-96.

形式和问题进行了较为全面的分析。① 有的学者尝试对中非合作意义上的"援助"重新定义。②

非洲国家如何处理与中国关系？学界存在着两种观点：非洲应制定一个统一的"中国政策"；非洲国家和地区应首先重视自身发展中的问题。题为"拥抱龙"的调研报告认为非洲国家在中非合作中处于劣势，非洲国家应加强谈判能力。报告提出建议：设立专门针对中国的基金以帮助非洲国家应付中非关系中的各种困境；与中国进行谈判以促成其"自愿限制出口"（Voluntary Export Restrain, VER）；制定一整套政策以确保中国的官方直接投资、技术和管理技能与非洲本土利益挂钩，非洲国家之间应针对中国的"慷慨"援助制定政策，为确保贷款不会使非洲政府陷入债务危机。③ 位于伦敦的非洲研究所（African Research Institute）于2012年发表的"在极端之间：中国与非洲"反映了西方社会对中非关系的反思。这份简报认为"中国在非洲"并非殖民化，而是全球化的产物；中国对非洲的金融多样化，援助只占其小部分；中非之间"双赢"关系的话语是一种误导；中国不干涉内政的政策含糊不清并正在演变；中非之间权力不平衡明显，但非洲政策制定者有责任去改变。报告认为，所谓非洲需要一个"中国政策"的认识忽略了更紧迫的需求：更好地利用和配置外来投资的国家和地区战略、经济多元化、劳工就业和减贫，这些才是所有非洲国家发展的重中之重。④

---

① J.R.Chaponniére, "Chinese aid to Africa, origins, forms and issues" M. P Van Dijk,. (ed.), *The New Presence of China in Africa*, Amsterdam University Press, 2009. 此人主要是从事越南研究的，曾在中国国际扶贫中心—经合组织发展委员会合作项目"中国扶贫经验与中非合作"中与我共事。此文也征求过我的意见。
② G. Mohan, M. Tan-Mullins & M. Power, "Redefining 'Aid' in the China-Africa Context", *Development and Change*, 41:5 (2010), pp. 857-881.
③ Elijah Nyaga Munyi, "Embracing the Dragon: African policy responses for engaging China and enhancing regional integration," Discussion Paper for Centre for Chinese Studies, Stellenbosch, September 2011.
④ African Research Institute, "Between Extremes: China and Africa", Briefing Note 1202, October 2012.

有关中国在非洲实行的"新殖民主义"这种观点仍有一定市场。有人认为，中国发展与非洲的关系只有纯粹的经济和政治目标：获取石油和战略矿产；为中国产品扩大市场和培育合作伙伴包括获得未来的军事支持。有的认为中国在非洲对西方构成威胁，希望保持西方在非洲的利益，因而往往通过诋毁对手或夸大对手存在的问题来保持自身优势。有的指责中国在非洲的所为是不负责的"殖民主义"；有的认为中国在非洲的影响力背后表现出其庞大的资金和人力；还有的认为中国已经取代了西方在非洲的位置。[1] 坎贝尔认为中非关系是新旧元素的结合，中国在非洲的存在是对美国全球霸权的挑战。[2]

2011年，由几位著名学者合写的文章分析了为何西方总是一味批判中国在非洲的行为，试图对这种在西方学界和政界一边倒的情况进行纠偏。[3] 2012年，格伦尼（Jonathan Glennie）在《卫报》发表的题为"西方没有权利批判中非关系"的文章揭露了西方国家指责中非合作的真实目的。作者指出：前西方殖民列强正在花很多的时间和金钱，并使用不同机制（包括外交和军事压力、媒介宣传运动、非政府组织、基督教会、国际货币基金组织、世界银行、人道主义诱饵，等等）使非洲国家反对中国，努力维护自己的特权。一些非洲领导人被诱骗后，很快发现由于全球金融危机，西方没有能力解决非洲的经济问题，因此他们很快转过来求助中国以签订不附带任何条件的协议，作为回报，中国能更容易地在这些国家开矿、采油与伐木。虽然这种"中国在非洲是新殖民主义列

---

[1] Mark T. Jones, "China and Africa: Colonialism without responsibility", *Somalilandpress*, http://somalilandpress.com/china-and-africa-colonialism-without-responsibility-21113, March 20, 2011; Eliza M. Johannes, "Colonialism Redux", *Proceedings Magazine*, Vol.137:4:1, (April 2011), p.298. http://www.usni.org/magazines/proceedings/2011-04/colonialism-redux; Joshua Keating, "Africa: Made in China", *Foreign Policy*, March 19, 2012; Bauer, William, "China: Africa's New Colonial Power", http://www.policymic.com/articles/1657/china-africa-s-new-colonial-power, 2012.

[2] Horace Campbell, "China in Africa: challenging US global hegemony", *Third World Quarterly*, 29：1 (2008), pp.89-105.

[3] Alex Berger, Deborah Brautigam, Philipp Baumgartner, "Why are we so critical about China's engagement in Africa?", German Development Institute, August 15, 2011.

强"的理论在短时期内受欢迎，但前西方殖民列强并不能向非洲提供他们所需要的，却反过来依靠非洲来保证西方的生存。①

这种话语的改变可归结于研究的推进与环境的变化。首先，随着研究的推进，人们对中非关系的认识也在拓展。从宏观的描述和简单评判进入到具体领域的研究。其次，中非合作的拓展也是一个重要的因素。2000年中非合作论坛第一届部长会的议题相对简单，随着双方关系的推进，这种合作的领域日益宽阔，为研究者提供了更多的空间。再次，美国和欧洲联盟几乎同时在2008年发出信息，希望与中国在非洲事务上进行合作。西方政府的这种态度转变对国际社会研究中非关系起到了一定的导向作用。2012年，德国伯尔基金会委托一些中国学者撰写了《中国对非投资案例调查报告》，研究了安哥拉模式的起源及其利弊、中国对肯尼亚可再生能源经济发展作出的贡献、中国在加纳援建的布维水电项目的环境和社会影响、中国公司在南非应对集体工资谈判的困难和中色公司在赞比亚面对罢工事件的窘境。这一论文集一方面使外界对中国企业在非洲的情况有了更具体的了解，另一方面也提醒了中国企业如何在非洲面对新情况和新问题，即与当地分享红利、可持续发展、环境影响、与工会关系以及改善劳工待遇等。②

中非合作论坛第四届部长会后，非洲方面也针对中非关系向中方提出了建设性意见，例如非洲联盟组织研究的课题认为应该简化从中国金融机构的借款程序；中国应在东盟组织和20国集团会议上为非洲鼓与呼；非洲半成品获准通过优惠关税进入中国市场，并加强对非洲公司的技术转让。③

以前，中非关系研究的主体是西方学者或媒体，但这种情况在逐渐改变，相当多的非洲学者开始关注中非关系。可以说，日益增多的非洲

---

① Jonathan Glennie, "The West has no right to criticise the China-Africa relationship", *The Guardian*, London, February 8, 2012; http://www.guardian.co.uk/global-development/poverty-matters/2012/feb/08/west-no-right-to-criticise-china.
② 蒋姮等：《中国对非投资案例调查报告》，伯尔基金会—中国民促会项目合作办公室，2012年。
③ AU Commission on Africa's Strategic Relationships (EX.CL/544 (XVI), January 2010.

学者在中非关系研究领域表达自己的意见也是这一阶段的特点。内罗毕大学的麦考米克认为,中国在非洲的形象有多种,依据不同角度有不同看法。中国应该解决非洲的主要担忧,如环境、劳工权利、去工业化等;孔子学院是一个好方法,有助于互相理解。非洲国家应利用与中国的合作机会,考虑它们希望从中国得到什么。她的结论是非洲和中国必须合作增进了解。① 在美国和北欧从事教学和科研的埃塞俄比亚学者范图·切鲁明智地指出中国在非洲的崛起提供着机会和挑战。尽管这对某些非洲制造商带来一些挫折,但中国的贸易、投资和基础设施援助正在从根本上重塑非洲经济利益,非洲领导人不应该失去这个机会。然而,他也明确指出,非洲国家应该有一致的国家政策和统一的区域/大陆战略,从而促使中国从一个系统和合理的长期视角参与非洲事务。非洲国家应该长期在中国投资,这样才能拉近双方技术上的差距,以改变不对称的模式。非洲人必须学习和了解中国的历史和文化,加强非洲大陆与世界的联系。这些与中国接触的知识将形成非洲战略领导力和远见的长期基石。否则,新兴的伙伴关系可能代表在非洲另一个阶段的新殖民主义,即被邀请来的新殖民主义。②

博茨瓦纳大学教授奥塞—霍维德认为,中国已经重新取向并加深与非洲的合作。中非关系不再是面向中国,而是通过中非合作论坛使双方成为合作伙伴。中国正在进行新的探索,消除不对称的关系,改善它在非洲的形象,以回应那些反对它在非洲活动的批评意见,促进可持续发展,在全球化时代维护它的领导。中非关系已经从战略资源拓展到多元化投资、制造业,基础设施建设、企业的发展、文化交流和维和行动。非洲是否能受益于中国的新立场取决于非洲国家是否有能力制定有利于

---

① Dorothy McCormick, "African Perceptions of Afro-Chinese Relations", Paper Presented at ERD Workshop on "Financial Markets, Adverse Shocks and Coping Strategies in Fragile Countries", Accra, 21-23 May, 2009.
② Fantu Cheru, "De-coding China-Africa Relations: Partnership for development or '(neo) colonialism by invitation'?", *The World Financial Review*, September-October 2011, pp.72-75.

本国家或区域的战略。①北京大学国际关系学院的刚果（金）博士生龙刚指出，在这个全球化的时代，刚果（金）采用的是自由市场经济，其基本原则是利益的最大化，即倾向于与能够提供更多好处的伙伴进行交易。如果这种更好的交易来自中国，刚果（金）完全可以与中国打交道。②

与以前习惯于将非洲统而言之的研究角度不同，一些以非洲国家为个案的研究开始出现。西班牙学者艾斯特班通过实地考察，研究了中国人在赤道几内亚的存在给当地带来的影响，认为不同社会集团有不同感受。③美国学者弗朗塔尼对中国—加纳50年来（1961—2011年）的合作关系进行了系统考察，对美国和英国媒体惯常针对中国与非洲国家关系的批评提出了挑战。研究结论认为，加纳与中国的经济合作确实带来了诸多好处，如就业和工作机会增多、技术的引进、普通民众负担得起的制成品进口和一定程度的投资。④

学者的个案研究论文（而非人权观察组织那种带有偏见的调查报告）往往能得出较为客观的结论。斯坦陵博什大学中国研究中心的2009年个案研究发现，在加蓬和刚果（金）的中国企业一般都比较容易接受相关的采掘业和金融交易透明度的改善，中国企业表达了对采掘业透明度倡议的积极态度。在加蓬和刚果（金）从事采掘业的中国公司并非只有一种模式，而是具有多样性。它们中既有知名的国有企业，也有私营的大型企业，还有大量的合资企业。因此，创造一种成功的互利战略至关重

---

① Bertha Z. Osei-Hwede, "The Dynamics of China-Africa Cooperation", *Afro Asian Journal of Social Sciences*, 3:1 (2012), pp.1-25.

② Antoine Roger Lokongo, "Sino-DRC contracts to thwart the return of Western patronage", *Pambazuka News*, http://www.pambazuka.org/en/category/africa_china/54717, March 11, 2009.

③ Esteban, Mario, "Silent Invasion? African Views on the Growing Chinese Presence in Africa: The Case of Equatorial Guinea", *African and Asian Studies*, 9:3 (2010), pp. 232-251.

④ Heidi Glaesel Frontani, "China's development initiatives in Ghana, 1961-2011", *Journal of Sustainable Development in Africa*, Volume 14 (No.8, 2012), pp.275-286.

要。① 一些学者开始对中国在非洲建立的特区进行研究，这种研究有的是以与中国学者合作为形式。② 为了更好地研究非洲这种特区的经验和教训，世界银行也专门组织研究人员对这一问题进行了研究。③

2009年出版的布罗蒂加姆的《龙的礼物：中国在非洲的真实故事》是研究中非关系的力作，无疑给一味批判中非关系的西方学界一剂清醒剂。她对目前针对中非合作的观点或是澄清，或是反驳，或是支持。对一些谣言，她给予纠正，如对安哥拉项目贷款用于中国产品比例的误解、外电对中国援助数额的错误报道以及所谓的"保定村"的传说等。④ 作者引用中国与西方的不同做法和非洲人的评论来论证自己的观点。以技术转让问题为例，她用一位尼日利亚人的话作为论据：中国人转让他们的技术。他们会监督，会指导。他们会管理几个直到将技术转让完成。他们在尼日利亚的存在使尼日利亚人更有力量。当她提到当地人对中国农产品对当地冲击的看法时，用一位赞比亚妇女的话来强调问题的严重

---

① Johanna Jansson, Christopher Burke & Wenran Jiang, "Chinese Companies in the Extractive Industries of Gabon & the DRC: Perceptions of Transparency", A research undertaking by the Centre for Chinese Studies, prepared for the Extractive Industries Transparency Initiative (EITI) & Revenue Watch Institute (RWI), Centre for Chinese Studies, University of Stellenbosch, August 2009. http://www.ccs.org.za/wp-content/uploads/2009/11/ Chinese_Companies_in_the_Extractive_Industries_of_Gabon_and_the_DRC._CCS_report_August_2009.pdf. Johanna Jansson and Carine Kiala, "Patterns of Chinese investment, aid and trade in Mozambique", A briefing paper by the Centre for Chinese StudiesPrepared for World Wide Fund for Nature (WWF), October 2009.http://www.academia.edu/1576612/Patterns_of_Chinese_investment_aid_and_trade_in_Mozambique.

② M. J. Davies, "Special Economic Zones: China's Developmental Model Comes to Africa", in Robert I. Rotberg, ed., *China into Africa: Trade, Aid, and Influence*, pp.137-154; D.Brautigam, T. Farole and Tang. Xiaoyang, "China's Investment in African Special Economic Zones: prospects, Challenges and Opportunities", *Economic Premise*, no.5, World Bank, Poverty Reduction and Economic Management Network, 2010; D. Brautigam and Tang Xiaoyang, "African Shenzhen: China's Special Economic Zones in Africa", *Journal of Modern African Studies*, 49:1(2011), pp.27-54.

③ World Bank, *Chinese Investments in Special Economic Zones in Africa: Progress, Challenges and Lessons Learned*, World Bank, 2011.

④ Deborah Brautigam, *The Dragon's Gift, The Real Story of China in Africa*, pp.152-153,177-179, 266-268.

性,"我宁愿他们只搞批发,将零售市场让给当地人"。比较中国和西方在援助时强调的内容,她引用刚果(布)驻美国大使的话来说明什么更重要:"我们不能仅仅谈论民主、透明和良政。一天下来,人们没有什么可吃,没有水可喝,晚上没有电,工业不能提供工作。因此我们两者都需要。人们不能吃民主。"这部著作之所以在西方引起强烈的反响,主要因为中非合作正在快速发展,西方对中国在非洲的卷入处于一种焦虑和恐惧之中,如何理解中国在非洲的援助和其他行为?本书的出版正当其时。如何应对中国的突然崛起这一突如其来的冲击?布罗蒂加姆的解释与流行观点完全不同,颇具新意。她长期从事国际发展研究,对中国援助非洲的历史有较深厚的积累,同时对西方援助的历史和效果也有较全面的了解。这种知识背景使她的著作有了学术分量。她的论点也有足够的资料支撑,可谓言之成理,持之有据。尽管作者处理的是一个非常严肃的问题,但她的论证方式颇为活跃,使用的语言十分丰富。

另一本重要著作是美国历史学家孟洁梅的《非洲的自由铁路》。①

如前所述,这是她在大量的前期研究的基础上的成果。作为对中国援非项目——坦赞铁路的个案研究,该书的主要内容集中反映了冷战时期中非关系的典型意义。作者不仅运用传统的书面资料和档案的收集,也对铁路沿线的非洲居民、参与修建的非洲工人以及中国工程师和领导干部进行采访。作者将坦赞铁路的修建放在冷战这一大背景中进行考察。针对铁路没有达到预期的效果这一客观事实,作者并未就事论事,而是从援建这条铁路这一过程以及坦赞铁路本身带来的社会变化进行了剖析,如"乌贾马"计划(农业集体化)、劳动方式多元化、人口迁移等现象,以及遵守纪律和辛勤劳动等意识形态的接受等。作者认为,中国当时援建坦赞铁路是从支持非洲前线国家的民族独立以及发展坦、赞的民族经济的角度出发,也是中国从发展中国与非洲国家的友好合作关系的战略高度来看待这一问题。因此,坦赞铁路成为新中国早期对外援助

---

① Jamie Monson, *Africa's Freedom Railway: How a Chinese Development Project Changed Lives and Livelihoods in Tanzania*, Bloomington & Indianapolis: Indiana University Press, 2009.

的典范，是中国外交中的无形资产和丰碑。然而，现在的一些中国项目则完全以市场为导向，也更为注重以实际盈利为目的。这种分析和评价值得中国领导人重新审视我们一些援非项目的实际目的。尽管西方学界流行着对中非关系进行诋毁的风气，但作者秉承尊重历史的态度，对坦赞铁路的缘起、修建、作用以及中国援建这条铁路带来的社会经济和意识形态方面的影响如实记述。她明确指出中国援非与美国、苏联或其他西方国家的不同，强调了中非双方合作的特点，认为坦赞铁路是"南南合作的典范"。然而，她也明确指出中非工人交流互动中的人为成分。这一专著是历史著作，但由于作者的研究功底深厚，看问题精到，有些观点对现实政治有着重要的启示意义。

在这一阶段，国际学术界出版的相关著作或论文集比较有影响力的有以下几种。之所以有影响力，或是这些著作或论文集包括了中国或非洲学者的文章或观点，从而增加了自身的分量，或是以中非合作论坛为主题以吸引眼球。例如，非洲非政府组织法哈姆（FAHAMU）出版的《中国在非洲和南方的新角色》，弗里曼主编的《中国、非洲与非洲移民社群：不同视角》，凡·迪克主编的《中国在非洲的新存在》，荷兰非洲研究中心主任迪亚士等主编的《非洲介入：非洲议定一个新兴的多边世界》，门镜和巴顿主编的《中国与欧盟在非洲：伙伴还是竞争者》，迪特纳和于子桥主编的《中国、发展中国家和新的全球动力》，泰勒的《中非合作论坛》，鲍尔和艾尔维斯主编的《中国与安哥拉》，金健能（Kenneth

King）的《中国在非洲的援助和软实力》。① 美国外交官希恩曾任驻非洲大使，近年来专注于中非关系的研究。他与艾斯曼合著的《中国与非洲》是目前较全面介绍中非关系的专著，既分领域（政治、贸易、投资和援助、军事安全、媒体及教育文化）地叙述了中非关系的发展，又分地区（北非与萨赫勒、东非与非洲之角、西非和中非、南部非洲）展现了双方关系，较为客观地介绍了中国与非洲百年合作历程，并对中国与单个非洲国家的关系有所涉及。②

近年来，国际上举办多次关于中非关系的研讨会并在此基础上出版了论文集。这些研讨会和论文集的议题从空泛到具体，从一般到特殊，关注点也日益集中。从主导者与参与者的关系来看，前期主要是西方学者，参与者较少非洲学者，几乎没有中国学者，这种倾向逐渐改变，甚至出现了由非洲学者或中国学者主编的国际学者有关中非关系的论文集，加纳学者安姆皮亚和南非学者奈杜主编的《卧虎藏龙：中国与非洲》、范图·切鲁和西里尔·奥比主编的《中国与印度在非洲的崛起》、李安山与艾普罗尔主编的《中非合作论坛：人力资源发展的政治》。③ 尼日利亚的

---

① Dorothy-Grace Guerrero and Firoze Manji, ed., *China's New Role in Africa and the South*, Fahamu, 2008; Sharon T. Freeman, ed., *China, Africa, and the African Diaspora: Perspectives*, AASBEA Publishers, 2009（已有中译本）; M. Van Dijk,. ed., *The New Presence of China in Africa*, Amsterdam University Press, 2009; L. Dittner & George T. Yu, ed., *China, the Developing World, and the New Global Dynami*, Lynne Rienner, 2010; Ton Diez, et al., *African Engagements: African Negotiating an Emerging Multipolar World*, Brill, 2011; Jing Men and Benjamin Barton, ed., *China and the European Union in Africa: Partners or Competitors: Partners or Competitors*, Ashgate, 2011（已有中译本）; Ian Taylor, *The Forum on China-Africa Cooperation*, Routledge, 2011; Marcus Power and Ana Cristina Alves, ed., *China and Angola: A Marriage of Convenience?*, Pambazuka Press, 2012; Kenneth King, *China's Aid and Soft Power in Africa: The Case of Education and Training*, James Currey, 2013.

② David H. Shinn and Joshua Eisenman, *China and Africa: A Century of Engagement*, University of Pennsylvania University Press, 2012.

③ Kweku Ampiah and Sanusha Naidu, ed., *Crouching Tiger, Hidden Dragon? Africa and China*, University of KwaZulu-Natal Press, 2008; Fantu Cheru & Cyril Obi, *The Rise of China and India in Africa*, Ze Books, 2010; Li Anshan and Funeka Yazini April, ed., *Forum on China-Africa Cooperation: The Politics of Human Resource Development,* Africa Institute of South Africa, 2013.

查尔斯出版了《中国/非洲：议题、挑战与可能》。①

非洲声音的崛起是这一阶段的一个重要特点。这表现在三个方面，非洲政府、非洲智库和非洲知识分子。非洲政府对自身国家利益的关注日益明显，对中非合作的可持续性日益重视。南非总统祖马明确表示，中非合作目前的形式缺乏可持续性。加纳、尼日利亚、马拉维、安哥拉、莫桑比克、乍得等国家的政府或相关机构对某些中国公司或中国公民的不法行为表现出的不满。尼日利亚银行银长萨努西认识到非洲国家目前在中非关系中所处的困境。

同时，非洲的各种智库开始显现出其国际影响力。"非洲经济研究会"（African Economic Research Consortium, AERC）为了对中非经济合作进行系统研究，专门组织非洲学者对某些中国与各非洲国家的经济关系进行了国别研究，中国与乌干达、纳米比亚、肯尼亚、安哥拉、赞比亚、尼日利亚和加纳等国经济关系的报告增强了国际社会对中非关系的深入了解。② 这是对中非经济关系进行系统国别研究的较早尝试。由于作者多为当事国的知识分子，这些研究有重要的参考价值。位于加纳的"非洲经济转型中心"（African Center of Economic Transformation, ACET）在研究方面非常活跃，它的一篇调研报告"向东看：非洲政策制定者与中国交往指南"从贸易、投资和经济合作三个方面以及油气、矿业、基础

---

① Onunaiju Charles, *China/Africa: Issues, Challenges and Possibilites*, All-Sorts Production Dompany, 2012.

② 例 如 M.Obwona, M. Guloba, W. Nabiddo and N. Kilimani, "China-Africa Economic Relations: The Case of Uganda", Draft scoping study submitted toAERC, Nairobi, 2007; J.E. Odada and O. Kakujaha-Matundu, "China–Africa Economic Relations: The Case of Namibia", Draft scoping study submitted to AERC, Nairobi, 2008; J.Onjala, "A Scoping Study on China-Africa Economic Relations: The Case of Kenya", Revised report submitted to AERC, Nairobi, 2008; L.Corkin, "AERC Scoping Exercise on China-Africa Relations: The Case of Angola," Draft report submitted to AERC, Nairobi, 2008; I. Mwanawina, "China-Africa Economic Relations: The Case of Zambia." Draft scoping study submitted to AERC, Nairobi, 2008; E. O. Ogunkola, A. S. Bankole and A. Adewuyi, "China-Nigeria Economic Relations: AERC Scoping Studies on China-Africa Relations." Revised report submitted to AERC, Nairobi, 2008; D. Tsikata, D., A. P. Fenny, and E. Aryeetey. 2008. "China-Africa Relations: A Case Study of Ghana." Draft scoping study submitted to AERC, Nairobi, 2008.

建设、农业、制造业、林业、服务业等七个行业着手，较全面地研究了中国在非洲的影响。难能可贵的是，这份报告在每个章节都分析了中国介入非洲的利弊以及面临的挑战，例如非洲新生的金融服务业所得的利益有限，发展非洲公司得到的资金有限，非洲政府制约中国商贩和保护本土利益的能力有限，非洲长远发展与中国商贩短期运作的矛盾，吸引中国游客所需的非洲市场战略等。报告明确提出：非洲领导人欢迎中国介入非洲，但缺乏真正双赢的战略。① 前文提到过的位于津巴布韦的非洲债务与发展论坛网络（AFRODAD）是一个泛非主义组织，致力于促进非洲政府和非洲公民组织的关系。它也加强了对中非关系的了解和研究。2011年，该组织在莫桑比克首都马普托举办了有关"中国在南部非洲的发展援助"的专题研讨会，从泛非议会、公民社会和劳工三个不同角度对中国的贷款效果进行探讨，就赞比亚和莫桑比克两国个案进行了讨论，并出版了研讨会专集，与会者一方面批判了所谓中国对非洲实行"殖民主义"的说法，另一方面又指出中国在非洲的一些失误。其主旨是增进非洲非政府组织之间的协调，提高非洲国家与中国的谈判能力以促进非洲的利益。② 该论坛网络还组织了关于中国在非洲的发展援助的研究项目，特别重视国别研究。③ 南部非洲的另一个智库"布伦赫斯特基金会"（The Brenthurst Foundation）长期致力于对南部非洲的研究，它于2012年发表"他们所说的非洲：对南非、莱索托、博茨瓦纳、赞比亚和安哥拉的中国商贩的研究"，通过对186名在南部非洲5国经营的中国商贩的采访，为了解中国商人的生存、发展以及遇到的困难等方面提供了

---

① ACET, "Looking East: A guide to Engaging China for Africa's Policy-makers", Vol. II., Key Dimensions of Chinese Engagements in African Countries, November, 2009.

② AFRODAD, "Workshop Proceedings Report Chinese Development Assistance in Southern Africa", Maputo, September, 2009.

③ AFRODAD, "Mapping Chinese Development Assistance in Africa: An analysis of the experiences of Ethiopia", 2011; AFRODAD, "Mapping Chinese Development Assistance in Africa: An analysis of the experiences of Cameroon", 2011.

宝贵的资料。①

此外，多个非洲研究机构也表现突出。南非斯坦陵博什大学的中国研究中心一直关注中非关系，特别在马丁·戴维斯主持中心期间发表了多篇有分量的研究报告。中心自德国人格文执掌以来，研究取向发生了变化，对中非关系的研究也开始带有明显的偏向性。2010年发表的报告针对中非合作论坛各种措施的落实情况进行了调研。② 格文的一份政策简报分析了中非合作论坛的政策思路和资金使用。③ 后来的一系列报告的主题都有所偏向。南非的非洲研究中心也开始注意与中国的合作，近期出版了《中非合作论坛：人力资源发展的政治》的论文集并召开了"中国—南非建交15周年学术研讨会"。肯尼亚的"跨区域经济网络"（Inter Regional Economic Network）在中非交往中也非常活跃。该组织的网络杂志《非洲执行官》（The African Executive）为讨论非洲发展和中非合作提供了一个广阔的平台。2012年，该中心与中国驻肯尼亚大使馆合作举办了有关中非合作的研讨会并出版了论文集。④

在非洲学者中也出现了各种声音。喀麦隆学者普加拉认为中国是非洲的朋友，与冷战时期一样，今天的非洲国家面临着地缘战略定位的问题。非洲需要联盟，需要真朋友。现在，非洲最好的朋友是中国。⑤ 尼日利亚学者阿马迪尔提出了一个重要问题：中非关系是否会成为一种新的"依附"关系？巴西和中国的崛起使它们成为全球经济巨头，非洲受到鼓舞并且在经济发展上登上一个新台阶，它不再依赖北半球。然而，对于非洲或者南半球来说，一种新的依附是否会出现？非洲的发展是否

---

① Terence McNamee, with Greg Mills, et al., "Africa in Their Words: A study of Chinese traders in South Africa, Lesotho, Botswana, Zambia and Angola", The Brenthurst Foundation Disscussion Paper, 2012.

② Centre for Chinese Studies, *Evaluating China's FOCAC commitments to Africa and mapping the way ahead.* Stellenbosch: Centre for Chinese Studies, 2010.

③ Sven Grimm, "The FOCAC: Political rationale and functioning", CCS Policy Briefing, May 2012.

④ James Skwati, ed., *China-Africa Partnership: The quest for a win-win relationship*, Inter Region Economic Network, 2012.

⑤ Jean Paul Pougala, "La Chine, meilleure alliée stratégique de l'Afrique", Pambazuka News, http://pambazuka.org/fr/category/features/78297, November 28, 2011.

能摆脱新的依附？① 在美国工作的加纳学者理查德·艾杜认为非洲专制领导人寻找不需要政治条件的援助来实现经济增长，他们拥护北京的"不干预"政策。由于非洲政治氛围的改变，新一代领导人倾向于自由民主理念和务实的经济议程，中国在非洲收购和开发油气资源时碰到的各种阻力以及近期中国人在一些非洲国家遇到的困境（中国人被驱逐出境，中国被称为"殖民者"和"资源剥削者"）等，中国面临塑造负责任大国形象的任务。②

由于中非关系在深度和广度上的拓展，交往的领域不断扩大，问题日益增多。一些非洲人开始加入对中国人的批评行列。一位在美国学习的非洲博士生竟然将中国援建的非洲联盟大厦说成是"非洲的耻辱"。③ 在《纽约时报》上登文批评中非新闻合作的是担任一个非政府组织协调员的非洲人。④ 赞比亚的姆坎加认为中国在非洲实行的是"新殖民主义"。他指出，中国并未有意开拓殖民地非洲，其努力一方面是为了寻求国内稳定，另一方面是通过各种手段（掠夺资源、销售武器、购买土地等）来建立对非洲的殖民统治。中国的战略是通过与腐败的非洲领导的"肮脏"交易来牺牲非洲大众的利益。他呼吁改善非洲国家之间的协调来对付北京。⑤ 安哥拉的拉菲尔·莫莱斯认为中国与安哥拉的关系不尽如人意。安哥拉政府希望中国帮助重建，但安哥拉的经济发展即慢慢取代了公民自由和人权，执政者得以维持其统治。中国人偷税漏税使安哥拉

---

① Luke Amadi, "Africa: Beyond the 'new' dependency: A political economy", *African Journal of Political Science and International Relations*, 6:8 (December 2012), pp. 191-203.

② Richard Aidoo, "China's 'Image' Problem in Africa", *The Diplomat*, October 25, 2012. http://thediplomat.com/2012/10/25/non-interference-a-double-edged-sword-for-china-in-africa/.

③ Chika Ezeanya, "The AU and the Tragedy of a New Headquarters", http://chikaforafrica.com/2012/01/24/the-au-and-the-tragedy-of-a-new-headquarters/hun Hailemikael.

④ Mohamed Keita, "Africa's Free Press Problem", Op-Ed contributor, New York Times, April 15, 2012, http://www.nytimes.com/2012/04/16/opinion/africas-free-press-problem.html?_r=1.

⑤ Chola Mukanga, "China's New Colonialism in Africa", *zambian-economist.com*, http://www.zambian-economist.com/2012/05/chinas-new-colonialism-in-africa.html, May17,2012.

黑市猖獗。他认为中国人已成为问题的一部分而非解决方案的一部分。①塞内加尔人姆巴耶在一篇题为"非洲将不会容忍一个殖民主义者的中国"的文章中认为，中国与非洲打交道不是"双赢"合作。这是一输一赢的局面。中国进口非洲资源、双方贸易不平衡、非洲国家债务加重以及中国的廉价商品对非洲本土产业的摧毁等现象表明，中非关系不是双赢关系，而是建立在中国对非洲的优势之上。②

目前，国际上对中非关系的关注有增无减，并呈现出以下现象。

一些西方政府首脑直接介入对中非关系的评论。随着中非合作的快速发展，一些西方政府首脑颇为焦虑，他们对中非关系公开进行负面评价。2011年，美国国务卿希拉里在赞比亚隐晦地批判中国在非洲搞"新殖民主义"，未为当地带来好处，英国首相卡梅伦在尼日利亚反对中国"侵略"非洲。2013年，奥巴马的非洲之行直接针对中国—非洲关系的迅速发展，甚至在发言中建议南非总统祖马注意与中国打交道。他们在非洲的发言都提到中国的政治制度，并批评中国在非洲的所作所为。这种批评多少会影响西方学者和非洲学者及其观点，也会对研究课题的选向产生作用。

对中非关系的研究开始进入微观层面。虽然国际学术界对中非关系的观点各异，但学者开始注意排除偏见，力图较客观地分析中非关系。这一方面是由于中国在非洲民众中受到的待遇与西方有所不同，加上中国在非洲的介入从多个方面对非洲产生了较积极的影响。有鉴于此，一些政府或非政府组织加强了对中国移民、产品质量、工人待遇、援助问题、投资方向、农业项目、矿山石油、经济特区的个案研究。有关中国民营企业在非洲投资的项目和对中国商人在非洲的作用及其影响的研究都属于这种渐入微观层面的研究。

日益增多的非洲学者的积极参与。由于以前有关中非关系的论争多

---

① Rafael Marques de Morais, "The New Imperialism: China in Angola", *World Affairs*, March/April 2011.

② Sanou Mbayem, "Africa will not put up with a colonialist China", *The Guradian*, February 7, 2011. http://www.guardian.co.uk/commentisfree/2011/feb/07/china-exploitation-africa-industry.

集中在西方学者与中国学者之间,这种情况引发了诸多非洲学者的注意,特别是一些在海外工作的非洲学者认为应该让国际社会听到他们的声音,非洲学者应该对中非关系作出客观的评论,并认为自己有义务和资格参与自己国家的"中国政策"的咨询甚至制定。[①]本人在与非洲学术界的代表人物交流时,他们都表示要通过不同方式介入到中非关系的讨论之中。从总体上说,这种介入有利于中非关系的持续发展并在逐步改变国际学术界由西方学者统领话语的现状。

国际社会逐渐将中非合作放入更大的研究框架中进行分析。由于新兴经济体的崛起,多个关于"中国在非洲"或"中非合作"的项目被改为与金砖国家或新兴经济体在非洲等类似项目。伦敦大学非洲与东方学院于2007年设立了亚非研究中心,主要考虑是亚洲与非洲的关系呈现出新的发展趋势。德国政府以前比较重视中国在非洲的活动,后来觉得要将非洲与亚洲结合起来研究,专门设立了一个题为"非洲的亚洲选择"(Africa's Asian Option)的重大项目。2013年6月,德国外交部专门召开了"中国、印度和德国在东非的前景展望"的研讨会,从中国和印度邀请了官员和学者与会,力图探讨三国在东非合作的可能性。

本阶段的研究特点有以下几点。一是不少非洲学者(特别是海外的非洲学者)加入到研究主体。不管他们的观点如何,他们的参与改变了西方学者一统话语权的局面。二是非洲智库的影响力增强。我们注意到,多个非洲智库的研究报告对国际社会产生了正面积极的影响。虽然这些报告对中非关系提出了批评,但多为建设性的意见。三是研究呈现出多元化的趋势,这表现为研究主体的多元、观点的多元和议题的多元。四是研究从泛论开始集中到具体议题。这一点从多项研究议题的设计可以看出。五是虽然歧视性研究仍然存在,但总体研究趋向理性客观,有一定深度的研究成果出现。

[①] 哥伦比亚大学教授、乌干达学者马姆达尼(M. Mamdani)目前担任乌干达的麦克雷雷大学社会发展研究所所长。哈佛大学历史教授、加纳学者伊曼纽艾尔·阿谦朋(Immanuel Akyeampong)在加纳大学成立高级国际研究中心并尝试为加纳政府的"中国政策"进行咨询研究。这种情况在非洲比较普遍。

学术界对中非关系的分析开始呈现理性化，研究的深度和广度也在拓展，既有涉及整体战略的问题，也有各种专题研究。2008年以来，国际社会对中国的对非援助、人权问题、移民问题、中国在非洲的软实力和中国—美国—非洲/中国—欧盟—非洲的三方合作等议题的研究不断加强。为了更充分地了解对这些议题的研究现状，我们将在第二章专门论及。

第二章
国际社会对中非关系的研究：议题与观点

为了更深入地探讨国际社会对中非合作中相关问题的研究，本章将对援助、人权、移民、三方合作和软实力等议题进行专门论述。

一、援助问题

中国对非援助一直是国际社会关注的问题。西方政界和学界就中国对非援助存在着各种误解，也有不少指责，特别是关于透明度问题和不附加政治条件两条成为西方指责的重点。

较早对中国援非问题进行调研的是瑞典发展援助组织（DIAKONIA）和欧洲债务与发展网（EURODAD）合作的一个项目。牵头人彭尼·戴维斯曾与笔者有过接触，调研组在欧洲、中国和非洲采访了各种公民社会组织。结论比较客观，既总结了中国援助的成绩，也指出了存在的问题。报告的重要之处在于作者较早提出了三个重要观点：三方对话很有必要；西方应该实践自己说教的内容；中国的援助对现存的援助体系提出了挑战。①

"流氓捐助者"（rogue donor）是西方给中国戴上的一顶帽子，其理由是中国不按所谓"国际社会"有关援助的既定规则办事，支持"流氓

---

① Penny Davies, *China and the End of Poverty in Africa-Towards muntual benefit?* Diakonia, 2007.

国家"。① 这项帽子包括的内容不少，然而，有的非洲学者并不认同这些观点。赞比亚学者丹比萨·莫约的《援助的死亡》对西方的援助体系提出了挑战，她在其中一章专门谈及中国对非洲的援助，并以"中国人是我们的朋友"为标题。她明确提出："他们有我们想要的，我们有他们所需的。"② 对中国援非这方面较为细致的研究是布罗蒂加姆的《龙的礼物：中国在非洲的真实故事》和孟洁梅的《非洲的自由铁路》。

《龙的礼物》将中国的援外放在"两种资源、两个市场"的中国企业走向国际的大背景中进行分析。作者认为，中国的援外工作在帮助中国企业走向国际的过程中起到了极重要的作用。国际因素的存在（如世贸谈判的压力）和内部因素如政企分流（即负责外援的贸易和经济合作企业与所属中央部门分开）和三个政策银行（国家开发银行、中国进出口银行和中国农业开发银行）的成立给援外工作带来了新的机遇和挑战。黛博拉强调了1995年的援外工作改革的重要性，其指导方针是将对非援助与合作和贸易相结合，并将重点集中在对三个方面的投入（制造业与农业、组装工厂、矿业和林业）。伴随而来的是中国企业和商人开始涌入非洲、龙头企业的打造、中非合作论坛的召开以及各种对非优惠政策的出台（如中非发展基金的设立、零关税的实施、经济合作圈的建立等）。中国"摸着石头过洋"的走向国际战略与千年发展目标有机结合在一起。对西方捐助国而言，这是一个颇有提醒意味的"叫早"。③ 国际援助体系的新角色是否会遵守旧的规则呢？不然。中国的进入带来了新因素。她在"东方的承诺：具有中国特色的援助体系"这一章对中国援外体制的历史和机构进行了大致描述。作者将中国对外援助的构成要素进行了较详尽的阐述，如中国进出口银行提供的优惠贷款、医疗援助、对非人力资源培训、人道主义援助、志愿者队伍、现款援助以及免债等。

作者集中评论了目前西方颇为流行的几种观点。她分析了中国在非

---

① M. Naim, M., "Rogue Aid", Foreign Policy, 159 (2007), pp.95-96; A.Dreher and A. Fuchs, Rogue Aid? The Determinants of China's Aid Allocation, CESifo Working Paper No.3581, 2011.
② 丹比萨·莫约:《援助的死亡》（王涛、杨惠等译），世界知识出版社，2010年，第70—82页。
③ Deborah Brautigam, The Dragon's Gift, The Real Story of China in Africa, p.104.

洲的做法有别于西方的一些特点，如注意力集中在基础建设上，援助与其他经济卷入相结合，尊重非洲政府的自主权，拒绝接受"贫穷就得在负债进行基础建设上放慢速度"的观点，免债程序相对容易，创造性地将中国走向国际的意图与促进基础建设的非洲地方利益结合起来等。更重要的是，她用较大篇幅集中批驳了西方颇为流行的四种观点，即援助不附加条件、捆绑援助、中国劳工以及能力建设。作者认为，针对中国的援助和卷入的种种恐惧源于错误的信息。中国正在崛起，它在非洲的一些做法源自自身的发展模式和在接受日本等西方大国援助时获得的经验教训。中国的发展已经使中国人摆脱了贫困，而这种成绩的取得并非是靠援助所赐。非洲的命运掌握在自己手上，起决定作用的因素并不是中国，而是非洲国家及其相应的政策。她的结论是：中国对非援助在多方面具有创新性，也是一种双赢的尝试——在加强企业竞争力的同时为非洲带来财富和希望；西方对中国日益卷入非洲的做法不是与中国对着干，也不是拒绝中国，而是要将中国卷入进来。

《非洲的自由铁路》阐述了坦赞铁路对坦桑尼亚的社会影响。坦赞铁路在国际社会引发了巨大反响，国际上称之为"中国延伸到非洲领土的巨大铁臂"，西方国家认为坦赞铁路的建立是对西方在非洲的传统优势和统治地位的一种威胁。《华尔街日报》当时发出了耸人听闻的警告："成百甚至上千的红卫兵降落到本已混乱的非洲，所带来的预期令西方胆寒。"孟洁梅从实证研究中提出了让西方人深省的观点。她认为，这一援助有诸多意义。周恩来总理1964年提出的关于中非经济技术合作八项原则在这一项目实施过程中得到印证，体现了中国在帮助非洲发展上区别于西方和苏联的做法，特别是在无息贷款和慷慨的偿还条款上，努力促进非洲自立而非依赖。中国特有的发展模式与坦、赞的发展愿景相结合，坦赞铁路的修建形成了非洲国家铁路发展构想的一部分，中国的农业发展模式为非洲国家树立了模样。中国人既有长远规划，也有不断改进的技术，更具有勤奋、团结和独立的思想。这些都带给非洲某种启示，坦赞两国向中国学习，逐步形成了具有自身特点的早期现代化实践。铁路提前完工向全世界展示了"穷帮穷"可以达到的目标。中国采用的是劳动密集型方法,而不是西方的资本密集型,这不仅解决了缺少资本的困难,也是因地制宜的办法,既节约了成本,还为非洲青年提供了大量的工作机会。在这种传帮带的过程中,中国人的吃苦耐劳精神也传给了非洲人。与西方援助不同,中国在援助过程中完成了技术转让。他们在教授非洲工人的过程中注重技能培训,并通过手把手的方式进行示范。这种方式对非洲人非常新鲜,也容易打破种族界限,还使非洲人增强了发展独立性。由于南部非洲局势的改变,坦赞铁路并未达到预期设计目标,但中国在修路过程中带去的影响力是持续的,是一种有关发展的意愿和实践,也是通过努力可以创造奇迹的印证。

国际社会之所以对中国援外问题感兴趣,一方面是由于他们觉得中国企业在非洲的成功得益于中国政府的援助,另一方面也由于中国政府不轻易公开有关援助数额而使这一领域更为神秘,从而引发了更多的好奇心。南非斯坦陵博什大学中国研究中心先后发表的两个报告为西方社会提供了一些基本情况。2008年由中心原主任马丁·戴维斯发表的报告较客观地分析了中国对非发展援助,中国学者也比较熟悉。[1] 现主任格文主持完成的有关中国对外援助透明度的报告分析了中国对外援助的定义、对外援助的信息来源、对外援助的分配,对外援助的运作方式,并提出了建议。这一报告的主旨是希望对中国政府的援助进行政策性引导,使其逐渐向经合组织发展委员会的标准看齐,或者更明确,将中国纳入经合组织发展委员会所定的援助体系之中。报告明确提出中国应从三个层面提高透明度:初始步骤、实质步骤和更佳步骤。"首先,按照国际援助透明度倡议(International Aid Transparency Initiative IATI)所列举的最优标准,评估、检测并制定一个公开援助信息的计划;其次,根据良好实践原则,公开援助机构已掌握的信息,以便于信息的传播和使用,尤其是便于受援国政府的使用;最重要的是,建立援助数据的收集体系,

---

[1] M. Davis, *How China delivers development assistance to Africa*, Stellenbosch University, Centre for Chinese Studies, report prepared for DFID China, 2008.

便于中国政府自身对援助信息的分析及使用。"① 发达国家对非洲的发展援助体系纯粹建立在北方对南方的巧取豪夺和歧视之上，半个世纪以来建树甚微，相对中国援助方式毫无优势可言。这篇报告的设想实属徒劳。当然，这并不意味着中国的援助方式不需要改革。

二、人权问题

针对中国非洲政策在人权方面的指责一直存在，特别是在达尔富尔问题上尤其突出，并造成了负面的影响。长期居住在伦敦的苏丹人阿斯库里的一篇文章流传甚广，他在文章中指责中国在苏丹的投资不顾当地人的利益，但他的资料主要是来自西方媒体。② 由于对中国在苏丹（主要是达尔富尔）所作所为的指责的目的非常明确，即阻止中国举办奥运会或在此期间制造麻烦，偏见也十分明显，因此并未持续多长时间。③ 英国非政府组织"发展中的权利与责任"（RAID）2009年发表的"中国在刚果（金）加丹加地区的矿业经营"调研报告揭示了中国矿业公司存在的劳工待遇问题。通过对这一地区9家中国公司员工的采访，报告从中国员工和非洲员工这两个角度列出了这些公司存在的不懂（或不顾）国际劳工标准和当地法律的各种问题，并提出12条建议。④

真正造成恶劣影响的是人权观察组织2011年的调研报告"如果拒绝

---

① Sven Grimm, with Rachel Rank, et al., "Transparency of Chinese Aid: An analysis of the published information on Chinese external financial flows", Centre for Chinese Studies, Stellenbosch University, August, 2011; "中国对外援助的透明度分析", CCS Policy Briefing, CCS, Stellenbosch University, September 2011。

② A. Askouri, "China's Investment in Africa: Displacing Villages and Destroying Communities." in Firoze Manji and Stephen Marks, ed., *African Perspectives on China in Africa*, Oxford & Fahamu, 2007. 我曾在上海参加非政府组织有关中非关系会议时见过他。当时他提交的论文谈及中国在苏丹修麦洛维大坝与移民的问题。我在会议上就中国三峡大坝的移民以及一个国家整体利益与局部利益的关系与他交锋过。由于他自己收集的资料全部是西方的，所以他当时的回应也十分勉强。

③ 我的一位南非学生Thomas Orr非常清醒地指出：有关对中国在达尔富尔问题上的指责过了奥运会就会消失，以后又会出现其他方面的指责，如环境问题或什么其他问题。

④ RAID, "Chinese Mining Operations in Katanga, Democratic Republic of the Congo", Executive Summary, Rights and Accountability in Development, September, 2009.

你将被解雇：赞比亚的中国国有铜矿对劳工的虐待"。① 人权观察组织在赞比亚的谦比希Chambishi、卢安夏Luanshya等8个铜矿产地及首都卢萨卡进行调查，考察中国在赞比亚国有铜矿企业劳工状况，通过对各类人物的采访，认为中国有色铜矿企业主要存在以下三个问题，即健康与安全问题、工作时间过长以及存在的反工会活动。

对于这一个歪曲事实的报告，严海蓉和沙伯力在《现代中国》杂志上撰文进行了批驳。人权观察组织的经费3/4来自北美，1/4来自西欧。这份报告的立场本身存在问题，其出发点并非是关于非洲或是赞比亚铜矿投资的人权状况的调研，而是专门针对中国。然而，它用在赞比亚铜矿投资的一家中国公司的数据来对中国在非洲的劳工情况进行概括，这使得这份报告的可靠性颇成问题。在批驳人权观察组织关于中国公司工人的安全问题的观点时，他们以自己在赞比亚的实地调研所得的资料、赞比亚工会负责人的评价和负责劳工事务的官员的判断证明：与人权观察组织的结论恰恰相反，中国有色金属公司在赞比亚的下属公司是中国公司中最为遵纪守法的。该文还从工资、工作小时、工会化和工作稳定等方面证实，人权观察组织有关中国有色在赞比亚铜矿的调查报告的选题角度有偏差，资料粗糙，漏洞不少，很多结论与事实不符。更重要的是，世界上几乎所有的矿业公司都存在着一些共同问题，人权观察组织挑出中国公司进行分析，别有用心。② 当然，这份人权观察组织的报告中提出的有关问题还需引起中国政府的重视，由中国学者撰写的调查报告也提到一些类似的问题。③

另一个有关所谓中国"人权"问题的是中国在非洲使用囚犯作为劳工的说法。早在1991年5月11日，原卡特政府负责人权事务的前副助理

---

① Human Rights Watch, "You'll be fired if you refuse': labor abuses in Zambia's Chinese stateowned copper mines." November 3, 2011. www.hrw.org/reports/2011/11/03/you-ll-be-firedif-you-refuse.
② Yan Hairong and Barry Sautman, "'The Beginning of a World Empire'? Contesting the Discourse of Chinese Copper Mining in Zambia", *Modern China*, 2013, 39:2(2013), pp.131–164.
③ 沈乎、韩薇："中色赞比亚罢工事件"，蒋姮等：《中国对非投资案例调查报告》，伯尔基金会—中国民促会项目合作办公室，2012年，第95—102页。

国务卿罗伯塔·科恩致《纽约时报》的信函即以"中国在非洲使用监狱劳工"为题发表。作者在信中写道,"中国人不仅出口由囚犯制造的产品,而且还派遣囚犯出国工作。我几年前在西非工作时听说,一家在贝宁从事道路建设的中国建筑公司中70%—75%的建筑工人都是囚犯。他们在贝宁中部的达萨—帕拉库(Dassa-Parakou)公路上艰辛地工作,忍受着烈日的炙烤,疟疾和其他热带疾病的威胁。这家公司是江苏建筑公司,同时在贝宁首都科托努建造一座体育馆,并赢得了350万美元的合同,在波多诺伏建造医院和清真寺。这家公司之所以能够以较大优势击败众多竞标者,是因为他们的劳工成本太低廉了"。[1] 这种"中国派罪犯到发展中国家"的谣言在21世纪初开始传播。美国驻安哥拉大使馆的人员甚至在罗安达的公众论坛上宣称中国要在非洲创建一个"新的奴隶帝国"。[2] 2010年,五个大陆的报纸通过煽情但缺乏事实根据的各种指责努力将这些谣言变成"事实"。[3] 从这以后,几乎所有谈到中国在非洲人权问题的文章都要用这一谣言作为证据。非常明显,这是美国政府官员用谣言毁谤对手以传播政治观点的一种恶劣手段。

三、移民问题

由于近年来中国在非洲的移民快速增长,这一现象引起了国际社会的广泛关注。有关中非之间的双向移民也是近年来兴起的一个新课题。[4]

马蒙是法国国家科研中心多年研究中国移民问题的专家。近年来,

---

[1] Roberta Cohen, "China Has Used Prison Labor in Africa", *New York Times*, May 11, 1991.

[2] Jesse Ovadia, "China in Africa: a 'Both/And' Approach to Development and Underdevelopment with Reference to Angola," *China Monitor* (South Africa), Aug. 2010: 11-17.

[3] Barry Sautman and Yang Hairong, "Chasing Ghosts: Rumours and Representations of the Export of Chinese Convict Labour to Developing Countries", *The China Quarterly,*, Volume 210 (June 2012).

[4] Giles Mohan and Dinar Kale, "The invisible hand of South-South globalisation:Chinese migrants in Africa", A Report for the Rockefeller Foundation prepared by The Development Policy and Practice Department, The Open University, October 2007; G. Mohan and M. Tan-Mullins, "Chinese Migrants in Africa as new Agents of Development? An Analytical Framework", *European Journal of Development Research*, 21(2009), pp.588-605.

由于大量中国人移民非洲,他对这些移民有一定研究,分析比较客观,影响较大。他认为,中国到非洲的移民分为三种类型,临时工移民、企业家移民和暂时性无产阶级移民(将非洲作为中转站最终去欧洲的移民)。他认为移民政策在国际关系中日益重要,中国人移民非洲与中非合作政策密切相关。第一种移民与中国确保原材料供应的政策相关,第二种移民是中国积极推行扩大出口市场政策的产物。他认为中国对非政策主要着眼于三个目标:获取石油和矿产等自然资源、扩大中国的出口市场及在各类国际组织中增加对中国的外交支持,即确保中国的经济增长和扩大中国的政治影响力。①

南非比勒陀利亚的历史学家哈里斯和美国霍华德大学访问学者朴永贞博士专注于研究南非华侨华人。哈里斯长期研究华人史,发表了多篇研究论文。朴永贞是韩裔美国人,现在任"中国人在非洲/非洲人在中国"谷歌电邮小组召集人,其立场比较客观。她对中国移民来源地和移民目的地进行了分析,认为二者均越来越多元化。她认为中国移民有四类,在马蒙的三类外加上了农业工人。作者认为,大多数在非洲的中国人为现代旅居者或跨国公民。只有定居十年以上或在非洲出生的下一代人才能算作定居者。关于中国人与当地人的关系,作者指出西方媒体的负面报道、反对党的政治手段、中国工人与当地人隔绝以及中国人与非洲人之间的商业竞争等导致了一些反华现象,但除了少数人外,非洲人还是尊重中国人的。朴金贞不赞同一些媒体认为中国人移民非洲受中国政府支持,认为前往南非的大多数中国新移民是独立移民,其目标是提高自己的生活水平。当前中国移民比较多元化,来自于不同地区,具有不同的教育水平和经历,拥有不同阶级背景。中国移民在塑造观念、构

---

① Emmanuel Ma Mung Kuang, "流向非洲的中国新移民"(The new Chinese migration flows to Africa),发表在《社会科学情报》(Social Science Information)2008年47(4); Emmanuel Ma Mung Kuang, "Chinese Migration and China's Foreign Policy in Africa", *Journal of Chinese Overseas*,4:1(May 2008), http://muse.jhu.edu/login?auth=0&type=summary&url=/journals/journal_of_chinese_overseas/v004/4.1.mung.html。

建新的认同和改变生活等方面发挥着核心作用。①

　　印度人玛丽亚·波丽泽尔毕业于美国哥伦比亚大学，目前为记者，对中国人移民非洲和非洲人移民中国进行了分析。指出随着中非关系的深化，中非相互间移民日益增加，还有越来越多的中国游客前往非洲。作者对这些移民的来源地及移民的方式等进行了简单的分析。文章在结论部分提到，因为中国移民越来越多，必然会遇到融合问题以及当地政府对中国移民进行限制等问题。作者提到佛得角政府认为中国商店对当地经济有利。文章建议应将移民问题列入以后中非合作论坛部长级会议的议事日程之中。②

　　当然，并非所有作者都认为中国商人给非洲带来的是不利影响。贾尔斯·莫汉认为，中国人在非洲所发挥的作用基本上是积极的，且有助于推动中国与非洲的合作及南南全球化的发展。③安妮塔·斯普林等人也认为，中国商人不但为非洲提供了大量廉价商品，而且为当地人开办小生意提供了机会。在"实践中的南南商业关系：以纳米比亚奥希坎戈的中国商人为例"一文中，格瑞格·多布勒认为中国人的商店对非洲人的消费至关重要，他们并没有取代当地现存的商业，而是开办新的商品市场。多布勒通过分析认为，中国的批发商是奥希坎戈的商业繁荣的重要组成部分，他甚至将中国商人称之为创造性先锋（creative pioneers）。④德克·科纳特通过对中国和尼日利亚在加纳和贝宁创业移民进行比较后

---

① Yoon Park, *A Matter of Honour. Being Chinese in South Africa*, Lexington Books, 2009; Yoon Jung Park, "Chinese Migration in Africa", The South African Institute of International Affairs, China in Africa Project, Occasional Paper No. 24; Yoon Jung Park, "Faces of China: New Chinese Migrants in South Africa, 1980s to Present", *African and Asian Studies*, 9 (2010).

② Malia Politzer, "China and Africa: Stronger Economic Ties Mean More Migration", August, 2008. http://www.migrationinformation.org/feature/display.cfm?ID=690l.

③ Giles Mohan, Dinar Kale, "The invisible hand of South-South globalisation:Chinese migrants in Africa", A Report for the Rockefeller Foundation prepared by The Development Policy and Practice Department, The Open University, October 2009.

④ Gregor Dobler, "South-South business relations in practice: Chinese merchants in Oshikango, Namibia", unpublished paper, May 2005.

指出，虽然二者的创业精神存在差异，但他们在劳动分工和比较优势基础上合作，对当地的减贫和将廉价商品送到偏远地区至关重要。① 瓦赫瓦以中非共和国为例，分析了中国移民的状况。中国移民有两个问题：一是他们与当地人的融合颇为困难，原因在于语言障碍以及与非洲人的价值观存在很大差异；二是中非一些商人对中国人的存在持敌视态度，尤其是中国商人，因为他们无法与中国商人进行竞争。作者认为中非关系的发展将面临越来越多的冲突。②

有的学者开始以非洲城市为个案研究非洲华侨华人，尼昂对塞内加尔达喀尔市的中国移民社区的融合问题进行研究，③哈里森等人探讨了约翰内斯堡华人的生存策略。④斯坦陵博什大学中国研究中心的《中国观察》经常刊登有关中国移民的文章，如南非学者哈里斯曾就南非华侨华人史的历史概览发表过文章，另一位南非华人后裔阿孔探讨了自己所在的南非华人社区的情况。⑤ 2008年2月的《中国观察》刊登了柯晶晶对非洲华侨华人的总体发表过一篇概述文章以及另一位学者有关加纳中国移民的研究文章。⑥

---

① Dirk Kohnert, "Are the Chinese in Africa More Innovative than the Africans? Comparing Chinese and Nigerian Entrepreneurial Migrants" Cultures of Innovation', German Institute of Global and Area Studies Working Papers, No. 140.

② Supriya Wadhwa, "Lost in Translation: A bleak picture of Chinese immigration in Central Africa", Feb.11,2013, http://sites.davidson.edu/pol341/lost-in-translation-a-bleak-picture-of-chinese-immigration-in-central-africa/.

③ Ibrahima Niang, "Les Chinois du secteur informel dakarois: migration et intégration d'une communauté économique", DEA thesis, Université Cheikh Anta Diop de Dakar, 2007.

④ Philip Harrison, Khangelani Moyo and Yan Yang, "Strategy and Tactics: Chinese Immigrants and Diasporic Spaces in Johannesburg, South Africa", *Journal of Southern African Studies*, Volume 38, Number 4, December 2012.

⑤ Karen L.Harris, "Waves of migration: A brief outline of the history of Chinese in South Africa", *The China Monitor*, Issue 21, August 2007; Darryl Accone, "Chinese Communities in South Africa", *The China Monitor*, Issue 19, August 2007.

⑥ Lucy Corkin, "Chinese Migrants to Africa: A Historical Overview", *The China Monitor*, Issue 26, February 2008; Conal Guan-Yow Ho, "Living Transitions: A Primer to Chinese Presence in Ghana", *The China Monitor*, Issue 26, February 2008.

需要重点介绍的是布伦赫斯特基金会的有关南部非洲5个国家中国商贩的报告《他们口中的非洲》。[①] 从2011年4月到2012年2月，调研者通过在南部非洲的南非、莱索托、博茨瓦纳、赞比亚和安哥拉的22个城镇进行186人/次深度访谈，较深入地调查了中国商人的经营和生活状况。调查采访了南非、博茨瓦纳的三大类问题：个人问题、商铺经营和实质性问题(经历和看法)。报告采取深度采访的方式，既发现了中国商人的总体特点，还提出了不同国家的特点，从而增加了对中国人与非洲当地关系的了解，而中非关系的基础应是建立在这种关系之上。报告认为：以前对中国在非洲的认识存在误区。西方习惯于将中国在非洲的存在看做是精心筹划的庞大战略中的一部分，一切都受到中国政府的控制。报告认识到中国在非洲的存在是多元的、复杂的和多层次的。这也是该报告的价值所在。报告提出了以下结论。

1. 中国商人在当地雇用的本土人相当多。报告发现，这5个国家有一个共同现象，中国商人雇用的当地非洲人比中国人多。

2. 中国商人与中国驻外使馆几乎没有联系，受访者中95%回答从未得到过中国使馆的帮助；他们似乎与中国对非政策没有多少关系，中国使馆没有掌握他们的准确人数，他们对中国使馆反感，对政府存在着高度的不信任感。他们对使馆的所为也毫无兴趣。

3. 中国人愿意来非洲的原因是好赚钱。88%的受访者认为非洲比中国好挣钱。此外，非洲对移民的条件相对较宽松，生存的压力较小以及当地竞争较少也是他们愿意在非洲生存发展的原因。

4. 驱使中国进军非洲的原因一直是西方政府、学界和企业首领们这些年来试图解答的重要问题之一。以往的研究强调中国人看中了非洲丰富的自然资源，强调中国是为了掠夺非洲资源而来，这是一种片面的解释。实际上，中国人来到非洲的另一个重要原因是他们在非洲看到了商机：需要中国廉价商品的十亿人的非洲大市场。

---

① Terence McNamee, with Greg Mills, et al., "Africa in Their Words: A study of Chinese traders in South Africa, Lesotho, Botswana, Zambia and Angola", The Brenthurst Foundation Disscussion Paper, 2012.

5. 中国商人的共同特点是生存心态,成功秘诀是将工作看作一切。除了在非洲开展各种工程活动的中国人外,主要是自主经营的中国商人。他们的成功秘诀在于他们将工作看作一切,吃苦耐劳,忍受他人不能或不愿意忍受的艰难。

6. 福建是中国移民的主要来源地,链条效应是他们移民和存在的重要方式。他们中绝大部分是因家庭、亲戚、同乡或同省的关系而来。调查的5个国家的中国人来自19个省,大部分来自福建,在莱索托的福建人占中国商人的70%,博茨瓦纳占50%以上,南非超过45%,安哥拉占20%以上。

7. 经营的困难。一是腐败和犯罪。中国商人多因不熟悉当地语言而受到腐败官员的骚扰。遭遇犯罪的原因之一是中国人在外习惯带现款。二是非洲人的态度变化。中国商人开始因为提供了非洲人买得起的商品而受到欢迎。由于商品低价利润薄,缺乏售后服务,也不能退货,中国商贩的名声每况愈下。三是日益增多的非洲人自己到中国来定货。四是中国人的内部竞争。在回答"与谁竞争"这一问题时,68%的受访者的回答是中国人的竞争。

8. 中国人与非洲人的关系日益紧张。在那些最日常的非洲人居住区,中国商人与当地人的关系开始变得紧张。这种紧张关系一部分是由于误解所致,包括双方的价值观不同。虽然中国商人都认识到竞争加剧,但只有10%的受访者认为竞争是主要问题,50%认为犯罪、语言是更麻烦的问题。中国商人对消费者权利毫无认识也是原因之一。

近年来,有关中非之间移民的学术专著有两本。一本是朴永贞的《荣誉问题:在南非当中国人》,另一本是亚当斯·伯多姆的著作《非洲人在中国》。前者以社会学家的分析方法并以自己在南非生活的亲身经历分析了南非华人的真实生活。[1] 后者调查了在广州、义乌、上海、北京、香港和澳门定居的非洲人,令人信服地解释了为何非洲人要来到中国和他们的谋生方式,并就他们在中国社会产生的文化矛盾或可能引发的冲

---

[1] Yoon Junk Park, *A Matter of Honour. Being Chinese in South Africa*, Lexington Books, 2009.

突等问题提出了自己的见解。① 伯多姆早从1997年到香港任教时就敏锐地注意到非洲社区在中国的生存与发展的情况，从2003年起开始发表文章。② 他认为在中国的非洲人将在社会、政治和经济方面对中非关系产生重要影响。随着移民非洲的中国人数量的增多，各种违法事件影响到中非关系的现象也开始增多。近两年先后出现了在加纳非法开矿的中国工人被遣返、在尼日利亚非法从事小买卖的中国人被拘捕、马拉维政府针对中国商人对乡村地区本土商铺的威胁而发布的有关法令以及安哥拉的中国黑帮被安哥拉和中国警方绳之以法等事件。这方面的研究肯定会不断增多。

四、三方合作问题

美国对中非关系的战略调整是一个渐进的过程。美国的战略与国际问题研究中心（CSIS）早在2003年就美、中在非洲事务方面合作的可能性提出过设想。双方一直进行互动。③ 2008年10月，美国负责非洲事务的助理国务卿弗雷泽在北京出席第三届中美非洲事务磋商会议。10月15日，她在北京大学非洲研究中心发表演讲时重点表达了愿意在非洲事务上与中国合作的意愿，认为中美双方在非洲的合作主要体现在基础建设、

---

① Adams Bodomo, *Africans in China: A sociocultural study and its implications for Africa-China relations*, Cambria Press, 2012.

② A. B. Bodomo, Introducing an African community in Asia: Hong Kong's Chungking Mansions. A squib to the International Scientific Research Network: The African Daspora in Asia (TADIA), June 9, 2003; A.B.Bodomo, "An emerging African-Chinese community in Hong Kong: The case of Tsim Sha Tsui's Chungking Mansions", in Kwesi Kwaa Prah, ed., *Afro-Chinese Relations: Past, Present and the Future*, pp. 367-389; A.B.Bodoma, "The African trading community in Guangzhou: An emerging bridge for Africa-China relations, *China Quarterly*, 203 (2010), pp.693-707; A.B.Bodomo, "The African presence in contemporary China", *China Monitor*, December 20, 2011.

③ 双方政府在对非事务上的合作磋商始于2005年11月，一些相关机构配合互动。2006年8月初，由南非布兰特赫斯特基金会、中国社科院和美国对外关系委员会三方共同举办的"中美非三方高级工作会议"的首次会议在南非举行，探讨合作的可能性。同年11月，美国重要智库"战略与国际问题研究中心"派出代表团来华与中国涉非各界人士座谈并研讨合作问题。2007年3月，双方再次就非洲事务举行会谈；10月，美国进出口银行表示希望中美双方在非洲事务上合作。

农业、健康方面,并表示以后中美有可能考虑在环保和劳工保障方面的合作。后来,美国、非洲和中国多次进行交流。

瓦格纳建议美国在非洲事务上与中国合作,将注意力集中在保持稳定以及在法治、冲突解决、维和合作、国际人权、良治、民主、人权价值观、关税和保护投资、非洲水域合作、中美联合航运等领域的合作。随着中国日益卷入非洲和全球贸易,其不干涉政策将由于严格的主权概念日益模糊而难以维持。美国应该说服中国担负全球事务的责任,这也符合中国的经济利益。[①] 然而,由于中美双方的分歧较大,这种交流一直局限于愿景层面。中美双方在诸多方面的不同使双方合作一直不顺畅。与中国相比,美国在民族构成、语言文化、政治制度、价值体系、经济联系及社会组织等方面在非洲大陆占有绝对优势。尽管在台面上呼吁合作,但美国政府多次在公开场合批评中国在非洲的所作所为,其遏制意图十分明显。中国一方面在对非政策上有自己的理念,在做法上也有自己的特点,中非关系又处于快速发展的阶段,对与美方合作并不十分在意。更重要的是,它对美国在非洲以政权更替、价值观外交和军事介入为特点的强权外交一直持批评态度。这些年,中美双方的谈判仍在继续,智库层面的交流(如中国社会科学院和战略与国际问题研究中心)还在进行。目前,中国在多种场合仍持消极守势,并无自己的战略设计,也未能提出自己的议程,更不愿出钱主动邀请非洲方面加入三方合作会谈,因而其被动应付的局面一时难以改变。由于双方在意识形态和对外政策上的诸多不同,双方的合作一直没有实质性进展,仅限于在个别农业项目和医疗卫生方面的交流。[②] 美国方面仍在与非洲和中国三方合作

[①] J. Wagner, "Going Out: Is China's Skillful Use of Soft-power in Sub-Saharan Africa a Threat to U.S. Interests?", *Joint Force Quarterly*(JFQ), Issue 64 (1st quarter 2012), pp.99-106.

[②] Charles Freeman III & LU Xiaoqing Boynton, ed., "China's emerging global health and foreign aid engagement in Africa", Center for Strategical and International Studies, 2011.

问题进行磋商和交流上持主动态势。①

欧盟从批评中国到转而向中国提议在非洲事务上合作是经过战略调整的。欧盟开始是对中非关系的快速发展感兴趣，并对中国的非洲政策作出评判和批评，但后来发现诸种对策并未发生作用，便开始作出战略调整。这种调整花费了不少时间，也吸收了一些学者的建议。首先，一些学者针对中国在非洲不断拓展利益的现实，发出欧盟应作出战略调整的呼吁，甚至提出了三方合作的可能性。②欧盟内部并不愿意轻易放弃它在非洲的传统优势，对与中国的合作提出疑问。③有的学者明确指出了双方的不同点。④对合作的不同态度促成西方学者对欧盟非洲政策的检讨和调整，从而逐渐形成了新的思路。⑤随后，欧盟向中国提出了合作的建议。一方面，中非关系仍在迅速拓展，欧盟不愿意就这样失去其传统领地，加之学者在探讨过程中发现了双方政策的一些不同，觉察到中国对非政策的优点。欧盟感觉到双方合作的紧迫性。有关欧盟与中国合

---

① 2013年5月13日，布鲁金斯学会、中国社会科学院和加纳大学统计与社会经济研究所在美国举行三方对话会，参见 "A Trilateral Dialogue on the United States, Africa and China: Conference Papers and Responses"，2013年5月13日。

② B. Berger, "China's engagement in Africa: Can the EU sit back?" *South African Journal of International Affairs* 13(2006): 115-27; B.Berger & U. Wissenbach, *EU-China-Africa trilateral development cooperation: Common challenges and new directions*, German Development Institute Discussion Paper 21, 2007; Holglat???.

③ J. Solana, "Challenges for EU-China cooperation in Africa", *China Daily*, February 7, 2007.

④ R. Marchal, "The EU and China in Africa: opportunities and differences". P. Ludlow, ed., *The EU and China*, Ponte de Lima: European Strategy Forum, 2007, pp.92-106.

⑤ G. R. Olsen, "Coherence, consistency and political will in foreign policy: The European Union's Policy to wards Africa", *Perspectives on European Politics and Societ,y* 9(2008), pp.157-171; S. Scheipers and D. Sicurellik, "Empowering Africa: normative power in EU-Africa relations", *Journal of European Public Policy* 15(2008), pp.607-623; S.Schmidt, "Towards a new EU-African Relationship: A grand strategy for Africa?" Foreign *Policy in Dialogue*, 8(2008), pp.8-18..

作的研究开始出现。① 2008年3月，欧洲议会针对中国的非洲政策及其在非洲的影响作出决议，较客观地评价了中国在非洲的作用；10月，欧洲委员会发表题为《欧盟、非洲和中国：朝向三方对话与合作》的文件，正式提出三方对话与合作的建议。② 随后，一些研究明确提出欧盟与中国应在处理非洲问题上互相学习，互相借鉴。③

就欧盟对中国非洲政策的反应这一问题研究较为深入的是卡尔波勒。他从欧盟的角度着重分析了两个问题：欧盟是如何应对中国在非洲的崛起？中国在非洲的存在从何种程度上影响欧盟对非洲政策？分析认为，欧盟恢复对非洲的兴趣并提出三方合作之建议的原因，并非中国在非洲迅速拓展而产生的影响，而是欧盟希望在国际社会扮演更重要的角色并力图寻求一种更一致的对外政策。欧盟内部存在着三种相互竞争的力量：欧洲委员会力图使欧盟成为有影响力的全球角色之努力；欧洲议会力主以价值观为基础的发展政策和一种"保护"非洲免受中国掠夺资源的家长式态度；欧盟成员国担心失去非洲主要伙伴这一地位的情感反应。由于这三种因素阻碍着与中国建立在非洲合作的建设性关系，其结果只能使中国和非洲对三方合作的想法产生怀疑。他认为，欧洲委员会对政策的误判表现在以下三个方面：欧盟能够齐心协力分享欧盟—中国—非洲关系的相同目标；中国是一个统一因素（实际上它的非洲政策

---

① D. Shambaugh, E. Sandschneider, and Z. Hong, eds., *China-Europe relations: Perceptions, policies and prospects*, London. Routledge, 2008; D. Bach, "The European Union and China in Africa", in K. Ampiah and S. Naidu, eds. *Crouching tiger, hidden dragon? Africa and China*, Scottsville, South Africa：University of KwaZulu-Natal Press, pp.278-293. I. Michel, "EU, China to join hands for Africa's development", *China Daily*, August 29. 2008.

② European Parliament, *China's policy and its effects on Africa*. Resolution, March 26, 2008; European Commission, *The EU, Africa and China: Towards trilateral dialogue and cooperation*, COM 654, October 17, 2008.

③ I. Steiler, "The best of both worlds: Some lessons the European Union should learn from China in Africa", FRP Working Paper 3, 2010; J. Ling, *Aid to Africa: What can the EU and China Learn from Each Other?* South African Institute of International Affairs, Occasional Paper No. 56, March, 2010; Jing Men and Benjamin Barton, ed., *China and the European Union in Africa: Partners or Competitors: Partners or Competitors*, Ashgate, 2011.

涉及各部委、国企和私企）并愿意参与这一关系；非洲渴望接受欧盟的建议。实际上，这三种判断无一符合现实。很明显，这位学者似乎对建立三方合作的前景并不十分乐观。①

由于中国与西方在对外关系的理念上存在着一些根本分歧，加之中国一直强调不干涉他国内政的原则，这种三方合作的尝试一直未有大的进展。②国际政治风向的转变源于这样一个事实：欧美各国政府对以中国为代表的新兴力量的发展颇为不安，对中国在非洲的拓展忧心忡忡，但又无能为力，因此从纯粹的攻击转为又打又拉。他们希望通过合作的方式将中国卷入现存的以西方为主导的国际体系中去。③需要注意的是，美国和欧盟在鼓吹三方合作时强调的是中国与西方如何在对非洲事务上合作。这并非真正意义上的三方合作，而是一种置非洲方面利益于不顾（或仅是拿非洲做做样子）的双边合作。在以后关于合作的谈判中，中国政府应该注意这一点，否则将被非洲方面看做是西方的同谋。

三方合作的观点遭到一些非洲学者的反对。加纳学者、维也纳大学非洲研究中心主任亚当斯·伯多姆认为，非洲是一个具有主权意识和独立决策的实体，非洲应按照自身条件更好处理自己的事务，中国和美国不应该代非洲说话。他建议，中国和西方在非洲应放弃所谓的三方合作，采取包容性合作政策，在中、美以及其他国家（如巴西、印度、俄罗斯和西方各国）之间展开健康的合作与竞争。④

---

① Maurizio Carbone, "The European Union and China's rise in Africa: Competing visions, external coherence and trilateral cooperation", *Journal of Contemporary African Studies*, 29:2(2011), pp.203-221.
② 英国国际发展署目前仍在推进与中国在非洲进行医疗卫生和农业方面的合作。
③ 2007年我在南非国际事务研究所参加题为"南方国家在全球金融管理中的作用"的国际小型研讨会时碰到中国开发银行行长陈元先生的顾问顾阳女士时，她对我说："我们去年在维也纳开会时受到西方国家的指责和围攻，可是今年早些时候在亚的斯亚贝巴时，这些国家的代表纷纷来要求与我们合作。我们的态度很开放：合作，可以呀，你们拿出具体方案来。可他们又拿不出什么具体方案。"与顾阳的谈话，约翰内斯堡，2007年10月31日。
④ 这位学者在与本文作者的交流中多次强烈表达这种意思，还可参见他的文章，Adams Bodomo, "Trilateral cooperation or bilateral collusion? Africa–China–US tripartite meetings", *Pambazuka News*, http://www.pambazuka.org/en/category/africa_china/62925/print, March 11, 2010.

五、软实力问题

随着公共外交成为构建正面形象的重要工具，由约瑟夫·奈所创造的"软实力"的概念开始传播。中国政府文件和各种文章中开始出现"软实力"一词。[①] 对中国在非洲的软实力的研究开始出现。美国的战略与国际问题研究中心很早即提出中国的软实力可能对美国产生的影响，库克的研究报告在2009年即提出了自己对中国软实力在非洲会削减美国影响力的担忧。[②] 美国蒙特雷国际研究所的一位学者认为，中国在非洲的软实力通过各种方式展现出来，如媒体、政治价值观、经济模式、宣传和文化方面的联系，这些有关形象的宣传努力正在奏效，其具体表现在于中国在非洲的经济计划正在落实。[③]

美国职业外交官乔安娜·瓦格纳的题为"走出去：中国在撒哈拉以南非洲巧用软实力会威胁到美国利益吗？"的文章认为中国在非洲使用范围广泛的软实力，也与非洲进行能源石油交易。中国的软实力包括投资于广泛的基础设施项目，提供贷款给非洲国家，参与非洲维和行动。她一方面鼓吹美国与中国在一些方面进行合作，另一方面又认为美国应

---

① 本人曾在英文文章"既非魔鬼亦非天使：媒体在中非关系中的作用"中讨论了自己对"软实力"的看法。首先，"实力"一词在国际关系的语境下通常和"强迫"、"威胁"、"压制"与"军事控制"等含义相联系。这与中国传统哲学中和谐或中国政府一直奉行的和平共处的原则相矛盾。其次，约瑟夫·奈是在美国军事实力，也就是硬实力衰落的时候提出了这一概念。这对于美国这样的超级大国而言理所当然，因为美国政府希望通过其他方式或另一种实力途径来实现自己对世界的影响，即一方面增强自己对世界的吸引力和控制力，但避免通过军事或实力进行强迫控制。这对于一个习惯于以实力控制世界的大国而言是很自然的。但是，中国秉承和平崛起的政策，呼吁建设和谐世界。使用"软实力"的概念与这一原则相矛盾。而且，寻求"软实力"可能会吓跑许多中国以前的发展中国家的老朋友，尤其是那些弱小国家。参见 LI Anshan, "Neither devil nor angel: The role of media in Sino-Africa relations", May 17, 2012, http://allafrica.com/stories/201205180551.html。

② Jennifer Cooke, "China's Soft Power in Africa", in Carola McGiffert, ed., *Chinese Soft Power and its Implications for the United States: Competition and cooperation in the developing worlds*, CSIS Report, March 10, 2009, pp.27-44.

③ Wei Liang Wei, "China's Soft Power in Africa: Is Economic Power Sufficient?" *Asian Perspective*, Vol. 36 (No. 4, October-December 2012), pp. 667-692.

该采取一定的单边和双边行动来增强自己的经济实力和软实力基础,包括非洲司令部。美国有15%的石油来源于撒哈拉以南的非洲,必须发展替代能源。中国需要非洲的资源并希望锁定供应的愿望无疑会使竞争加剧,新兴国家要求更多的能源,快速替代能源的发展是国家安全的当务之急。她认为,美国领导人应像中国领导人一样,多访问非洲国家,应该多与非洲领导人进行高层会谈,特别是在重大国际会议如联合国大会,应该定期联系那些非洲同盟国。美国要增加非洲学生奖学金,这对美国而言是低成本投资,将钱花在非洲未来的领导者和更多的非洲大学上面。① 有关中国软实力的最新著作包括金健能(Kenneth King)的新作《中国在非洲的援助与软实力》与李安山和艾普罗主编的论文集《中非合作论坛:人力资源发展的政治》,前者以教育和人才培训为例探讨了中国在非洲的软实力,后者以中非教育、农业、医疗和新闻合作为案例对人力资源发展进行了批判性分析。②

有关中国软实力的研究中的一个重要内容是关于中国媒体在非洲的拓展。赞比亚学者班达曾获南部非洲研究所媒体新闻自由奖,他还为著名的非洲mediascape在中国工作。③ 他曾在一篇文章中分析关于中国对非洲媒体的援助以及中国在非洲的媒体机构、新闻媒体的做法以及在非洲记者中传播文化的影响。他认为,中国对非洲媒体的援助并非新现象,早在冷战期间,中国媒体就从多方面介入非洲以打破西方的封锁,如通过《中国画报》、《北京周报》、《毛主席语录》、《毛泽东选集》以及用斯瓦希里语翻译的中国儿童诗歌等。中非合作论坛框架中的"新闻媒体"属于"社会发展"领域,包括加强新闻媒体之间的接触并鼓励记者发挥

---

① J. Wagner, "'Going Out: Is China's Skillful Use of Soft-power in Sub-Saharan Africa a Threat to U.S. Interests?", *Joint Force Quarterly*(JFQ), Issue 64 (1st quarter 2012), pp.99-106.
② Kennth King, *China's Aid and Soft Power in Africa: The case of education and training*, James Currey, 2013; Li Anshan and Funeka Yazini April, eds., *Forum on China-Afric Cooperation: The politics of human resource development*, Africa Institute of South Africa, 2013.
③ 班达(Fackson Banda)是南非罗兹大学新闻学院和媒体研究的教授,在联合国教科文组织负责一个有关媒体与公民参与的项目,他也是南非啤酒有限公司与联合国教科文组织合作的负责人,曾赢得2008年南部非洲研究所媒体新闻自由奖。

在相互了解和增进友谊方面的作用；多层次交流，媒体互访，新闻机构派送记者，为非洲记者提供在中国新闻机构工作的机会，电台和电视台之间加强合作。这种干预涵盖了媒体的三大领域：基础设施定位（技术、硬件、设备）、意识形态方面（清除欧美的观点影响）和文化再生产（软实力）。现在，儒家思想和"Ubuntuism"（即非洲人文主义）互相融合。[①] 南非国际事务研究所全球权力与非洲项目研究员吴御瑄（Yu-Shan Wu）关注于中国国家媒体在非洲的活动以及中国在非洲的公共外交，2012年编写了报告《中国国有媒体在非洲崛起》。

随着形势的发展，出现了新的专题研究。如中国在非洲和平安全中的作用、中国中小企业在非洲的扩展趋势、非洲在中国的投资选向、中非合作对非洲一体化的影响等。我们相信，国际社会对中非关系的研究还将不断拓展。

---

① Fackson Banda, "China in the African mediascape", Rhodes Journalism Review 29 (September 2009). http://www.rjr.ru.ac.za/rjrpdf/rjr_no29/China_Africa_Mediascape.pdf.

附录1
国际社会有关中非关系研究的重点机构

本附录对有关涉及中非关系研究的国际相关研究机构作一简述。

目前,专注于中非关系研究或对中非关系有所涉及的研究机构可分为两大类,一类是从事学术研究的,这种机构以社会科学或单个学科为研究目标,多以大学为基地。二类是专门从事政策研究的,即所谓的智库,它们或是专门从事政策咨询,或是重点放在政策预测,或是从事政策评估,还有的从事局势分析。这种研究机构数量奇多,由于本研究报告的目的是有助于中国—非洲关系政策的制定,故将重点放在第二类机构。

国外的相关研究机构可谓多种多样。从分布来看,美国明显是各种研究机构最多的。虽然大部分并不涉及中非关系研究,但近年来,一些研究国际战略、环境政策、发展援助、慈善事业以及动物保护等方面的机构也开始研究中国在非洲的影响。这种情况仍保持扩大的趋势。由于美国有约11%—12%的非洲裔公民,加上对中国卷入非洲事务的焦虑,一些从事非洲研究和中国研究的相关机构也卷入对中非关系的研究。欧洲大陆卷入中非关系研究的机构也日益增多。法国—非洲的联系是多层面的,包括政治控制、军事干预、经济剥削和文化渗透。法国对非洲研究也一直处于世界前列。有的也在不断跟进。英国的一些政府部门对中非关系的关注却有增无减。例如,英国国际发展署近年来加强了对中国—非洲关系的研究,重点分析中国在非洲的经济活动。最近,国际发展署又设立了多个有关中非关系的项目,其中包括委托在国际发展研究领域颇有名气的东安格里亚大学进行题为"中国在非洲的足迹"的项目,由著名的国际发展研究专家和经济学家李真金(Rhys Jenkins)牵头。

对中非关系进行研究的相关的研究机构从研究内容可分为四大类[为

了进一步了解非洲研究机构的情况,欧盟、经合组织和西方大国政府均有自己的负责国际援助的机构如英国国际发展部(DFID),美国国际开发署(USAID),法国开发署(AFD)等,国内对这些机构比较熟悉,故这些机构未列入附录]。下面适当介绍一些积极参与中非关系研究项目的机构和非洲大陆的重要研究机构。

一是研究国际政治或国际关系的机构。美国的国际战略研究中心(CSIS)和南非国际事务研究所(SAIIA)近年来多次设立有关中非关系的研究项目,如CSIS设立的"中国、美国和非洲三方合作项目"、"医疗卫生合作"和SAIIA设立的"中国在非洲"项目等。

二是研究国际发展和发展援助的,如英国萨塞克斯大学的发展研究所(IDS)和肯尼亚内罗毕大学的发展研究所(IDS),还有非洲的ACET,AERC,AFRODAD等。

三是研究中国问题的,如斯坦陵博什大学的中国问题研究中心(CCS)。

四是专门的非洲研究机构,如德国歌德大学跨学科非洲研究中心(ZIAF),设立了一个庞大的"非洲的亚洲选择"项目,其中一项研究中非互动。

一、非洲

1. 南非国际事务研究所(South African Institute of International Affairs,SAIIA)

该所是南非著名的独立研究机构,长期以来以国际问题研究著称。1934年成立于开普敦,1960年迁入约翰内斯堡金山大学校园,在全国设有9个分所。SAIIA资金主要来源于南非政府、丹麦、瑞典等外国政府及一些基金会、企业或个人赞助,与南非外交部保持良好互动关系。

SAIIA通过研究、出版、专题演讲和在南非国内外举办研讨会等形式为政府和企业界提供决策建议。该所吸收来自国内外不同学术背景和政治观点的学者共同从事相关项目研究,2009年以来连续三年被知名机构评为撒哈拉以南非洲最佳智库。

SAIIA 研究重点侧重非洲、欧洲及环太平洋地区。出版刊物包括《南非国际关系年鉴》、《南非国际关系杂志》、《国别报告》和不定期出版的《专题研究报告》等。SAIIA 对中国在非洲大陆所扮演角色的研究处于领先地位。其首个专题项目"中国在非洲",旨在研究中非关系及其对非洲大陆的影响。SAIIA 全球权力与非洲项目研究员吴御瑄（Yu-Shan Wu）关注于中国的国家媒体在非洲的活动,以及中国在非洲的公共外交,2012 年编写了报告《中国国有媒体在非洲崛起》。SAIIA 还与包括中国社会科学院、中国国际问题研究所、上海国际问题研究院等在内的单位建立了基于不同项目的合作关系。

[电话]+27-11-339-2021

[传真]+27-86-553-2394

[网址]http://www.saiia.ora.za

2. 斯坦陵博什大学中国问题研究中心（Center for Chinese Studies, Stellenbosch University）

设在斯坦陵博什大学内,是南非第一家专门研究中国问题的学术机构。该中心主要从事与中国有关的研究,涉及政府、商业、学术界和非政府组织等各个层次,并经常发表有关中国的文章和研究报告,内容主要集中在中国对非贸易和援助等方面。与中国社会科学院、国际问题研究所、厦门大学建立了较好的合作交流关系。

该中心定期发布的《非洲东亚事务》（*The African East-Asian Affairs*）杂志,侧重非洲与东亚国家关系研究;《中国在非洲建筑和基础设施领域的兴趣与活动》、《中国向非洲提供发展援助》等多篇研究报告,影响巨大;《中国走向全球:埃及苏伊士经济特区》、《欧盟、中国和非洲之间三边发展合作:南非的前景是什么?》等多篇讨论文章,对相关问题进行了持续性有洞察力的研究。

[电话]+27-21-808-2840

[传真]+27-21-808-2841

[网址]http://www.sun.ac.za/ccs

3. 布伦特赫斯特基金会（The Brenthurst Foundation）

成立于2005年4月,总部设在约翰内斯堡。对全球化、政府治理、非洲艾滋病问题、南部非洲发展以及国际恐怖主义有较深研究。

基金会已出版《非洲的第三次解放》、《非洲的世纪》等多部研究著作;发表了《非洲人在非投资:通过内部贸易与投资促进非洲繁荣》、《自然资源:非洲的诅咒还是良药?》等多篇讨论文章;每周发布《布伦特赫斯特简报》。

近年来,该基金会加大对华关注力度,与中国社会科学院、美国对外关系委员会联合发起"非中美三边论坛",由三方分别承办对话会、重点研究中国崛起对非洲以及美在非利益的机遇与挑战,探讨中美如何合作帮助非洲发展。2006年8月,论坛首次会议在南非茨瓦卢自然保护区举行,来自非中美三方的高级官员、前政要和知名学者30余人参会。2009年3月,论坛第二次会议在北京举行。此外,基金会还发表了《为龙加油:自然资源与中国发展》、《他们口中的非洲:中国商人在南非、莱索托、博茨瓦纳、赞比亚和安哥拉》等关于中国的讨论文章。

[电话]+27-11-274-2096

[传真]+27-11-643-1882

[网址]http://www.thebrenthurstfoundation.org

4. 全球对话研究所(Institute for Global Dialogue,IGD)

1994年12月成立,原名全球对话基金会,总部设在比勒陀利亚。曼德拉以非国大主席身份访德时与德国总理科尔商定成立,并由FES基金会赞助,常为非国大和政府提供有关国际问题的咨询报告,并举办相应调研、研讨和培训活动。

研究领域主要包括非洲、多边事务、外交政策及南部非洲等四个部分。主要定期刊物有《全球对话》、《全球洞察》和《非洲对话系列》等,并不定期出版《南部非洲发展共同体报告》。

该所关注中国事务和中南、中非关系发展,1994年与中国国际交流协会建立定期交流关系。2005年出版《第三只眼睛看中国》一书。2007年出版勒佩尔博士与南非金山大学教授谢尔顿合著的《中国、非洲和南非——全球化时代的南南合作》。

[电话]+27-12-337-6082

[传真]+27-86-212-9442

[网址]http://www.igd.org.za

5. 南非非洲研究所（African Institute of South Africa，AISA）

成立于1960年，是南非议会专门立法成立的智库，总部设在比勒陀利亚。现主要研究人员为黑人学者，与执政党非国大关系密切。主要研究非洲的和平、安全、民主、繁荣和一体化之路及大国与非洲关系，并向世界宣传非洲。

2005年5月，中国联合国协会会长金永健应该所邀请访南并在该所发表主旨演讲。2006年1月，中国驻南非使馆与该所共同举办"中国对非政策文件"吹风会。中国社科院、现代国际关系研究所等与该所有人员往来和学术交流。

主要出版物包括：《全球化与非洲外交新趋势》、《选举进程与民主巩固的前景》、《中非合作论坛：人力资源开发的政治》等著作；每月定期发布《政策简报》，其中有些对中国问题进行关注和研究，如第9期《中国公司在刚果（金）的采矿业的企业社会责任实践》、第77期《中国通过民主与和平共处走上经济可持续发展道路》等。

[电话]+27-12-304-9700

[传真]+27-12-321-3164

[网址]http://www.ai.org.za

6. 安全研究所（Institute for Security Studies, ISS）

1991年成立，初名"国防政策研究所"，总部设在比勒陀利亚，系非洲大陆研究和平与安全问题最大的独立研究机构之一，2004年该所已有全职工作人员70余人。

主要研究领域包括军控、非洲冲突与维和事务、犯罪和治安状况、腐败、洗钱、艾滋病、恐怖主义和国防改革等，侧重研究非洲之角、中部非洲和南部非洲地区问题。

研究所资金主要来源于德国汉斯—赛德尔（Hans Seidel）基金会，英美公司、德比尔斯集团、第一国家银行、酿造公司等南非大企业及英、荷、挪、瑞士、瑞典、加拿大等国政府。

主要定期刊物有:《非洲安全评估》、《犯罪指数》等。2007年初设立中非关系研究项目。

[电话]+27-12-346-9500

[传真]+27-12-460-0998

[网址]http://www.iss.co.za

7. 非亚协会（African Asian Society）

1996年成立，总部设在比勒陀利亚。主要研究领域为南非、非洲与亚洲国家的关系。

1999年2月，胡锦涛副主席访南期间曾应邀出席协会与南非萨索尔公司共同举办的午餐会并发表演讲。协会还于2000年举办中国与世贸组织关系研讨会。2002年1月唐家璇外长访南时曾应邀在该协会组织的午餐会上发表主旨演讲。

[电话]+27-12-342-1350

[传真]+27-86-538-1031

[网址]http://www.asscoiety.co.za

8.《思想者》杂志（The Thinker）

较严肃的政论月刊，主要发表关于南非和非洲政治、经济、社会、外交问题的文章，社址设在约翰内斯堡。创办人伊索普·帕哈德，曾任南非总统府部长。

2011年曾赴华出席中非智库论坛第一次会议活动。2013年3月刊发封面文章《中国——新的世界强国》。

[电话]+27-11-447-0992

[传真]+27-86-608-4799

[网址]http://www.thethinker.co.za

9. 内罗毕大学发展研究中心（Institute of Development Studies of University of Nairobi，IDS）

它是非洲成立时间最早和建设最好的研究机构之一。它成立于1965年，长期致力于肯尼亚以及非洲和世界其他地区的社会与经济发展问题研究，拥有多位非洲发展领域专家。除了进行学术研究外，它还向政府、非政府组织和私营部门提供研究服务。

它的研究领域主要包括商业、工业、自然资源管理、人力资源开发、中小企业、价值链分析、高等教育政策、公民社会和城市建设等。它在1999年开始设立发展研究专业硕士点，2004年设博士点。现任主任为加玛教授（Prof.Jama Mohamud）。

该中心学者恩加拉(Joseph Onjala)曾于2007年发表《对中非经济关系的研究——肯尼亚案例》报告。该中心学者多次出席中国国内和在肯尼亚举办的中非关系研讨会。

[电话]+254-020-2247968

[传真]+254-2222036

[网址]http://archive.uonbi.ac.ke/faculties/ids/

10. 尼日利亚国际问题研究所（Nigeria Institute of International Affairs，NIIA）

1961年建立，位于尼日利亚最大的城市拉各斯，在首都阿布贾设有联络处。它在成立初期为独立研究机构，后纳入尼日利亚政府，隶属外交部，成为尼日利亚外交政策规划智库机构。

尼日利亚国际问题研究所的宗旨是为尼日利亚在国际事务中的方针提供思想的温床。自建立以来，它先后组织了许多旨在解决当前外交政策问题和预测未来外交形势的会议，为尼日利亚外交决策提供了良好的政策基础。共有三个部门：研究与学术部、图书馆与档案部和行政与财政部，共有职员19人。目前所长为博拉·阿金特林瓦（Bola A. Akinterinwa）教授。

出版的杂志包括《尼日利亚国际事务杂志》、《尼日利亚论坛》和《尼日利亚外交事务报告》等。多次派员参加中国的学术活动，与中国中联部、国际扶贫中心等都有合作，并多次接待中国访尼日利亚学者。

[电话]+234-1-9500983

[传真]无

[网址]http://www.niianet.org/

11. 和平与冲突解决研究所（Institute for Peace and Conflict Resolution，IPCR）

成立于2000年2月，位于首都阿布贾。它隶属于尼日利亚外交部，为尼日利亚政府重要的政策研究中心和智库，主要有和平与冲突研究、政策建议、冲突干预和能力建设等功能。现任所长为约瑟夫·哈比拉·古尔瓦（Joseph Habila Ponzhi Golwa）博士。曾在2011年与中国驻尼日利亚使馆共同主办"纪念中尼建交40周年学术研讨会"。

[电话]+234-0-95239485

[传真]无

[网址]http://www.ipcr.gov.ng/

12. 埃塞俄比亚国际和平与发展研究所（Ethiopian International Institute for Peace and Developmen，EIIPD）

成立于1996年，位于埃塞俄比亚首都亚的斯亚贝巴，为埃塞外交部下属的政府智囊机构，但在运行中相对独立，拥有自己的人员配备。

它的宗旨为进行有效的研究与培训，以便为埃塞俄比亚及次区域的普遍和平、民主和发展作出贡献；通过提供咨询服务等开展知识共享活动；鼓励知识分子参与有助于政策审议和社会经济发展的各种会议。重点关注和平与安全、发展、性别平等、环境、良治及粮食安全等问题。其主要有四项任务：培训新入部的外交人员、在职外交官及新任命的大使；培训各部公职人员、地方政府及东非国家官员；研究非洲区域性问题；不定期地与其他国际及地区组织举办研讨会。资金来源主要包括埃塞俄比亚政府的津贴，各种捐款和赠款，以及研究所收取的服务费等。现任所长为赛伯哈特·奈迦。

关注中埃塞关系、中非关系并有所研究。

[电话]+251-111-553-1955

[传真]+251-111-553-3398

[网址]http://eiipdethiopia.org/

13. 亚的斯亚贝巴大学和平与安全研究所（Institute for Peace and Security Studies, Addis Ababa University，IPSS）

成立于2007年3月，位于埃塞俄比亚首都亚的斯亚贝巴。旨在通过专业化研究及承接非盟和平与安全课题，培养冲突预防、管理与解决及缔造和平、推进民主价值与和谐社会建设的专业人才，引领非洲之角和平与安全研究，促进埃塞及整个非洲大陆和平与安全事业发展。所长为穆卢盖塔·盖布瑞沃特（Mulugeta Gebrehiwot），目前共有研究及行政人员42人。

关注中埃塞关系及中非关系，与浙江师范大学非洲研究院有合作。2012年10月，在"中非联合研究交流计划"的支持下，和平与安全研究所与浙江师范大学非洲研究院在埃塞俄比亚比肖夫特市联合举办了第二届中非智库论坛。

[电话]+251-11-1245660

[传真]无

[网址]http://www.ipss-addis.org/

14. 雅温得第二大学国际关系学院（Institut des relations internationales du Cameroun，Université de Yaoundé II，IRIC）

成立于1971年，是非洲较早成立的研究国际关系的高等学府，曾为喀麦隆及中部非洲地区其他国家培养了众多外交官，被称为"中部非洲外交官的摇篮"，喀麦隆众多政要都有在该学院求学或执教的经历。

从1996年开始，雅温得第二大学国际关系学院和浙江师范大学开设了汉语培训课堂，2007年正式成立孔子学院。近年来，喀麦隆国际关系学院逐渐把中国和中非关系研究纳入到其重点研究领域。

[电话]+237-22-31-03-05

[传真]+237-22-31-03-05

[网址]http://www.iricuy2.net/spip.php?lang=en

15. 刚果（金）外交学院（Académie Diplomatique Congolaise，ADC）

成立于2006年4月，隶属刚外交部，旨在为刚外交部及刚政府其他涉外部门培训涉外工作人员，建立外交人才库。目前设中、英、俄等职业语言培训，以及国际关系、国际政治等领域博士及博士后项目。学院管理机构为外交部主持的理事会、科研理事会及指导委员会，业务部门包括进修与培训部，行政、财务与技术部以及研究等。院长为帕西·马肯家(Mpasi Makenga Bonaventure)教授。

该院曾多次派员参加中国援外培训，希望与中国开展人才交流合作。目前有一支研究中非、中刚关系的团队，由三名专家组成。

[电话]0898001478 / 0899719767

[传真]无

[网址]http://www.adc-rdc.org/

16. 布隆迪统计学与经济研究院（Institut de Statistiques et d'Etudes Economiques du Burundi，ISTEEBU）

前身是比利时殖民政府在1948年7月1日成立的卢旺达—布隆迪统计调查局，布隆迪独立后对该机构进行多次调整，1990年正式调整为ISTEEBU，现隶属财政与经济发展计划部管辖。现任院长尼古拉·恩达伊施米耶（Nicolas Ndayishimiye）。主要职能包括：促进布隆迪统计事业发展，根据全国统计数据开展经济社会研究，协调所有政府部门内统计机构的工作，处理与国外统计机构合作的技术性问题。与非洲各国统计机构都有合作关系。主要研究领域为经济、社会发展等。

重视发展与中国学术机构合作关系，并准备就中布合作等进行专门研究。

[电话]+257-22-216735, +257- 22-222936, +257-22-222149

[传真]+257-22-222635

[网址]http://isteebu.org/

17. 安哥拉战略研究中心(The Centre of Strategic Studies of Angola, Centro de Estudos Estratégicos de Angola，CEEA)

安哥拉战略研究中心是私营非盈利性学术机构，总部位于安哥拉首都卢安达。该中心致力于促进、研究和分析南部与中部非洲地区政治、经济、社会、军事、文化和合作等地缘战略信息。2011年7月25日，该中心执行委员会副主任巴罗斯曾应邀来华出席"中非智库论坛"第一届会议。

[电话]+244-222-449375, +244-222-447389

[传真]+244-222-449214

[网址]http://www.ceea.angoladigital.net/English/index_eng.htm

18. 非洲社会科学发展研究理事会（The Council for the Development of Social Science Research in Africa，CODESRIA）

1973年建立，总部位于塞内加尔首都达喀尔。它是一家独立的泛非研究机构，主要关注非洲的社会科学研究。它不仅是非洲先驱性的社会研究机构，而且还是非洲大陆社会知识生产领域顶尖的非政府中心。

目标是以总体和多学科的方式促进和提升非洲的研究与知识生产；在创造和传播知识的过程中促进和保卫研究者的独立思想和学术自由；鼓励和支持非洲比较研究的发展；以整个大陆的视角和对非洲发展进程之特殊性的敏感促进非洲学者研究成果的出版和传播；主动介入和支持其他研究机构和他们的学者网络，加强非洲知识生产的制度基础，为了实现这一目标，理事会还积极鼓励非洲各大学、研究机构和其他培训机构进行合作与协作；鼓励非洲学术界代际与性别间对话，以利用不同的视角来促进学术生产；促进非洲学者和世界其他地区研究非洲的学者相互间的联系与对话，以及促进理事会与类似国际机构间的相互联系。

现任主席为法蒂玛·哈拉克（Fatima Harrak）教授。资金来源主要为各方面的捐赠，其中包括荷兰和丹麦外交部、塞内加尔政府、福特基金会和联合国等。

研究杂志包括《非洲发展》、《非洲社会学评论》、《非洲国际事务杂志》、《非洲媒体评论》等。它近年来对中非关系进行了一些研究，相继发表了一些报告和文章，其中包括《新自由主义全球化时代的中国与非洲》（2007年）和《中非关系：合作还是剥削？》（2013年）等。

[电话]+221-33-825-98-22，221-33-825-98-23

[传真]+221-33-824-12-89

[网址]http://www.codesria.org/?lang=en

19. 非洲债务和发展论坛网络（African Forum and Network on Debt and Development，AFRODAD）

1996年建立，位于津巴布韦首都哈拉雷。它是一个通过游说来进行债务减免和应对非洲其他与债务有关的问题的地区性论坛和机构。由董事会管理，共有七个成员，分别为Opa Kapijimpanga、Barbra Kalima-Phiri、Professor Kakonge、Marta cumbi、Jennifer Susan Chiriga、Ms. Georgine Kengne Djeutane和Edward Oguyi。

宗旨是在人权价值体系的基础上，谋求将会解除和避免非洲债务危机的政策转变。它的愿景是寻求平等和可持续的发展进程，最终实现一个富庶的非洲社会。它将自己的价值观确立为"专业、团结、勤奋、责任和透明、诚恳、公平和性别平等"。

目标包括，确认非洲债务危机的根本原因、结构与影响，找出可持续性的和持久的解决方法；为国际金融体系提供别样的发展模式；对非洲政府、他们的发展伙伴和其他政策制定者施加影响，让他们在公共资源管理领域采取以人权为基础的发展道路；支持非洲国家创造和加强以人为基础的联盟，以应对债务及其他相关的发展问题；促进市民社会、非洲政府和他们发展伙伴及涉及债务和发展问题的国际金融机构相互间进行政策对话；确保所有非洲国家消除全部债务和为可持续发展提供自由的金融资源；创造、包装和传播与债务和发展有关的知识，让不同的行为体在债务消除运动中使用。

近年来开始中非关系方面的研究，先后发布了《绘制中国对非发展援助：对安哥拉、莫桑比克、赞比亚和津巴布韦的综合分析》（2008年）、《中国对南部非洲发展援助研讨会的会议报告》（2009年）、《中国对非发展援助：对埃塞俄比亚经验的分析》（2011年）。

[电话]+263-4-778531, 778536

[传真]+263-4-747878

[网址]http://www.afrodad.org/

20.跨区域经济网络（Inter Region Economic Network，IREN）

它是一家重要且独立的非洲智库，总部位于肯尼亚首都内罗毕。它希望通过自由企业和良好的公共政策，促使思想和战略引导非洲的繁荣。它关注的领域主要包括目标事件、培训、研究、咨询等。

它的宗旨是通过良好的公共政策将非洲的潜力变成现实。它的愿景为通过自由企业，成为改善非洲生活水平的领导者。它将"自由的人类思想是最终的资本"作为自己的信条。

跨区域经济网络目前的主管为詹姆斯·希奎（James Shikwati）。它的研究杂志是《非洲经理人》（The African Executive）。在中非关系研究方面，曾与塞内加尔智库"非洲社会科学研究发展理事会"在内罗毕共同主办"面向新型中非伙伴关系"研讨会，在2012年出版了《中非合作：寻求双赢》一书。

[电话]+254-20-2731497

[传真]+254-20-2723258

[网址]http://www.irenkenya.com/

21.非洲经济转型中心（African Center for Economic Transformation, ACET）

它是一家支持非洲通过转型实现长期增长的经济政策机构。成立于2008年，总部设在加纳首都阿克拉。宗旨为促进政策与机构改革，实现非洲经济的可持续增长和转型。它的愿景是截至2025年，所有非洲国家都能够在私营部门的领导下，在以强有力的机构与良好的政策为基础的有能力的国家的支持下，推动它们自身的增长与转型。

创建者和主席为阿莫阿克（K.Y. Amoako）。中心由董事会管理，董事会成员包括前总理、中央银行行长、各部部长、学者、法律专家等。目前研究人员共有来自8个非洲国家的30多人，其中包括经济学家、研究员、政策分析家、管理顾问、采掘业专家，以及行政人员。他们还得到了世界上很多在非洲发展领域享有盛名的专家和顾问的支持，这其中包括诺贝尔经济学奖获得者。

资金来源为加纳、荷兰和挪威政府，休利特基金会，洛克菲勒基金会，开放社会研究所，世界银行，英国国际发展部。

与中国国际扶贫中心等机构有合作。在中非研究领域，2009年10月发布报告《向东看：中非接触：加纳案例研究》、《向东看：中非接触：卢旺达案例研究》和《向东看：中非接触：利比里亚案例研究》，对中国对加纳、卢旺达和利比里亚三个国家的援助、贸易和投资现状进行了研究。

[电话]+233 (0)302-253-638, +233 (0)302-258-143-5

[传真]+233 (0)302-258-140

[网址]http://acetforafrica.org

22.非洲经济研究会（African Economic Research Consortium，AERC）

它是一个公共非营利性组织，致力于促进非洲的经济政策研究和培训。1988年建立，总部位于肯尼亚首都内罗毕。

宗旨是为对撒哈拉以南非洲在经济管理中所遇到的问题进行独立且严格的调查而加强本地能力。其宗旨建立在以下两个基本前提之上：首先，只有那些能够维持经济良好管理的地方才更有可能实现发展；其次，只有在由以本地为基础的专业经济学家所构成的积极且知识丰富的干部能够开展与政策相关的研究的地方，才更有可能进行这种管理。

过去的25年间，非洲经济研究会取得了丰硕的成果：为非洲各国制定政策提供了丰富的证据；成千上万毕业于非洲经济研究会的学生现在正工作在非洲政府和机构、跨国组织、学术机构和私营部门的关键岗位。在这些人当中，有9个人为中央银行的行长，2个人为非洲开发银行的首席经济学家。

资金主要来源于政府、跨国组织、私人基金和国际组织的捐助。它由董事局管理，董事局目前由19人构成，其中董事局主席为姆图利·恩库比（Mthuli Ncube），执行董事为莱马·森贝特（Lemma Senbet）。目前管理人员共有38人。

非洲经济研究会在中非关系研究领域做了大量工作，取得了丰硕的成果，这其中包括《中非经济关系：乌干达》（2007年），《中非经济关系：纳米比亚》、《中非经济关系概括研究：肯尼亚》、《中非经济关系概括研究：安哥拉》、《中非经济关系：赞比亚》、《中国—尼日利亚经济关系：非洲经济研究会对中非关系的概括研究》和《中非关系：以加纳为例》（2008年）。

[电话]+254-20-2734150

[传真]+254-20-2734170

[网址] http://www.aercafrica.org/

二、英国

1. 英国海外发展学会（Overseas Development Institute，ODI）

成立于1960年，是英国以国际发展与人道主义为研究主题的独立智库。主要任务是通过高质量的研究、以政策为中心的探讨和实践，为发展中国家的减贫及可持续发展提供政策建议。2004年起，ODI与英国国际发展部形成合作关系。2007年，被英国《公共事务新闻》杂志评为"2007年年度最佳智库"。

该所非常重视中非关系、南南合作以及中英非三方合作前景的调查研究，涵盖经济、政治、社会、生态、科技等各个方面。2007年至2008年，该研究所与中国国际扶贫中心合作，由英国国际发展部资助，派出研究人员出访尼日利亚和坦桑尼亚，考察当地贫困程度、社会治理与援助情况，完成"中国在非洲"（China in Africa）研究项目。同时，英国海外发展研究所与中国农业大学共同完成的"中非减贫模式比较研究"，对中非两国减贫国际合作提出了重要政策建议。

2010年，研究所联合英国国际发展研究所水政策项目（Water Policy Program）和海尔维尔国际有限公司（Harewelle International Limited），以坦桑尼亚作为主要对象，探究中、英、非在水资源规划及管理中的合作前景。2012年，该研究所与国家发展研究所、未来农业协会和中国、巴西及众多非洲国家合作，开启为期两年的"非洲农业中的中国和巴西"（China and Brazil in African Agriculture，CBAA）项目，探讨中国、巴西等发展中大国如何才能改善非洲农业发展。

[电话] +44 (0)20 7922 0300

[传真] +44 (0)20 7922 0399

[网址] http://www.odi.org.uk/

2. 查塔姆研究所（Catham House）

又名漆咸楼，1920年成立于伦敦，原名皇家国际事务研究所，2004年正式易名。该研究所自成立以来，主要使命就是促进政府、私人机构以及公民社会就国际事务领域进行探讨,为决策者提供有价值的分析和建议。目前,研究所所长来自英国不同政党,分别是前英国首相约翰·梅杰、前自由民主党党魁柏迪·阿什当、前英国检察总长斯科特尔女男爵。该所连续五年被美国宾夕法尼亚大学评为美国境外第一的智库,被广泛看作世界国际事务领域的领导机构。

研究围绕以下四个主题展开:能源、环境及资源;国际经济学;国际安全;区域研究及国际法。研究所专为非洲、亚洲、中国等地区开设研究项目,对中非关系、印非关系的时事新闻进行跟踪评论,不定期举办学术研讨会,并出版学术报告。

长期关注中非之间的石油贸易,双月刊《国际事务》于2006年发表了《中国在非洲的石油策略》(China's Oil Diplomacy in Africa)。2008年,研究所发布《安哥拉与中国:一对务实的伙伴》(Angola and China: A Pragmatic Partnership),解析中国在安哥拉的信贷事业,并对驻安哥拉中国工人进行统计和分析。

2012年,查塔姆研究所举办了"中国与非洲:参与的世纪"研讨会,重点对中非合作论坛进行分析和预测,并发表会议报告。同时,该研究所在中非与欧盟、美国、印度等地区和国家的三边合作方面,也十分关注。

[电话]+44 (0)20 7957 5700

[传真]+44 (0)20 7957 5710

[网址]http://www.chathamhouse.org/

3.伦敦国际战略研究所(International Institute for Strategic Studies, IISS)

英国顶尖国际军事及安全问题研究智库。自1958年成立以来,该所专注于核威慑与军控问题,以及全球安全、政治危机、军事冲突问题。总部设在伦敦,在华盛顿、新加坡、麦纳麦建立分所,是独立研究机构。

该所主办的"香格里拉对话"和"麦纳麦对话"都是举足轻重的国际交流平台,前者为亚太地区安全对话机制中规模最大、各国出席层级最高的对话机制,后者则是中东地区就海湾安全问题进行探讨的重要论坛。

研究所主要出版物包括年刊《军事力量对比》(*The Military Balance*)、双月刊《生存：全球政治学与战略》(*Survival: Global Politics and Strategy*)、亚达非系列丛书(*Adelphi Books*)及《战略评论》(*Strategic Comments*)等。

近年来，IISS开始关注中非关系及其对双方和世界的影响。《战略评论》中多次提到中国对非洲的政策以及中国在非洲的经济活动，例如2005年，《生存》秋季刊发表《中国在非洲》报告，主要分析了中国在非洲的利益和能源安全问题。2009年，IISS出版了《中国的非洲挑战》一书，对中国在非洲投资所面临的困难和问题进行探索，关注中非关系对中国的影响。

[电话]+44 (0) 20 7379 7676

[传真]无

[网址]www.iiss.org

4.国际环境与发展学会（International Institute of Environment and Development, IIED）

IIED由英国经济学家Barbara Ward于1971年成立，是国际发展与环境政策研究领域中最具影响力的研究机构。其研究内容主要分为自然资源、气候变化、人类活动和可持续市场四个方面，和众多亚非拉地区类似组织建立了合作关系。

IIED受到了来自世界各个部门的资助，包括欧洲国家政府机构（如德国外交部、瑞典国际发展合作部等）、国际机构（非洲发展银行、欧洲议会等）、基金会和非政府组织（非洲技术研究中心、福特基金会等）。

近年来，IIED从生态环境的角度，对中非关系进行了分析与评估。2013年，研究所与中国林业科学院合作，探究中国在非洲森林投资活动的多重影响，并为非洲林业治理提供建议。同时，该研究所也十分关注中国在非洲的农业活动。

[电话]+44 (0) 20 3463 7399

[传真]+44 (0)20 3514 9055

[网址]http://www.iied.org/

5. 皇家非洲学会（Royal African Society – Africa Affairs，RAS）

RAS是英国首屈一指的非洲组织，目标是从经济、政治、文化和学术多方面促进非洲发展。1901年，为了纪念19世纪著名的非洲探险家和研究者Mary Kinsley成立了非洲学会，是为RAS的前身。

为了加强英国政府对非洲的关注程度，RAS积极举办开放的学术活动，弘扬非洲文化，同时也为商业领域的成员提供平台，促进对非投资。

和RAS同时创立的，还包括《非洲学会会刊》（*Journal of the African Society*），1944年改名为《非洲事务》（*African Affairs*），由牛津大学出版。该刊物是非洲研究中的顶级刊物之一，侧重研究撒哈拉以南非洲国家的政治和国际关系。近年来，对中非关系研究逐渐升级，涵盖政治、经济、军事、文化、援助等方面，如《"从林中的巨龙"之外：中非关系研究》、（Beyond "Dragon in the Bush"：The Study of China-Africa Relations）、《中国与军事冲突：处理非洲政治动荡》（China and the coups: Coping with political instability in Africa）、《亲密的会面：中国企业网络是撒哈拉以南非洲工业发展的催化剂》（Close Encounters: Chinese business networks as industrial catalysts in Sub-Sahara Africa）、《非洲的自由铁路：一个中国发展项目是如何改变坦桑尼亚的生活和生计的》（Africa's Freedom Railway: How a Chinese development project changed lives and livelihoods in Tanzania）。

[电话]+44 (0)20 3073 8335

[传真]无

[网址]http://www.royalafricansociety.org

6. 伦敦大学亚非学院（School of Oriental and African Studies, SOAS）

成立于1916年，起初只包括东方学研究，直到1938年才建立了非洲研究中心。SOAS是欧洲唯一一个专门研究亚洲、非洲和近东、中东的高等教育学院，设有数十个科系，包括区域研究和国际关系、经济、宗教、健康卫生、新闻传播等专业方向，其中非洲研究中心和中国研究中心在中非关系方面，均有所涉猎。

该学院的主要刊物之一是《中国季刊》（The China Quarterly），由剑桥大学出版社出版，对许多中非关系相关书籍进行了评论和介绍。另外，2013年由SOAS教授斯蒂芬·陈主编的 The Morality of China in Africa，对当今中非关系中的几个重要问题进行了辨析。

[电话]+44 (0)20 7637 2388

[传真]+44 (0)20 7436 3844

[网址]www.soas.ac.uk

三、美国

1. 布鲁金斯学会（Brookings Institute）

1927年成立于华盛顿，由罗伯特·S.布鲁金斯发起成立的两个研究所和一个研究生学校合并而成。布鲁金斯学会是一家非盈利的公共政策研究组织，其目标是通过高质量的独立研究，以加强美国的民主，促进经济发展和社会福利的改善，并维护开放、安全、繁荣和合作的国际体系。在宾夕法尼亚大学发布的2012年智库报告中，布鲁金斯学会被评为全美、乃至全球最有影响力的智库。

该学会2006年成立约翰·桑顿中国中心，专注研究中国经济与贸易、国内发展问题、能源政策和外交政策。该中心邓丽佳（Erica S. Downs）等中国问题研究专家经常对中非关系发表观点，如《中非能源关系的事实与虚构》（2007年）。

该学会的"非洲增长倡议"（Africa Growth Initiative, AGI）则通过召集非洲学者，从非洲的视角为政策制定者提供分析和建议。"倡议"与非洲多国研究机构构成了合作关系。2013年5月，约翰·桑顿中国中心连同非洲增长倡议与中国社科院、加纳大学举行圆桌会议，探讨中、美、非三边合作的机遇和挑战。

2008年，布鲁金斯学会出版社先后出版《中国在非洲》（China in Africa）和《中国进入非洲：贸易、援助及影响》，收录近年来关于中非关系的重要文章。

[电话]+1-202-797-6000

[传真]无

[网址]www.brookings.edu

2. 国际战略研究中心（Center for Strategic and International Studies，CSIS）

CSIS的前身是海军上将阿雷·伯克和大卫·阿班舍于1962年一同在乔治敦大学创建的战略研究中心，是冷战时期的前沿智库之一。自1987年起，CSIS正式成为一个独立的非盈利组织。如今CSIS专为国会成员提供专家团队，在安全政策、全球挑战和区域研究领域提出及时、有效的专业建议。作为一个两党联合的外交政策智囊团，CSIS还为不同党派的成员提供交流平台。

2007年至2012年，CSIS非洲项目与弗里曼中国研究中心合作，就"中国在非洲"这一主题进行了多面研究。该项目通过对中美在非洲的活动进行探究，寻找美、中、非三方的共同利益，以及三方在公共卫生、安全协助、企业社会责任、能源安全等方面的合作潜力。该项目发布多份报告，如《美国与中国在非洲的参与：促进美、中、非合作的前景》、《中国在非洲的软实力》、《中肯经济关系：1963—2007》等。该项目多次举办学术讨论会议，先后邀请中国进出口银行行长李若谷先生、西亚非洲研究所研究室主任贺文萍女士、中非民间商会副会长伍淑清女士（第一届）等。

2011年出版《中国全球卫生参与和对非援助》报告集（China's Emerging Global Health and Foreign Aid Engagement in Africa），对中国在全球卫生和非洲援助领域扮演的角色进行评估和分析，并对中美两国在非洲的合作提出了建议。

除书面报告和出版物之外，CSIS还为广大学者及政策制定者提供多媒体资料，包括会议录音、音频简评及短讯等形式的丰富资料。

[电话]+1-202-887-0200

[传真]+1-202-775-3199

[网址]http://csis.org/

3. 美国对外关系委员会（Council on Foreign Relations，CFR）

成立于1921年，是一个独立的无党派组织、智库和出版机构。旨在集合政治、经济、工业、教育和科学等各个方面的专家，常规性地举办会谈、出版刊物和报告，帮助政府、企业、新闻机构、教育机构等社会部门了解世界，了解美国外交政策的选择过程。

该委员会的大卫·洛克菲勒研究计划（David Rockefeller Studies Program）是委员会智库的核心部分，研究对象涵盖全世界范围内的主要地区和全球性的重要话题。CFR出版的双月刊《外交事务》(*Foreign Affairs*)被广泛看做外交政策和经济学领域最具影响力的刊物之一。

CFR对中国和非洲分别设有专题研究，主要对中国在非洲的能源投资和援助进行评估和分析，并对中美两国在非洲的利益关系提出意见和建议。2007年，委员会采访西亚非洲研究所所长杨光先生，并发表评论文章《杨光：中国与美国在非洲"没有战略冲突"》。2012年，该委员会的"公民社会、市场与民主计划"（Civil Society, Markets, and Democracy Initiative）发起的"发展论坛"（Development Channel）曾就"中国在非洲"这一话题展开一系列讨论。

[电话]纽约：+1-212-434-9400 华盛顿：+1-202-509-8400

[传真]纽约：+1-212-434-9800 华盛顿：+1-202-509-84

[网址]http://www.cfr.org/

4.卡内基国际和平基金会（Carnegie Endowment for International Peace）

成立于1910年，由美国钢铁大王安德鲁·卡内基创立，是美国最早的从事国际事务研究的智库。作为一个私人的非盈利性组织，基金会致力于为全球的政策选择与问题提供深度分析和建议。如今，基金会已经在华盛顿、北京、贝鲁特、布鲁塞尔、莫斯科开设卡内基中心，开展研究活动。

根据宾夕法尼亚大学在2012年发布的智库报告，卡内基国际和平基金会是全美排名第二、全球排名第三的智库。

卡内基—清华全球政策中心作为亚洲项目的一部分，近两年开始关注中非关系以及中美非关系动向。该中心举办了多次相关主题的研讨会，涉及经济、政治、国际安全、能源等各个方面。

该基金会的国际经济学项目长期关注中非关系动向，并对中非关系状态进行评估，为美国的外交政策提供建议。2006年，基金会在举办名为"中国的非洲战略：发展与外交新方式？"（China's Strategy in Africa: a New Approach to Development and Diplomacy?）的座谈会之后，该项目研究人员发表了许多相关文章，如《中国在非洲地位升级：神话与事实》（China's Growing Role in Africa: Myths and Facts）等。

[电话]+1-202-483-7600

[传真]+1-202-483-1840

[网址]http://carnegieendowment.org/

5.全球发展研究中心（Center for Global Development, CGD）

2001年成立于美国华盛顿，其三位创始人分别来自商界、政界和学术界，曾被称为"思考与实干"的智库。CGD通过进行大量的学术研究，积极参与政策制定过程，致力于促进及维护世界的繁荣、正义与安全。研究范围包括援助有效性、教育、全球化、健康、移民和贸易。

2012年，CGD被雷德斯通战略集团（Redstone Strategy Group）评价为发展研究领域顶级智库之一，是很有发展前景的一个研究机构。

该研究中心与加拿大国际发展研究中心合作，成立奖学项目，为发展中国家的优秀研究人员提供为期一年的工作机会，参与到CGD的日常研究项目和活动中，加强多方联络。同时，该中心与美国布鲁金斯研究所、德国马歇尔基金会、全球卫生理事会等均有合作关系。

CGD关注中非关系动向，尤其对中国在非洲的经济活动进行了多项研究。2011年，CGD发表《中国在非洲：宏观的视角》（China in Africa: a Macroeconomic Perspective），对中国在非洲的贸易和投资活动进行了评估和预测。2013年4月，该中心发布了第323号工作文件——《中国在非洲的发展资金：基于媒体的数据库》（China's Development Finance to Africa: a media-based approach to Data collection）。除此之外，CGD拥有一批非洲问题研究专家，在中非关系问题的研究中十分活跃。

[电话]+1-202-416-4000

[传真]+1-202-416-4050

[网址]www.cgdev.org

四、德国

1. 汉堡大学亚非研究所非洲学和埃塞俄比亚学研究中心（Abteilung für Afrikanistik und Äthiopistik Asien-Afrika-Institut der Universität Hamburg）

汉堡一直是德国非洲研究的重镇，这里是德国非洲学的发源地之一。德国最早的非洲学教授职位就是1909年由汉堡殖民研究所（Hamburgische Kolonialinstitut）设置的，第一位非洲学教授Carl Meinhof也是德国非洲学的创立者之一。1919年汉堡大学成立后，殖民研究所成为汉堡大学的一部分。该所的Carl Meinhof、August Klingenheben 和 Johannes Lukas等都是德国早期非洲学的核心人物。值得一提的是，20世纪70年代，在Ernst Hammerschmidt教授的努力下，该所开辟了埃塞俄比亚学研究。直到现在，汉堡大学的埃塞俄比亚学也是在所有德国大学中极具特色和独一无二的一个研究领域。

与其他的德国非洲研究机构的跨学科和多学科发展相比，汉堡大学的非洲学研究似乎一直保持着非洲语言与文化研究的传统特色，直到现在仍然是其主要的教学和研究领域。该所设置的三个非洲学教授职位都是非洲语言学教职。该所对于当代非洲政治、经济及国际关系方面的研究涉及较少。

[电话]+0049-(0)40-42838-4874

[传真]+0049-(0)40-42838-5675

[网址]http://www.aai.uni-hamburg.de/

2. 莱布尼茨全球和地区研究所（German Institute of Global and Area Studies；Leibniz-Institut für Globale und Regionale Studien，GIGA）

位于汉堡的该研究所是德国最具实力的地区研究机构，也是欧洲最大的研究欧洲之外地区的机构。该所设有非洲研究、亚洲研究、拉美研究和中东研究四个中心。非洲研究中心拥有德国最大的有关非洲研究的专业图书馆。该所在当代非洲和中非关系的研究方面较为活跃，定期出版物《聚焦非洲》(GIGA Focus-Afrika)经常刊登有关中国在非洲和中非关系的论文,涉及中国在马里的移民、作为在非洲的"新行为者"、中国与印度、巴西等的比较等。当前该所主要从事中非关系的研究学者是 Karsten Giese,Laurence Marfain,Alena Thiel 等,他们承担了有关中国与非洲的两个研究项目,"中国企业移民和非洲小公司:互动在西非城市的影响(加纳和塞内加尔)"和"作为中国和非洲都市现代性中间人的西非商人"。他们于2013年组织过题为"南南关系和全球化:中国移民在非洲和非洲移民在中国"的国际会议。

[电话]+49 (0)40 - 428 25-593

[传真]+49 (0)40 - 428 25-547

[网址]http://www.giga-hamburg.de

3.洪堡大学亚非科学研究所非洲学专业(Das Seminar für Afrikawissenschaften)

非洲研究在柏林有悠久的传统。1887年在洪堡大学开设的东方语言学习班即开始教授非洲语言,主要任务是为非洲殖民地官员提供语言培训和进行非洲语言调查。1925年柏林大学设置了非洲学的教授职位,由德国非洲学的创立者之一Diedrich Westermann担任教授。洪堡大学的非洲学专业成立于转折之后,是对原有非洲研究机构和力量的重组。该专业现由三个领域构成:非洲历史、非洲语言学、非洲文化和文学。该所的核心工作领域是教授和研究斯瓦希里语、梭托语、豪萨语。研究重点关注全球化过程中的非洲文化、非洲劳动力问题等。

[电话]+49 30 2093 66099(非洲历史和语言研究领域)

+49 30 2093 66070(非洲文学和文化研究领域)

[传真]+49 30 2093-66007

[网址]http://iaaw.hu-berlin.de/afrika

4.歌德大学跨学科非洲研究中心(Zentrum für Interdisziplinäre Afrikaforschung, ZIAF)

该中心作为歌德大学的中心性科学研究机构组建于2003年,联合了法兰克福多方面的非洲研究力量,以实现在非洲研究方面的学科互补。

共有80多位法兰克福大学不同学科的研究者参加,包括语言学、英国学、考古学、生态学、动植物学、民族学、古人类学、人文地理学、物理地理学、地球物理学、神学、政治学、经济学等。

研究重点包括:(1)生物学和地理学领域:研究气候和土地使用变化下的热带草原气候区的生物多样性和生态系统效能以及环境条件变化下的自然资源可持续利用。(2)考古学和考古植物学领域:研究公元前后一千年之间的尼日利亚诺克文化(Nok Culture),以此重建当时的环境条件和人类定居史。(3)人文和社会科学领域:在已获批准的研究项目"非洲的亚洲选择"(Afrikas asiatische optionen,Africa's Asian Option,AFRASO)框架内、在所有社会层面上研究非洲和亚洲的互动。这一项目将极大促进德国的地区研究理念的发展。

该项目由德国教育和研究部(German Federal Ministry of Education and Research BMBF)组织,提供390万欧元的资助,为期四年(2013年2月至2017年1月),主要由歌德大学跨学科非洲研究中心和跨学科东亚研究中心(Interdisciplinary Centre for East Asian Studies)负责。共有来自歌德大学6个系的40位学者参加,涵盖了非洲研究、英语研究、文化人类学、人文地理学、韩国研究、自然地理学、政治科学(包括中国政治研究)、汉学、社会学、东南亚研究、经济学(包括日本经济研究)等多个学科。该项目的目标是在比较和跨地区研究的视角下研究非洲和亚洲之间新的互动关系。研究前提是,全球化背景下的地区研究面临非领土化(deterritorialization)和跨区域化的过程,只有用新的方法和理论来研究这一过程,才能保持对非洲和亚洲研究所面临的新课题的清楚认识。该项目的假设是,亚洲和非洲在经济、政治、文化和社会等各个层面的新的互动不仅为亚洲国家带来了机遇,也是他们的非洲伙伴的机遇。该项目认为,中国和印度以及其他一些亚洲国家如印尼、日本、韩国等与非洲的关系并没有引起学术上的关注,这些也将是该项目关注的重点。

[电话]+49 069/798-32097

[传真]+49 069/798-32098

[网址]http://www2.uni-frankfurt.de/47331226

5. 福楼贝尼乌斯研究所（Frobenius Institut）

该研究所隶属于歌德大学但也是一个独立的主要致力于非洲人类学研究的机构。它是德国最古老的人类学研究所，由著名的德国早期非洲人类学家和探险家 Leo Frobenius（1873—1938年）创立于1898年。他于1904—1935年间12次进入非洲内陆考察，收集了大量非洲人类学资料。他研究非洲的文化史，致力于用影像记录非洲文化。研究所从创立之初的主要研究重点就集中于非洲文化和历史。该所目前拥有德国最丰富的非洲人类学物品和研究资料专业图书馆。该所当前也关注从人类学和社会学的角度研究非洲国家的社会变迁。

[电话]+49-069-798-33052（所长 Prof.Dr.Karl-Heinz Kohl）

+49-069-798-33052

[传真]+49 069 – 798-33101

[网址]http://www.frobenius-institut.de/

6. 约翰内斯·古腾堡大学（美因茨大学）人类学与非洲研究系（the Department of Anthropology and African Studies, Johannes Gutenberg University of Mainz）

这是一个跨学科的非洲研究机构。不仅关注非洲人类学的一些传统主题，也关注发展社会学、当代非洲政治和流行文化，研究特色是非洲哲学、非洲音乐和非洲影像人类学。非洲语言、非洲学、非洲哲学、人类学等拥有从本科到博士的完整教学和学习体系。主要代表性的出版物为 African Social Studies Series，关注撒哈拉沙漠以南非洲的社会变迁。

[电话]+49 06131-3926800

[传真]+49 06131-3923730

[网址]http://www.ifeas.uni-mainz.de/

7. 莱比锡大学非洲学研究所（Das Leipzige Institut für Afrikanistik）

莱比锡大学（Leipzig University）有着悠久的非洲学研究历史，从1880年代开始莱比锡大学就出现了非洲语言、人种和地理学研究，主要课程包括殖民地理学和殖民政治学。经历了帝制时代、纳粹时期、民主德国和转折（重新统一），莱比锡大学的非洲研究几经变化。民主德国时期，非洲研究所并入亚非拉科学部，后来又并入非洲和中东学研究部。在地区研究的理念下，研究重点是"比较殖民历史"和"民族解放运动基本问题"。

1989年后，莱比锡大学的非洲研究机构进行了大规模重组，1993年建立了现在的非洲学研究所。这是一个跨学科的研究机构，主要有三个研究领域：非洲语言和文学、非洲历史和文化、非洲社会、经济与政治。

该研究所的Helmut Asche教授与Robert Kappel教授带领的团队对于中非关系和中国在非洲的影响都做过不少研究或访谈。他们研究的重点是当代非洲经济和社会发展。阿舍教授1985年至2005年在德国技术合作协会（Deutsche Gesellschaft für Technische Zusammenarbeit GTZ）工作。2006年至2011年在莱比锡大学非洲学研究所工作，2012年3月至今，担任位于波恩的德国评估研究所的所长（Deutsches Evaluierungsinstitut Deval）。该所是一个独立的非政府组织，主要的工作是对德国与不发达国家的发展合作和发展援助的效果进行评估。

[电话]+49 341 97 370 30

[传真]+49 341 97 370 48

[网　址]http://www.uni-leipzig.de/~afrika/index.php?option=com_content&view=frontpage&Itemid=1&lang=de

8. 拜罗伊特大学（Bayreuth）

拜罗伊特大学拥有雄厚的非洲研究实力，有多个与非洲研究和教育有关的机构。该大学拥有全德国第二位的非洲研究图书和媒体资料，共有155000卷。主要机构是非洲研究所（Institut für Afrikastudien），也是跨学科的研究机构。

从1975年非洲就被作为拜罗伊特大学的重点地区研究之一，1990年建立了非洲研究所。研究人员来自该校四十多个不同的专业，包括文化、语言、法学、经济、地理等学科。主要研究重点包括：全球化影响下的非洲内部贸易、西非的非正常和神秘现象、沙里亚争论以及基督徒和穆斯林对它们的认知。

此外，拜罗伊特大学还有非洲研究国际研究生院、非洲当代艺术国际中心、自然风险和发展研究中心等。尤其是非洲研究国际研究生院，它提供奖学金为来自非洲等世界各地的博士生和年青学者进行系统的非洲知识学习和创新性的非洲研究训练。

[电话]+ 49 921 55-5160

[传真]+ 49 921 55-5102

[网址]http://www.ias.uni-bayreuth.de/de/index.html

9.比勒菲尔德大学发展社会学研究中心（Sociology of Development Research Centre, SDRC, Bielfeld University）

创立于1974年，目的在增强德国对当代亚非拉国家经济和政治的了解。自1987年以来，在Guenther Schlee 和 Gudrun Lachenmann教授的带领下，该中心成为德国非洲研究的重要力量，重点在非洲社会发展学和非洲妇女问题。

[电话]+49 521 106-3824

[传真]+49 521 106-153824

[网址]http://www.ias.uni-bayreuth.de/de/index.html

10.科隆大学非洲研究机构（Universität zu Köln）

科隆大学的非洲研究机构建立于第二次世界大战以后，但是发展迅速，产生了一批重量级的非洲学研究者。代表性的如科萨学（Khoisanistik）的建立者Oswin Köhler及其学生Wilhelm Möhlig和 Bernd Heine。非洲的原始和早期历史研究是科隆大学非洲研究的特色和优势。科隆大学设置了四个非洲研究的教授职位和四个助理研究的固定职位，他们的研究重点都是早期非洲历史，这也是德国大学中最大的早期非洲历史研究机构。

科隆大学主要的非洲研究机构包括：（一）非洲学和埃及学研究所（Institut für Afrikanistik und Ägyptologie）。该所主要进行撒哈拉以南非洲的语言、文化、历史方面的研究与教学，核心领域是对非洲的2000多种语言进行分析和描述。对非洲历史和文化的研究重点是探究西方有关非洲的知识的生产和再生产。

（二）民族学研究所（Institut für Ethnologie）。该所的研究重点是非洲和亚洲民族学。该所的研究理念具有明显的社会科学的理论色彩，关注非洲经济民族学研究，强调对非洲历史的田野调查以及当代非洲考古。

（三）非洲研究中心（Cologne African Studies Centre）。这一中心是科隆大学为推进跨学科的非洲研究而建立的，联合了科隆大学以及科隆地区的十几个非洲研究机构，规模庞大，实力雄厚。该中心的目标是为非洲的跨学科研究项目提供资助和平台，组织跨学科讨论和会议，进行相关研究成果的出版。

非洲学和埃及学研究所

[电话]+49 (0)221 470 2708

[传真]+49 (0)221 470 5158

[网址]http://www.uni-koeln.de/phil-fak/afrikanistik/

民族学研究所

[电话]+49 (0)221 470 2708

[传真]+49 (0)221 470 5158

[网址]http://ethnologie.phil-fak.uni-koeln.de/index0.html?&no_cache=1

非洲研究中心

[电话]+49 221 470 7430

[传真]+49 221 470 5117

[网址]http://casc.phil-fak.uni-koeln.de/

11.国际发展协会（柏林）非洲组（Society of International Development, Afrikakreis）

该协会总部在罗马，作为致力于全球发展的世界性非政府组织，全球有43个分会。柏林分会有一个专门的非洲小组，关注最新的非洲形势和问题，不定期举行有关非洲问题的讲座和讨论，主要关注非洲的政治发展、移民和德国的非洲政策。

[电话]+49 (0)30 84 10 99 58

[传真]+49 (0)30 861 93 70

[网址]http://www.sid-berlin.de/de/ueber-SID

五、法国

1.法国国际关系研究所（Institut Français des Relations Internationals, IFRI）

成立于1979年，是法国领先的研究机构，也是法国国际问题上的智囊机构。

IFRI主要进行政策性研究，目的是为政治和经济决策者、学者、意见领袖和民间社会的代表提供服务。

该所设立了一个专门的撒哈拉以南非洲研究项目。该项目也关注中非关系的进展。2013年7月，该所进行了一项中国—南非关系的研究，题为"比其他更平等？1994年以来的南非和中国之间的经济关系"。

[电话]+33-01-40-61-60-00

[Email]accueil@ifri.org

[网　址]http://www.ifri.org/?page=detail-contribution&id=7741&id_provenance=88&provenance_context_id=1

2. 法国战略研究基金会 (La Fondation pour la Recherche Stratégique, FRS)

它是一个独立的研究中心，对法国部委和机构、欧洲机构、国际组织和国际企业进行研究。它推动在法国和国外的政策辩论。资金主要来源于为公共和私营伙伴提供服务的报酬。其合作伙伴包括：国防部、外交部和内政部、总理办公室、公共机构、欧洲机构、国际组织（联合国、北约）、法国和外国公司等。

该基金会也分析和研究中国外交政策，例如报告"中华人民共和国外交政策危机以来的发展和不足"。

[电话]+33-01-43-13-77-77

[Email]无

[网址]无

3. 法国国际经济学研究中心（Centre de recherche français dans le domaine de l'économie internationale, CEPII）

成立于1978年，是协调经济政策规划的法国总理办公室的网络部分之一。目标是研究世界经济及其演化，并且建立数据库进行分析。工作对象针对私人和公共决策者、国际机构、经济学家、民间团体和媒体。依托其专业知识和它的研究网络，定期组织特别针对公司的会议。近期也有关于中非关系的研究报告，题为"中国在非洲的存在"。

[电话]+33-01-53-68-55-00

[Email]无

[网址]无

4. 国际关系和战略问题研究所（Institut de Relations Internationales et Stratégiques，IRIS）

建于1991年。尽管法国国际关系领域比较狭窄，国际关系和战略问题研究所已渐成为一个参考成果，尤其在法国智库战略与国际问题的专业领域。该机构主要有三个研究目标：（一）围绕战略和国际问题研究和辩论，提供不同的国家和国际问题分析的原始材料；（二）创建一个真正独立的专业技术中心；（三）创建包含所有对话和反思空间的战略共同体，包括不同专业背景的专业人士，即决策者、高级官员、工业和军事领导人、专家和学者等。

该所的活动集中于外交政策和战略研究方面，也开始关注非洲研究，其主任菲利普·于贡撰写过题为"在非洲合作的新演员"的研究报告。

[电话]+33-01-53-27-60-60

[Email]contact@iris-france.org

[网址]无

5. 法国国际研究和政治学研究中心 (Centre d'Etudes et de Recherches Internationales，CERI)

建于1952年，是一个社会科学研究中心，致力于国际问题研究。其主要研究领域包括外交和安全政策、国家政治中的暴力现象、移民、身份和政治问题、国家和市场之间的互动。

该机构的一些研究报告，涉及了中国—非洲的关系问题，如报告"金砖国家反对西方吗"和"新兴国家的外交如何对抗西方"。

[电话]+33-01-58-71-70-00

[Email]无

[网址]无

6. 国际发展和经济与社会运动研究中心（Centre d'Études du Développement International et des Mouvements Economiques et Sociaux，CEDIMES）

创建于1972年，是法国的智囊机构。该中心正准备开展一个三管齐下的发展计划，包括全球化、发展及业务。该中心在非洲有分支机构，并且关注非洲事务，包括中非关系、合作组织会议等。

[电话]+33-01-43-94-72-42

[Email]contact@cedimes.org

[网址]http://cedimes.com/index.php?option=com_content&task=view&id=120&Itemid=38

附录2
国际社会有关中非关系研究的重要参考资料

Accone, Darryl (2007), "Chinese Communities in South Africa", *The China Monitor*, Issue 19.

ACET (2009), "Looking East: A guide to Engaging China for Africa's Policy-makers", Vol. II., Key Dimensions of Chinese Engagements in African Countries.

Ademola, O, A. Bankole and A. Adewuyi (2009), "China-Africa Trade Relations: Insights from AERC Scoping Studies", *European Journal of Development Research*, 21(4).

Ajakaiye, O. (September, 2006), "China and Africa: Opportunities and Challenges." Paper presented at African Union Task Force on Strategic Partnership between Africa and the Emerging Countries of the South, Addis Ababa, Ethiopia. www.aercafrica.org/documents/china_africa_relations/Opportunities_and_Challenges%20_Olu.pdf.

Africa Research Institute (2012), *Between Extremes: China and Africa*, Briefing Note 1202

available at: http://africaresearchinstitute.org/newsite/wp-content/uploads/2013/03/

Briefing-Note-1202-pdf.pdf (accessed 21/4/13)

African Research Institute (October 2012), "Between Extremes: China and Africa", Briefing Note 1202.

AFRODAD (September, 2009), "Workshop Proceedings Report Chinese Development Assistance in Southern Africa".

AFRODAD (2011), "Mapping Chinese Development Assistance in

Africa: An analysis of the experiences of Ethiopia".

AFRODAD (2011), "Mapping Chinese Development Assistance in Africa: An analysis of the experiences of Cameroon".

Aid, Christian (2009), "Written evidence submitted by Christian Aid" in House of Commons International Development Committee, *DFID and China: Third Report of Session 2008-09*, London: The Stationary Office Limited.

Aidoo, Richard (October 25, 2012), "China's 'Image' Problem in Africa", *The Diplomat*. http://thediplomat.com/2012/10/25/non-interference-a-double-edged-sword-for-china-in-africa/.

Akaki, S.(2007), "Uganda: Would We Prefer a Chinese 'Commonwealth' Today?" Oct. 29. *allAfrica.com*. allafrica.com/stories/200710290256.html.

Alden, Chris, "China in Africa", Survival 47:3 (2005).

Alden, Chris (2006), "China–Africa relations: the end of the beginning" in Peter Draper and Garth le Pere, eds., *Enter the Dragon: Towards a free trade agreement between China and the Southern African Customs Union* (Institute for Global Dialogue/South African Institute for International Affairs, Midrand).

Alden, Chris (2007), *China in Africa*, London: Zed Books.

Alden, C. & Davies, M. (2006), "A profile of the operations of Chinese multinationals in Africa", *South African Journal of International Affairs*, Vol. 13, Issue. 1.

Alden, Chris, Daniel Large and Ricardo Soares de Oliveira, eds.(2008), *China Returns to Africa* Hurst, London.

Alden, C. & Alves, A. (2008), "History & Identity in the Construction of China's Africa Policy", *Review of African Political Economy*. Vol. 35, Issue. 115.

Alden, C. Large, D. & Oliveira, R. (2008), "Introduction", in Alden, C., Large, D. & Oliveira, R. (eds). *China Returns to Africa: A Rising Power and a Continent Embrace*. London: C. Hurst Publishing.

Alves,Ana(2005), "The Growing Relevance of Africa in Chinese Foreign Policy: The Case of Portuguese Speaking Countries," *Daxiyangguo: Revista*

Portuguesa de Estudos Asiàticos, Numeros 7, 1 Semestre.

Alves, Ana Cristina (2008), "Chinese economic diplomacy in Africa: The Lusophone Strategy" in C. Alden, D. Large, and R. Soares de Oliveira, ed. *China returns to Africa: A rising power and a continent embrace,*. New York: Columbia University Press.

Alves, Ana Cristina (2010), "The Oil Factor in Sino-Angolan Relations at the Start of the 21st Century", Occassional Paper No.55, China in Africa Project, South African Institute of International Affairs.

Amadi, Luke (December 2012), "Africa: Beyond the 'new' dependency: A political economy", *African Journal of Political Science and International Relations*, 6:8.

Ampiah, Kweku and Sanusha Naidu, ed. (2008), *Crouching Tiger, Hidden Dragon? Africa and China*, University of KwaZulu-Natal Press.

Ankomah, Baffour (March 2008), "China in Africa: Why the West is worried", *New African Magazine*, Issue 471.

Asche, Helmut (2008), "Contours of China's 'Africa Mode' and Who May Benefit", *Journal of Current Chinese Affairs* (China Skull), 3.

Asche, Helmut & Margot Schüller（2008）, *China's Engagement in Africa. Chances and Risks for Development*, Eschborn: Deutsche Gesellschaftf ürTechnischeZusammenarbeit (GTZ).

Askouri, A. (2007), "Sudan: displacing Villages and Destroying Communities" in F. Manji and S. Marks (eds.), African Perspectives on *China in Africa*, Kenya: Fahamu.

AU Commission on Africa's Strategic Relationships (January 2010), (EX. CL/544 (XVI).

Axelsson, L. and Nina Sylvanus (2010), "Navigating Chinese textile networks: Women traders in Accra and Lome" in F. Cheru & C. Obi (eds.) *The Rise of China and India in Africa. Challenges, Opportunities and Critical Interventions*. London: Zed Books.

Bach, D. (2008), "The European Union and China in Africa" in K. Ampiah and S. Naidu, ed. *Crouching tiger, hidden dragon?: Africa and China.* Scottsville, South Africa: University of KwaZulu-Natal Press.

Bach, D. (2010), "The EU's 'strategic partnership' with Africa: Model or placebo?" in O. Eze and A. Sesay, ed. *The Africa- EU strategic partnership: Implications for Nigeria and Africa,* 27_41. Lagos: Nigerian Institute of International Affairs.

Baden, S. & Barber, C. (2005), The impact of the second-hand clothing trade on developing countries. *Oxfam International.* <http://www.maketradefair.com/en/assets/english/shc_0905.pdf>. (Accessed 2012-08-06).

Bagoyoko, N., and M. Gibert. (2009), "The linkage between security, governance and development: the European Union in Africa", *Journal of Development Studies,* 45.

Balme, R., and B. Bridges, eds. (2008), *Europe_Asia relations: Building multilateralisms,* Basingstoke: Palgrave.

Banda, Fackson (September 2009), "China in the African mediascape", *Rhodes Journalism Review,* 29.http://www.rjr.ru.ac.za/rjrpdf/rjr_no29/China_Africa_Mediascape.pdf.

Barnes, J M. Morris and M. Gastrow, (2006), "An assessment of the South African clothing industry's operational competitiveness relative to a set of international competitors", mimeo.

Batista, J. Chami (2008), "Competition between Brazil and other Exporting Countries in the US import market: a new extension of constant-market-shares analysis", *Applied Economics,* 40.

Berger, B. (2006), "China's engagement in Africa: Can the EU sit back?", *South African Journal of International Affairs,* 13.

Berger, B., and U. Wissenbach. (2007), *EU_China_Africa trilateral development cooperation: Common challenges and new directions,* German Development Institute Discussion Paper 21.

Berger, Alex, Deborah Brautigam, Philipp Baumgartner (August 15, 2011), "Why are we so critical about China's engagement in Africa?", German Development Institute.

Blanchard, J. (2008), "Harmonious World and China's Foreign Economic Policy: Features, Implications and Challenges", *Journal of Chinese Political Science*. Vol. 13, Issue. 2.

Bodomo, A.B. (June 9, 2003), Introducing an African community in Asia: Hong Kong's Chungking Mansions. A squib to the International Scientific Research Network: The African Daspora in Asia (TADIA).

Bodomo, A.B. (2007), "An emerging African-Chinese community in Hong Kong: The case of TsimShaTsui's Chungking Mansions", in Kwesi Kwaa Prah, ed., *Afro-Chinese Relations: Past, Present and the Future*.

Bodomo, A.B. (2010), "The African trading community in Guangzhou: An emerging bridge for Africa-China relations", *China Quarterly*, 203.

Bodomo, A.B. (March 11, 2010), "Trilateralcooperation orbilateral collusion? Africa–China–US tripartite meetings", Pambazuka News, http://www.pambazuka.org/en/category/africa_china/62925/print.

Bodomo, A.B. (December 20, 2011), "The African presence in contemporary China", *China Monitor*.

Bodomo, A.B. (2012), *Africans in China: A sociocultural study and its implications for Africa-China relations*, Cambria Press.

Bosshard, P. (2008), *China's Environmental Footprint in Africa*, John Hopkins University, School of Advanced International Studies, SAIS Working Papers in African Studies.

Bosten, E. (January 19-20, 2006), "China's Engagement in the Construction Industry of Southern Africa: the case of Mozambique", Paper Prepared for the Asian and other Drivers of Global Change Workshop, St. Petersburg, (www.ids.ac.uk/asiandrivers).

Bowman, Andrew, "Africa's Chinese diaspora: under pressure", http://blogs.ft.com/beyond-brics/2012/08/08/africas-chinese-diaspora-under-pressure/#axzz2LX3BhPzw.

Brautigam, D.(1993), "South-South technology transfer: The case of China's Kpatawee Rice Project in Liberia", *World Development*, 21:12.

Brautigam, D.(1993), *China and Kpatawee Rice Project in Liberia*, Universitat Bremen, Germany, Liberia Working Group Papers, No.8.

Brautigam, D.(1994), "What can Africa learn from Taiwan? Political economy, industrial policy and adjustment", *Journal of Modern African Studies*, 32:1.

Brautigam, D. (1998), *Chinese Aid and African Development: Exporting the Green Revolution Basingstoke*: Macmillan.

Brautigam, D. (2003), "Close encounters: Chinese business networks as industrial catalysts in sub-Saharan Africa", *African Affairs* 102, 408.

Brautigam, D. (2008), *China's African Aid: Transatlantic Challenges*, Washington D.C.: The German Marshall Fund of the USA.

Brautigam, D. (2009), The *Dragon's Gift*: *The Real Story of China in Africa*, Oxford University Press.

Brautigam, D. (2010), *China Africa and the International Aid Architecture*.

Brautigam, D. (August 13, 2010), "Is China Sending Prisoners to Work Overseas?", http://www.chinaafricarealstory.com/2010/08/is-china-sending-prisoners-to-work.html.

Brautigam, D. (2011), "African Shenzhen: China's special economic zones in Africa", *Journal of Modern African Studies*. Vol. 49, Issue. 1.

Brautigam, D. (2012), "Chinese engagement in African agriculture: fiction and fact" in J. Allan, M.Keulertz, S. Sojamo and J. Warner (eds.), *Handbook of Land and Water Grabs in Africa: Foreign Direct Investment and Food and Water Security*, Abingdon: Routledge.

Brautigam, D. and T. Xiaoyang (2011), "African Shenzhen: China's

Special Economic Zones in Africa", *Journal of Modern African Studies*, 49(1).

Brautigam, D., T. Farole and T. Xiaoyang (2010), "China's Investment in African Special Economic Zones: prospects, Challenges and Opportunities", *Economic Premise*, no.5, World Bank, Poverty Reduction and Economic Management Network.

British Petroleum (June, 2011), *BP Statistical Review of World Energy 2011*, <http://www.bp.com/sectionbodycopy.do?categoryId=7500&contentId=7068481>. (Accessed 2012-08-06).

Broadman, H. (2007), *Africa's Silk Road: China and India's new economic frontier*, Washington DC,:World Bank.

Broadman, H. (2008), "China and India Go to Africa: New Deals in the Developing World", *Foreign Affairs* 87:2.

Brookes, P. (March 26, 2007), Into Africa: China's Grab for Influence and Oil. *The Heritage Foundation*. <http://www.heritage.org/research/lecture/into-africa-chinas-grab-for-influence-and-oil> (Accessed 2012-08-13).

Burke, C., Corkin, Lucy. & Tay, N. (2007), *China's Engagement of Africa: Preliminary Scoping of Africa case studies Angola, Ethiopia, Cabon, Uganda, South Africa, Zambia*, Matieland, South Africa: Centre for Chinese Studies, University of Stellenbosch.

Campbell, Horace (2008), "China in Africa: challenging US global hegemony", *Third World Quarterly*, 29:1.

Campos I. and A. Vines (December 5, 2007), "Angola and China: A Pragmatic Partnership." Center for Strategic and International Studies. Working paper presented at CSIS Conference on Prospects for Improving U.S.-China-Africa Cooperation, Washington, DC. http://csis.org/files/media/csis/pubs/080306_angolachina.pdf.

Carbone, M. (2007), *The European Union and international development: The politics of foreign aid*, London: Routledge.

Carbone, M. (2008), "Better aid, less ownership: Multi-annual programming and the EU's development strategies in Africa", *Journal of International Development,* 20.

Carbone, M. (2010), "The European Union, good governance and aid coordination", *Third World Quarterly,* 31.

Carbone, M. (2011), "The European Union and China's rise in Africa: Competing visions, external coherence and trilateral cooperation", *Journal of Contemporary African Studies,* 29:2.

Carbone, M., ed. (forthcoming), *One Europe, one Africa,* Manchester: Manchester University Press.

Carmody, P. (2011), *The new scramble for Africa.* Chichester: Polity Press. 49.

Carmody, P., Hampwaye, G & Sakala, E. (2012), Globalisation and the Rise of the State? Chinese Geo-governance in Zambia. *New Political Economy.* Vol. 17, Issue. 2.

Gaye, Adama (2006), *Chine-Afrique, le dragon et l'autruche*, L'Harmattan.

Centre for Chinese Studies (2007), *China's Engagement of Africa: Preliminary Scoping of African case studies,* Stellenbosch: University of Stellenbosch.

Centre for Chinese Studies (2010), *Evaluating China's FOCAC commitments to Africa and mapping the way ahead.* Stellenbosch: Centre for Chinese Studies.

Chan-Fishel, M. (2007), "Environmental Impact: More of the same?" in F. Manji and S. Marks (eds.), *African Perspectives on China in Africa,* Kenya: Fahamu.

Chaponniére, J-R (2009), "Chinese aid to Africa, origins, forms and issues" in M. P Van Dijk, (ed.), *The New Presence of China in Africa,* Amsterdam University Press.

Charles, Onunaiju (2012), *China/Africa: Issues, Challenges and*

Possibilites, All-Sorts Production Dompany.

Chellaney, Brahma (July 6, 2010), "China's latest export innovation?", http://www.washingtontimes.com/news/2010/jul/6/chinas-latest-export-innovation/?page=all.

Chen, X, B. Goldstein, N. Pinaud and H. Reisen (2005), "China and India: What's in it for Africa?" mimeo, Paris: OECD Development Centre.

Cheru, Fantu (September-October 2011), "De-coding China-Africa Relations: Partnership for development or '(neo) colonialism by invitation'?", *The World Financial Review*.

Cheru, Fantu & Cyril Obi (2010), *The Rise of China and India in Africa*, Ze Books.

"China announces package of measures to boost ties with Zambia" (February, 04, 2007), *People Daily Online*. <http://english.people.com.cn/200702/04/eng20070204_347422.html>. (Accessed 2012-08-06).

"China Seen as Biggest Threat to Stability," (April. 15, 2008), *Financial Times*.

"China! The New Neo-colonialists in Africa?" http://us_and_them.gnn.tv/blogs/16420/China_The_new_neo_olonialists_in Africa.

"Chinese Use Prisoners As Expatriates in Nigeria", http://www.gistmania.com/talk/topic,52308.0.html.

Christian Aid (2009), "Written evidence submitted by Christian Aid" in House of Commons International Development Committee, *DFID and China: Third Report of Session 2008-09*, London: The Stationary Office Limited.

Cohen, Roberta (May 11, 1991), "China Has Used Prison Labor in Africa", *New York Times*.

Collender,G.(December 17, 2008), "Challenging the Perception of Chinese Business in Africa", *Institute of Development Studies*, http://www.ids.ac.uk/news/challenging-the-perception-of-chinese-business-in-africa.

Collier, Paul (2007), T*he Bottom Billion: Why the Poorest Countries Are*

Failing and What Can Be Done About it, New York: Oxford University Press.

"Commercial Counsellor's Office of the Embassy of the People's Republic of China in Zambia" (2007-06-12), 赞比亚主要中资企业一览表, <http://zm.mofcom.gov.cn/aarticle/catalog/zgqy/200703/20070304415056.html>. (Accessed 2012-08-07).

"Commercial Counsellor's Office of the Embassy of the People's Republic of China in Zambia" (2012-05-28), 赞比亚主要中资企业、机构名单, <http://zm.mofcom.gov.cn/aarticle/catalog/zgqy/201205/20120508148976.html>. (Accessed 2012-08-07).

Congo Basin Forests Partnership (2008). Online: http://www.cbfp.org (accessed 13 March 2008).

Cooke, Jennifer (2009), "China's Soft Power in Africa", in CarolaMcGiffert, ed., *Chinese Soft Power and its Implications for the United States: Competition and cooperation in the developing worlds,* CSIS Report.

Corkin, L. (2008), "China's Strategic Infrastructural Investments in Africa" in D. Guerrero and F. Manji (eds.) (2008), *China's New Role in Africa and the South: A Search for a New Perspective.* Fahamu/Pambazuka.

Corkin, Lucy and C. Burke (2006), *China's Interest and Activity in Africa's Construction and Infrastructure Sectors*, Stellenbosch University, Centre for Chinese Studies, report prepared for DFID China.

Corkin, L. (2008), "AERC Scoping Exercise on China-Africa Relations: The Case of Angola," Draft report submitted to AERC, Nairobi.

Corkin, L. & Naidu, S. (2008), "China & India in Africa: An Introduction", *Review of African Political Economy*. Vol. 35, Issue 115.

Corkin, Lucy (2008), "Chinese Migrants to Africa: A Historical Overview", *The China Monitor,* Issue 26.

Cornelissen, S. and Ian Taylor(2000), "The political economy of Chinese and Japanese linkages with Africa: a comparative perspective", *Pacific Review*, 13:4.

Council of European Union. (December 19, 2 005). *The EU and Africa: Towards a strategic partnership*, 15961/05 (Presse 367).

Council of European Union. (2006a), *Ninth EU_China Summit, joint statement,* 12642/06 (Presse 249), Helsinki, September 9.

Council of the European Union. (2006b), *2771st Council Meeting General Affairs and External Relations, External Relations,* 16291/06 (Presse 353), Brussels, December 11_12.

Council of the European Union. (2007a), *The Africa_EU Strategic Partnership: A joint Africa_EU Strategy,* 16344/07 (Presse 291), December 9.

Council of the European Union. (2007b), *10th China_EU Summit. Joint Statement,* 16070/07 (Presse 279), Beijing, November 28.

Council of the European Union. (2009a), *11th EU_China Summit. Joint press communiqué,* 10234/09 (Presse 147), Prague, May 20.

Council of the European Union. (2009b), *Joint Statement of the 12th EU_China Summit,* 16845/09 (Presse 353), Nanjing, November 30.

"CSIS Prospectus: Opening a Sino - U. S. Dialogue on Africa, 2003," Muekalia, "Africa and China's Strategic Partnership".

Daniel (August 12, 2010), "The difficult integration of Chinese migrants in Africa", http://www.unaoc.org/ibis/2010/08/12/the-difficult-integration-of-chinese-migrants-in-africa/.

Davies, P. (2007), *China and the end of Poverty in Africa–towards mutual benefit?* <http://www.eurodad.org/uploadedFiles/Whats_New/Reports/Kinarapport_A4.pdf>. (Accessed 2012-08-06).

Davies, M. J. (2008), "Special Economic Zones: China's Developmental Model Comes to Africa", in Robert I. Rotberg, ed., *China into Africa: Trade, Aid, and Influence.*

Davis, M. (2008), *How China delivers development assistance to Africa*, Stellenbosch University, Centre for Chinese Studies, report prepared for DFID China.

De Grauwe, P., R. Houssa and G. Piccillo (2012), "African trade dynamics: is China a different trading partner?", *Journal of Chinese Economic and Business Studies*, 10(1).

Diez, Ton, et al. (2011), *African Engagements: African Negotiating an Emerging Multipolar World*, Brill.

Dijk, M. ed., (2009), *The New Presence of China in Africa.* Amsterdam, Netherlands: Amsterdam University Press.

Ding Sheng (2008), "To Build A 'Harmonious World': China's Soft Power Wielding in the Global South", *Journal of Chinese Political Science.* Vol. 13, Issue. 2.

Dittner L. & George T. Yu, ed. (2010), *China, the Developing World, and the New Global Dynami,* Lynne Rienner.

Dobler, Gregor (May 2005), "South-South business relations in practice: Chinese merchants in Oshikango, Namibia", unpublished paper.

Dobler, G. (2006), "South-South business relations in practice: Chinese merchants in Oshikango, Namibia", www.ids.ac.uk/asiandrivers, accessed 5th April 2006.

Dobler, G (2009), "Chinese Shops and Formation of a Chinese Expatriate Community in Namibia", China Quarterly. Vol. 199.

Downs, Erica S. (2004), "The Chinese energy security debate", *The China Quarterly*, 177.

Downs, Erica S. (2007), "The fact and fiction of Sino-African energy relations", *China Security* 3, 3.

Dreher, A. and A. Fuchs (2011), *Rogue Aid? The Determinants of China's Aid Allocation*, CESifo Working Paper No.3581.

Duyvendak, J.J.L. (1947), *China' Discovery of Africa*, Stephen Austin and Sons.

Earnest, Joseph (July 8, 2011), "Influx of Chinese immigrants invades Africa driving locals out of business", http://www.newscastmedia.com/africafor-the-chinese-francis-galton.html.

Edinger, H.(July 2, 2008), "How China Delivers Rural Development Assistance to Africa." Presentation at the 6th Brussels Development Briefing, www.slideshare.net/euforic/how-china-delivers-rural-developmentassistance-to-africa.

Edwards, L. and R. Jenkins, (forthcoming), *The margins of export competition: A new approach to evaluating the impact of China on South African exports to Sub-Saharan Africa.*

Egziabher, Tegegne Gebre (2006), "Asian Imports and Coping Strategies of Medium, Small and Micro Firms: The Case of Footwear Sector in Ethiopia", mimeo, Addis Ababa: Addis Ababa University.

Eisenman, Joshua (2005), "Zimbabwe: China's African Ally", *China Brief*, Vol. 5,No. 15, July 5.

Eisenman, Joshua and Joshua Kurlantzick(2006), "China's Africa Strategy," *Current History*, May.

Elgström, O. (2000), "Lome′ and post-lome′: Asymmetric negotiations and the impact of norms", *European Foreign Affairs Review*, 5.

European Centre for Development Policy Management (2008). Online: http://www.ecdpm.org (accessed 13 March 2008).

European Commission. (2005), *EU strategy for Africa: Towards a Euro-African pact to accelerate Africa's development*, COM 489, October 12.

European Commission. (2006), *EU_China: Closer partners, growing responsibilities*, COM 631, October 24.

European Commission. (2007), *From Cairo to Lisbon: The EU_Africa strategic partnership*, COM 357, June 27.

European Commission (2007), *The Africa-EU Strategic Partnership. A Joint Africa-EU Strategy*. Online: http://ec.europa.eu/development/icenter/repository/EAS2007_joint_strategy_en.pdf (accessed 13 March 2008).

European Commission. (2008), *The EU, Africa and China: Towards trilateral dialogue and cooperation*, COM 654, October 17.

European Parliament. (2005), *A development strategy for Africa*, Resolution, November 17.

European Parliament. (2008), *China's policy and its effects on Africa*, Resolution, March 26.

Evans, D., R. Kaplinsky and S. Robinson (2006a), "Deep and Shallow Integration in Asia: Towards a Holistic Account", in Kaplinsky (ed.) (2006), Asian Drivers: Opportunities and Threats, IDS Bulletin, Vol. 37, No. 1.

Evans, D., M. Gasiorek, P. Holmes, L. Iacovone, K. Jackson, T. Iwanow, S. Robinson, and J.Rollo (2006b). "Regional Trade Agreements and Developing Countries: Shallow and Deep Integration, Trade, Productivity, and Economic Performance." Report to DFID under project no. 04 5881, Brighton: University of Sussex.Ezeanya, Chika, "The AU and the Tragedy of a New Headquarters" .http://chikaforafrica.com/2012/01/24/the-au-and-the-tragedy-of-a-new-headquarters/hun Hailemikael.

FAO (2002), World Agriculture: Towards 2015/2030., Rome: FAO.

Farooki, M. and R. Kaplinsky (2012), *The Impact of China on Global Commodity Prices: The global reshaping of the resource sector*, Abingdon: Routledge.

Ferreira, M. (2008), "China in Angola: just a passion for oil?" in Alden, C. & Large, D. & Oliveira, R. eds., *China Returns to Africa: A Rising Power and a Continent Embrace*. London: C. Hurst Publishing.

Farrell, M. (2005), "A triumph of realism over idealism? Cooperation between the European Union and Africa", *Journal of European Integration*, 27.

Farrell, M. (2009), "EU policy towards other regions: policy learning in the external promotion of regional integration", *Journal of European Public Policy*, 16.

Filesi, Teobaldo (1972), *China and Africa in the Middle Ages*, London:

Frank Cass.

Flint, A. (2009), *Trade, poverty and the environment: the EU, Cotonou and the African-Caribbean-Pacific Bloc*, Basingstoke, UK: Palgrave.

Food and Agricultural Organization of the United Nations (2007), *The State of the World's Forests 2007*, Rome: Electronic Publishing Policy and Support Branch FAO.

Foster, V., W. Butterfield, C. Chuan and N. Pushak (2008), *Building Bridges: China's growing role as infrastructure financier for sub-Saharan Africa,* Washington DC: World Bank.

Fox, J. and F. Godement (2009), *A power audit of EU-China relations*, London: European Council on Foreign Relations.

Fraser, A. & Lungu, J. (2007), *For whom the windfalls? Winners and losers in the privatisation of Zambia's copper mines.* Lusaka: Civil Society Trade Network of Zambia.

Freeman, Charles III & LU Xiaoqing Boynton, ed. (2011), "China's emerging global health and foreign aid engagement in Africa", Center for Strategical and International Studies, 2011.

Freeman, Sharon T. ed.(2009), China, Africa, and the African Diaspora: Perspectives, AASBEA Publishers(已有中译本).

French, Howard W. & Lydia Polgreen (2007), "Chinese flocking in numbers to a new frontier: Africa", in: *International Herald Tribune*, 17 August.

Frontani, Heidi Glaesel (2012), "China's development initiatives in Ghana, 1961-2011", *Journal of Sustainable Development in Africa*, Volume 14, No.8.

Frynas, J. & Paulo, M. (2007), "A New Scramble for African Oil? Historical, Political, and Business Perspectives", *African Affairs*. Vol. 106, Issue. 423.

Gadzala, A. (2010), "From formal-to informal-sector employment:

examining the Chinese presence in Zambia", *Review of African Political Economy,* Vol. 37, Issue. 123.

Games, Dianna(2005), "Chinese the New Economic Imperialists in Africa," *Business Day*, February.

GAO (2013), *Sub-Saharan Africa: Trends in US and Chinese Economic Engagement*, Washington DC: US Government Accountability Office, Report to Congressional Requesters.

Gao Jinyuan (1984), "China and Africa: The Development of Relations over Many Centuries", *African Affairs*. Vol. 83, Issue. 331.

Geldenhuys, Deon (1997), "The politics of South Africa's 'China Switch'" *Issus and Studies*, 33:7.

Gill, Bates and James Reilly (2007), "The Tenuous Hold of China Inc. in Africa", *The Washington Quarterly* 30, 3.

Giovannetti, G. and M. Sanflippo (2009), "Do Chinese exports crowd-out African goods? Aneconometric analysis by country and sector", *European Journal of Development Research*, 21(4).

Giry,Stenphanie (2004), "China's Africa Strategy," *The New Republic*, Vol. 231,No. 20, November.

Glennie, Jonathan (February 8, 2012), "The West has no right to criticise the China-Africa relationship", *The Guardian*, London, http://www.guardian.co.uk/global-development/poverty-matters/2012/feb/08/west-no-right-to-criticise-china.

Global Timber (2002-2008), *China – illegal imports and exports.* Online: http://www.globaltimber.org.uk/ChinaIllegalImpExp.htm (accessed 19 February 2008).

Goldstein, A. (2004), *Regional Integration, FDI and Competitiveness in Southern Africa*, Paris: OECD Development Centre.

Goldstein, Andrea, Nicolas Pinaud, Helmut Reisen & Xiaobao Chen (2006), *The Rise of China and India: What's in it for Africa?,* Paris: OECD

Development Centre Studies.

Gong, Sasha (April, 2007), "Chinese Workers in Africa", Unpublished paper presented at the conference Rethinking Africa's "China Factor": Identifying Players, Strategies, and Practices.

Gonzalez-Vicente, R. (2011), "China's engagement in South America and Africa's extractive sectors: new perspectives for resource curse theories", *The Pacific Review*, 24(1).

Gottschalk, R. and D. Prates (2005) 'The Macroeconomic Challenges of East Asia's Growing Demand for Primary Commodities in Latin America', Geneva: UNCTAD.

Grimm, S. (2011), *Transparency of Chinese aid: An analysis of the published information on Chinese external financial flows,* University of Stellenbosch, Centre for Chinese Studies.

Grimm, Sven (May 2012), "The FOCAC: Political rationale and functioning", CCS Policy Briefing.

Grimm, Sven (June 2012), "Kidnapping of Chinese in Africa – What can and what should Beijing do?", *The China Monitor.*

Gu Jing. (June, 2006), "The Impact of Africa on China", http://www.aercafrica.org/documents/asian_drivers_working_papers/JHumphreyJingGuTheImpactof.pdf.

Gu Jing (2009), "China's private enterprises in Africa and the implications for African development", *European Journal of Development Research,* 21(4).

Gu Jing (2011), *The Last Golden Land? Chinese Private Companies Go to Africa. Brighton*, UK: Institute of Development Studies at the University of Sussex.

Guerrero, Dorothy-Grace and Firoze Manji, ed.(2008), *China's New Role in Africa and the South*, Fahamu and Focus on the Global South.

Hadfield, A. (2007), "Janus advances? An analysis of EC development policy and the 2005 amended Cotonou partnership agreement", *European Foreign Affairs Review*, 12.

Haglund, D. (2008), "Regulating FDI in weak African states: a case study of Chinese copper mining in Zambia", *Journal of Modern African Studies*, Vol. 46, Issue. 4.

Haglund, D. (2009), "Is it for the long term? Governance and learning among Chinese investors in Zambia's copper sector", *China Quarterly*, New Series No.9.

Harris, Karen L (2007), "Waves of migration: A brief outline of the history of Chinese in South Africa", *The China Monitor*, Issue 21.

Harrison, Philip, Khangelani Moyo, Yan Yang (2012), "Strategy and Tactics: Chinese Immigrants and Diasporic Spaces in Johannesburg, South Africa", *Journal of Southern African Studies*, Volume 38, Number 4.

He Wenping (Oct/Dec, 2006), "China-Africa Relations Moving into an Era of Rapid Development", Inside AISA, No. 3&4.

He Wenping (Summer 2007), "The Balancing Act of China's Africa Policy", China Security, 3:3.

He Wenping (2008), "Bottlenecks in China-Africa Relations", *African Executive*, http://www.africanexecutive.com/modules/magazine/articles.php?article=3129.

He Wenping (2008), "China Africa Cooperation: What's in it for Africa?", *African Executive*, http://www.africanexecutive.com/modules/magazine/articles.php?article=3120.

He Wenping (2008), "How to Promote 'All-round Cooperation' between China and Africa", *African Executive*, http://www.africanexecutive.com/modules/magazine/articles.php?article=3157.

Henley, J., S. Kratzsch, M. Kulur and T. Tandogan (2008), *Foreign Direct Investment from China, India and South Africa in Sub-Saharan Africa: A new or Old Phenomenon?*, UNU-WIDER Research Paper No. 2008/24.

Hilsum, L. (2005), "We Love China", Granta 92, London: Granta Publications. http://www.granta.com/extracts/2616, (accessed 3rd March 2006.)

Hilsum, L. (2006), "China's Offer to Africa: Pure Capitalism" *New Statesman*, July 3.

Hitchens, Peter "How China has created a new slave empire in Africa", *Daily Mail*, September 28, http://webnt.calhoun.edu/distance/internet/Business/eco231/downloads/phchina.pdf.

Ho, Conal Guan-Yow (2008), "Living Transitions: A Primer to Chinese Presence in Ghana", *The China Monitor*, Issue 26.

Holden, P. (2009), *In search of structural power: EU aid policy as a global political instrument*, Aldershot, UK: Ashgate.

Holland, M. (2002). *The European Union and the third world*, New York: Palgrave.

Hong, E. & Sun, L. (2006), "Dynamics of Internationalization and Outward Investment: Chinese Corporations' Strategies", *China Quarterly*. Vol. 187.

HRW (Nov. 3, 2011) "You'll be fired if you refuse: labor abuses in Zambia's Chinese stateowned copper mines." www.hrw.org/reports/2011/11/03/you-ll-be-firedif-you-refuse.

Huliaras, A., and K. Magliveras. (2008), "In search of a policy: EU and US reactions to the growing Chinese presence in Africa". *European Foreign Affairs Review*, 13.

Human Rights Watch (November 3, 2011), "You'll be fired if you refuse: labor abuses in Zambia's Chinese stateowned copper mines." www.hrw.org/reports/2011/11/03/you-ll-be-firedif-you-refuse.

Humphrey, J. and H. Schmitz (2006), "The Impact of China on Asia", Agenda-setting paper prepared for DFID, Brighton: Institute of Development Studies.

Hurt, S. (2003), "Co-operation and coercion? The Cotonou Agreement between the European Union and ACP states and the end of the Lome´ Convention", *Third World Quarterly*, 24.

Hutchison,Alan(1975), *China's African Revolution*, London: Hutchinson.

IDS Asian Drivers Team (2006), "The Impact of the Asian Drivers on the Developing World", in R. Kaplinsky (ed.), *Asian Drivers: Opportunity and Threat*, Special Issue of IDS Bulletin, January.

Independent Evaluation Office (2007), *Evaluation of Structural Conditionality in IMF-Supported Programs*, Washington D.C.: International Monetary Fund.

International Monetary Fund (2007), Direction of Trade Statistics Yearbook 2007, CD-ROM, Washington D.C.: IMF.

Inyambo Mwanawina (2007), "An assessment of Chinese development assistance in Africa: Zambia", A study commissioned by the African Forum and Network on Debt and Development (AFRODAD).

IUCN (2009), *Scoping study of the China-Africa timber trading chain*, Beijing: International Union for Conservation of Nature and Natural Resources.

Jaff, Amy Myers and Steven W Lewis, "Beijing's oil diplomacy", Survival, 44:1(Spring 2002).

Jansson, Johanna, Christopher Burke & Wenran Jiang (August 2009), "Chinese Companies in the Extractive Industries of Gabon & the DRC: Perceptions of Transparency", A research undertaking by the Centre for Chinese Studies, prepared for the Extractive Industries Transparency Initiative (EITI) & Revenue Watch Institute (RWI), Centre for Chinese Studies, University of Stellenbosch. http://www.ccs.org.za/wp-content/uploads/2009/11/Chinese_Companies_in_the_Extractive_Industries_of_Gabon_and_the_DRC._CCS_report_August_2009.pdf.

Jansson, Johanna and Carine Kiala (October 2009), "Patterns of Chinese investment, aid and trade in Mozambique", A briefing paper by the Centre for

Chinese StudiesPrepared for World Wide Fund for Nature (WWF). http://www.academia.edu/1576612/Patterns_of_Chinese_investment_aid_and_trade_in_Mozambique.

Jenkins, E. Dussel Peters and M. Moreira (2006), "The Impact of China on Latin America", Agenda-setting paper prepared for DFID, Brighton: Institute of Development Studies.

Jenkins, R. and C. Edwards (2005), *The Effect of China and India's Growth and Trade Liberalization on Poverty in Africa*, Norwich: Overseas Development Group, Report to DFID.

Jenkins, R. and C. Edwards (2006), "The economic impacts of China and India on Sub-Saharan Africa: Trends and prospects", *Journal of Asian Economies*, 17.

Jenkins, R. and L. Edwards (forthcoming), *The impact of Chinese import penetration on the South African manufacturing sector*.

Jiang, J. & Sinton, J. (2011), *Overseas Investments By Chinese National Oil Companies: Assessing the drivers and impacts*. <http://www.iea.org/papers/2011/overseas_china.pdf>. (Accessed 2012-08-06).

Jiang Wenran (2006), "China's booming energy ties with Africa", *Geopolitics of Energy* 28, 7.

Jiang Wenran (2009), "Fuelling the Dragon: China's Rise and its Energy and Resources Extraction in Africa", *China Quarterly*, New Series No.9.

Johannes, Eliza M. (April 2011) "Colonialism Redux", *Proceedings Magazine*, Vol.137:4:1, http://www.usni.org/magazines/proceedings/2011-04/colonialism-redux.

Johnston, L., S. Morgan and Y. Wang (forthcoming), *The Gravity of China's Africa Export Promise*.

Jones, Mark T. (March 20, 2011), "China and Africa: Colonialism without responsibility", *Somalilandpress*, http://somalilandpress.com/china-and-africa-colonialism-without-responsibility-21113.

Journal of Contemporary African Studies 219, Downloaded by [Peking University] at 07:49 18 January 2012.

Kaplinsky, R. (2005), *Globalization, Poverty and Inequality*, Cambridge: Policy Press.

Kaplinsky, R. (2006), "Winners and losers: China's trade threats and opportunities for Africa", in: Leni Wild & David Mepham (eds.), *The New Sinosphere. China in Africa*, London: Institute for Public Policy Research.

Kaplinsky, R. (2006 forthcoming), "Revisiting the Terms of Trade Revisited: Will China Make a Difference?" *World Development*, Vol. 34, No. 6.

Kaplinsky, R. and A. Santos-Paulino (2006, forthcoming), "A disaggregated analysis of EU imports: Implications for the study of patterns of trade and technology", *Cambridge Journal of Economics*.

Kaplinsky, R., Dorothy McCormick & Mike Morris (2006), *The Impact of China on Sub Saharan Africa*, Cape Town: IDS Sussex, IDS Nairobi, School of Economics.

Kaplinsky, R. and M. Morris (2006a), "Dangling by a thread: How sharp are the Chinese scissors?", mimeo, Brighton: Institute of Development Studies.

Kaplinsky, R. and M. Morris (2006b), "The Asian Drivers and SSA; MFA quota removal and the portents for African industrialisation?", paper prepared for Asian and Other Drivers of Change Workshop, St. Petersburg, mimeo, Brighton: Institute of Development Studies.

Kaplinsky, R. and D. Messner (2008), "Introduction: The impact of Asian drivers on the developing world", *World Development* 36(2).

Kaplinsky, R. and M. Morris (2008), "Do Asian drivers undermine export-oriented industrialization in SSA?", *World Development*, 36(2).

Kaplinsky, R. and M. Morris (2009), "Chinese FDI in Sub-Saharan Africa: Engaging with Large Dragons", *European Journal of Development Research*, 21(4).

Kaplinsky, R., A. Terheggen and J. Tijaja (2011), "China as a Final Market: The Gabon Timber and Thai Cassava Value Chains", *World Development* Vol. 39, no. 7.

Keating, Joshua (March 19, 2012), "Africa: Made in China", *Foreign Policy*.

Keenan, P (2008), *Curse or Cure? China, Africa and the Effects of Unconditional Wealth*, University of Illinois, College of Law.

Keita, Mohamed (April 15, 2012), "Africa's Free Press Problem", Op-Ed contributor, *New York Times*, http://www.nytimes.com/2012/04/16/opinion/africas-free-press-problem.html?_r=1.

Kernen, A. (2010), "Small and Medium-sized Chinese Businesses in Mali and Senegal", *African and Asian Studies*. Vol. 9, Issue 3.

Kerr, D., and L. Fei, eds. (2007), *The international politics of EU-China relations*. Oxford: Oxford University Press.

King, Kenneth (2013), *China's Aid and Soft Power in Africa: The Case of Education and Training*, James Currey.

Kingah, S. (2006), "The new EU Africa strategy: Grounds for cautious optimism", *European Foreign Affairs Review*, 11.

Knorringa, P. (2009), "Responsible production in Africa: The rise of China as a threat or opportunity?" in M. P Van Dijk,. (ed.), *The New Presence of China in Africa*, Amsterdam University Press.

Kohnert, Dirk (2010), "Are the Chinese in Africa More Innovative than the Africans? Comparing Chinese and Nigerian Entrepreneurial Migrants' Cultures of Innovation", German Institute of Global and Area Studies Working Papers, No. 140.

Konijn, P. (November 3-4, 2011), "China and the resource curse in Africa", Discussion paper for the Workshop: Beyond the resource curse, new dynamics in the management of natural resources;: new actors and concepts, Paris, available at: http://emergingpowers.org/Joomla25/images/verslagen/disc

ussionpaperbeyondresourcecurse.pdf (accessed 11/12/12).

Kragelund, P. (2007), "Chinese Drivers for African Developmenet? The effects of Chinese investments in Zambia" in M. Kitissou (ed.), *Africa in China's global Strategy, London*: Adonis and Abbey Publishers.

Kragelund, P. (2009a), "Knocking On a Wide-open Door: Chinese Investments in Africa", *Review of African Political Economy*, Vol. 36, Issue. 122.

Kragelund, P. (2009b), "Part of the Disease Or Part of the Cure? Chinese Investments in the Zambian Mining and Construction Sectors", *European Journal of Development Research*, Vol.21, Issue. 4.

Kragelund, P. and M. van Dijk (2009), "China's Investments in Africa" in M. Van Dijk, (ed.), *The New Presence of China in Africa*, Amsterdam University Press.

Kuang, Emmanuel Ma Mung (2008), "Chinese Migration and China's Foreign Policy in Africa", *Journal of Chinese Overseas*, Volume 4, Number 1. http://muse.jhu.edu/login?auth=0&type=summary&url=/journals/journal_of_chinese_overseas/v004/4.1.mung.html.

Kuang, Emmanuel Ma Mung (2008), "The new Chinese migration flows to Africa", *Social Science Information*, Vol 47(4).

"La Chine in Africa", (2008) *Afriche e Orienti*, 2.

Large, D. (2007), "China's Involvement in Armed Conflict and Post-War Reconstruction in Africa: Sudan in Comparative Context." Danish Institute for International Studies, Copenhagen.

Large, D. (2008), "Beyond 'Dragon in the Bush': The Study of China-Africa Relations", *African Affairs*, 107/426.

Larkin,Bruce D.(1971), *China and Africa 1949-1970*, Berkeley: University of California Press.

Lederman, D. and W. Maloney (eds.) (2007), *Natural Resources: Neither Curse nor Destiny*, Stanford University Press.

Lee, C. K. (2009), "Raw Encounters: Chinese Managers, African Workers and the Politics of Casualization in Africa's Chinese Enclaves" *China Quarterly*, New Series No.9, pp.647-666.

Lee, Margaret, (2006) 'The 21st Century Scramble for Africa', *The Journal of Contemporary African Studies*, 24, 3.

Lennon, J. (2004), "Overview of Chinese Commodities", mimeo: London, Macquarie Research Metals and Mininbg.

Lennon, J. and A. Rowley (2006), *Commodities Outlook: Steady as she goes in 2006*, London: Macquarie Bank Ltd..

Li Anshan(2005), "African Studies in China in the Twentieth Century: A Historiographical Survey", *in African Studies Review*, 48:1.

Li Anshan (2007), "China and Africa: Policies and Challenges", *China Security*, Vol. 3 No. 3.

Li Anshan (2007), "Transformation of China's Policy towards Africa", CTR Working Paper, Hong Kong University of Science and Technology.

LI Anshan (May 17, 2012), "Neither devil nor angel: The role of media in Sino-Africa relations", http://allafrica.com/stories/201205180551.html.

Li Anshan and Funeka Yazini April, ed. (2013), *Forum on China-Africa Cooperation: The Politics of Human Resource Development*, Africa Institute of South Africa.

Liang Wei (2012), "China's Soft Power in Africa: Is Economic Power Sufficient?" *Asian Perspective*, Vol. 36, No. 4.

Lim, Young Joon (2012), "Anti-Chinese Sentiment in Zambia and the African Continent: Comparative Coverage of the Phenomenon by Zambian, Chinese, and South African Newspapers", *International Journal of Information and Communication Technology Research*, Volume 2 No. 7, July.

Ling Jin (2010), "Aid to Africa: What can the EU and China Learn from Each Other?", *South African Institute of International Affairs*, Occasional Paper No. 56, March.

Liu Guijin (August 30, 2010), "About China-Africa cooperation", www.focac.org.

Liu Haifang (March, 2006), "China and Africa: Transcending 'Threat or boon'", *China Monitor*.

Liu Haifang (2008), "China-Africa Relations through the Prism of Culture: The Dynamics of China's African Cultural Diplomacy", *Journal of Current Chinese Affairs*.

Lok, Hung Wing (unpublished paper), "Chinese in Twentieth-century East Africa: Patterns of Economic Activities in Uganda (1980-Present)".

Lokongo, Antoine Roger (March 11, 2009), "Sino-DRC contracts to thwart the return of Western patronage", Pambazuka News, http://www.pambazuka.org/en/category/africa_china/54717.

Looy, Judith van de (2006), "Africa and China: A Strategic Partnership?", African Studies Centre, Leiden, The Netherlands, ASC Working Paper 67/2006.

Lorenz, Andreas(May 30, 2007), "The Age of the Dragon: China's Conquest of Africa", *Spiegel Online International*, http://www.spiegel.de/international/world/the-age-of-the-dragon-china-s-conquest-of-africa-a-484603.html.

Lyman, Princeton (2005), "China's Rising Role in Africa," July 21, http://www.cfr.org/publication /8436/ chinas_rising_role_in_africa. html.

Lyman, Princeton (2006), "China's Involvement in Africa: A View from the US," *South African Journal of International Affairs*, 13: 1.

MacKenzie, Catherine (April, 2006), *Forest Governance in Zambézia, Mozambique: Chinese Takeaway!*, Final Report for FONGZA, Online: http://www.open.ac.uk/technology/mozambique/pics/d72272.pdf (accessed 1 December 2006).

Mailer, Gideon (2005), "China in Africa: Economic Gains, Democratic Problems, " http: / / zope06. v. servelocity. net/hjs/ sections/ africa /

document.2005 - 05 - 09. 6105323022.

Manchester Trade Team (2005), "Impact of the End of MFA Quotas and COMESA's Textile and Apparel Exports under AGOA: Can the Sub-Saharan Africa Textile and Apparel Industry Survive and Grow in the Post-MFA World?", Report prepared for USAID East and Central Africa Global Competitiveness Trade Hub.

Manji, F., and S. Marks, eds. (2007), *African perspectives on China in Africa*, Cape Town: Fahamu.

Marchal, R. (2007), "The EU and China in Africa: opportunities and differences" in P. Ludlow, ed., The EU and China, 92_106. Ponte de Lima: European Strategy Forum.

Marchal, R. (2008), "French perspectives on the new Sino_African Relations" in C. Alden, D. Large, and R. Soares de Oliveira, ed., *China returns to Africa: A rising power and a continent embrace*, 181_96. New York: Columbia University Press.

Mario, Esteban(2010), "Silent Invasion? African Views on the Growing Chinese Presence in Africa: The Case of Equatorial Guinea", *African and Asian Studies*, 9:3.

Marysse, S. & Geenen, S. (2009), "Win-win or unequal exchange? The case of the Sino-Congolese cooperation agreements", *Journal of Modern African Studies*, Vol. 47, Issue. 3.

Mawdsley, E. (2008), "Fu Manchu versus Dr Livingstone in the dark continent? Representing China, Africa and the West in British broadsheet newspapers", *Political Geography*, 27.

Mayer, J. and P Fajarnes (2005), "Tripling Africa's Primary Exports: What? How Where?", UNCTAD Discussion Paper 180, Geneva: UNCTAD.

Mbayem, Sanou (February 7, 2011), "Africa will not put up with a colonialist China", *The Guradian*. http://www.guardian.co.uk/commentisfree/2011/feb/07/china-exploitation-africa-industry.

McCormick, D. (2008), "China and India as Africa's New Donors: The Impact of Aid on Development" *Review of African Political Economy*, 35 (115).

McCormick, Dorothy (21-23 May, 2009), "African Perceptions of Afro-Chinese Relations", Paper Presented at ERD Workshop on "Financial Markets, Adverse Shocks and Coping Strategies in Fragile Countries", Accra.

McCulloch, N., A. Winters and X. Cirera (2002), *Trade Liberalization and Poverty: A Handbook* London: DFID and CEPR.

McGreal, C. (2007), "Chinese aid to Africa may do more harm than good, warns Benn" *The Guardian*, 8 February 2007.

McNamee, Terence, Greg Mills, et al. (2012), "Africa in Their Words: A study of Chinese traders in South Africa, Lesotho, Botswana, Zambia and Angola", The Brenthurst Foundation Disscussion Paper.

Melber, H. (2008), "China in Africa: A new partner or another imperialist power?", *Africa Spectrum*, Vol. 43, Issue. 3.

Men, Jing and Benjamin Barton, ed. (2011), *China and the European Union in Africa: Partners or Competitors*, Ashgate（已有中译本）.

Meyerson, E., G. i-Miquel and N. Qian (2008), *The Rise of China and the Natural Resource Curse in Africa*, mimeo.

Meyn, Mareike (2008), *Economic Partnership Agreements: A "historic step" towards a "partnership of equals"*? London: Overseas Development Institute, Working Paper No.288.

Michel, L. (2008), "EU, China to join hands for Africa's development", *China Daily*, August 29.

Michel, S. & Beuret, M. (2009), *China safari: on the frail of Beijing's expansion in Africa*. New York: Nation Books.

Ministry of Foreign Affairs of the People's Republic of China (2006), *China's African Policy*. Online: http://www.fmprc.gov.cn/eng/zxxx/t230615.htm.(accessed 1 December 2006).

Mohan, G. (2012), *China in Africa: Impacts and prospects for accountable development*, University of Manchester, Effective States and Inclusive Development Research Centre, ESID Working Paper, No.12.

Mohan, G., Dinar Kale (2007), "The invisible hand of South-South globalisation:Chinese migrants in Africa", A Report for the Rockefeller Foundation prepared by The Development Policy and Practice Department, The Open University.

Mohan G. and M. Tan-Mullins (2009), "Chinese Migrants in Africa as new Agents of Development? An Analytical Framework", *European Journal of Development Research*,21.

Mohan, G., Tan-Mullins, M. & Power, M. (2010), "Redefining 'Aid' in the China-Africa Context", *Development and Change*. Vol. 41, Issue. 5.

Mold, A.(2012), "Will It All End in Tears? Infrastraucture spending and African development in historical perspective", *Journal of International Development*, 24.

Monson, Jamie (2004), "Freedom Railway: the unexpected successes of a Cold War development project", *Bostom Review* 29,6.

Monson, Jamie (2006), "Defending the People's Railway in the era of liberalization", Africa 76:1.

Monson, Jamie (2008), "Liberating Labour?Constructing anti-hegemony on the TAZARA realway in Tanzania, 1965-1976", in Chris Alden, Danniel Large, and Richard Soares de Oliveira, eds., *China Returns to Africa, London*, 2008.

Monson, Jamie (2009), *Africa's Freedom Railway: How a Chinese Development Project Changed Lives and Livelihoods in Tanzania*, Bloomington & Indianapolis: Indiana University Press.

Montinari, L. and G. Prodi (2011), "China's Impact on Intra-African Trade" *The Chinese Economy*, 44(4).

Moorcraft, Paul, ed.(2008), *Symposium on Chinese–Sudanese Relations*, London: Centre for Foreign Policy Analysis.

Morais, Rafael Marques de (March/April 2011), "The New Imperialism: China in Angola", *World Affairs*.

Morris M. and G. Einhorn (2008), "Globalisation, Welfare and Competitiveness: The Impacts of Chinese Imports on the South African Clothing and Textile Industry", Competition & change 12(4).

Muekalia, D. Jardo(2004), "Africa and China's Strategic Partnership," *African Security Review*, Vol. 13, No.1.

Mukanga, Chola (May17,2012), "China's New Colonialism in Africa", *zambian-economist.com*, http://www.zambian-economist.com/2012/05/chinas-new-colonialism-in-africa.html.

Munyi, Elijah Nyaga (September 2011), "Embracing the Dragon: African policy responses for engaging China and enhancing regional integration", Discussion Paper for Centre for Chinese Studies, Stellenbosch.

Munyoro, Fidelis (June 4, 2008), "Africa: Journalists Urged to Strengthen China-Africa Relations", *The Herald*.

Mwanawina, Inyambo(2007), "An assessment of Chinese development assistance in Africa: Zambia", A study commissioned by the African Forum and Network on Debt and Development (AFRODAD).

Mwanawina, I. (2008), "China-Africa Economic Relations: The Case of Zambia." Draft scoping study submitted to AERC, Nairobi.

Naim, M. (2007), "Rogue Aid", *Foreign Policy*, 159.

Navaretti, G. and A. Venables (2004), *Multinational Firms in the World Economy*, Princeton University Press.

Ndoye, Sokhna & Helmut Reisen (2008), *Prudent versus Imprudent Lending to Africa: From Debt Relief to Emerging Lenders,* Working Paper no.268, February, Paris: OECD Development Centre.

Ness, P. (1998), "China and the Third World: Patterns of Engagement and Indifference" in Kim, S. ed., *China and the World: Chinese Foreign Policy Faces the New Millennium*, Oxford: Westview Press.

Niang, Ibrahima (2007), "Les Chinois du secteur in formel dakarois: migration etinté gration d'une communauté économique", DEA thesis, Université Cheikh Anta Diop de Dakar.

"Nigeria accuses Chinese traders of 'scavenging' in Kano", http://www.bbc.co.uk/news/world-africa-18169983.

Niquet, Valérie(2007), "La Stratégie Africaine de la Chine", *Politique étrangère*, 2eme trimestre 2006; Valérie Niquet, "China's Africa Strategy", http://www.diplomatie.gouv.fr/en/IMG/pdf/0805-Niquet-ANG.pdf.

Nissanke, M and M. Soderberg, (2011), "Can China's Engagement Make a Difference to African Development", Mimeo.

Nts'oana, Ngoan'a, "Lesotho Media and the Growing Intimidation of Chinese Shop Owners", http://africasacountry.com/2013/02/14/lesotho-media-and-the-growing-intimidation-of-chinese-shop-owners/.

Obiorah, N. (December 14, 2006) "Who's Afraid of China in Africa?", Pambazuka News, http://www.pambazuka.org/en/category/comment/38853.

Obwona, M., M. Guloba, W. Nabiddo and N. Kilimani (2007), "China-Africa Economic Relations: The Case of Uganda", Draft scoping study submitted to AERC, Nairobi.

Odada, J.E. and O. Kakujaha-Matundu (2008), "China–Africa Economic Relations: The Case of Namibia", Draft scoping study submitted to AERC, Nairobi.

Oddone, Francesco (2007), *Debt sustainability or defensive deterrence? The rise of new lenders and the response of the old*, Brussels: Eurodad.

Ogunkola, E. O. A. S. (2008), Bankole and A. Adewuyi, "China-Nigeria Economic Relations: AERC Scoping Studies on China-Africa Relations." Revised report submitted to AERC, Nairobi.

Ogunsanwo, Alaba(1974), *China's Policy in Africa*, Cambridge: Cambridge University Press.

Oliveira, R. (2008), "Making Sense of Chinese Oil Investment in Africa" in Alden, C. & Large, D. & Oliveira, R. eds., *China Returns to Africa: A Rising Power and a Continent Embrace*. London: C. Hurst Publishing.

Olsen, G.R. (2004), "Challenges to traditional policy options, opportunities for new choices: The Africa Policy of the EU", The Round Table, 93 375.

Olsen, G.R. (2008a), "Coherence, consistency and political will in foreign policy: The European Union's Policy towards Africa", *Perspectives on European Politics and Society*, 9.

Olsen, G.R. (2008b), "The Post September 11 Global Security Agenda: A comparative analysis of United States and European Union policies towards Africa", *International Politics*, 45.

Onjala, J. (2008), "A Scoping Study on China-Africa Economic Relations: The Case of Kenya", Revised report submitted to AERC, Nairobi.

Osei-Hwede, Bertha Z. (2012), "The Dynamics of China-Africa Cooperation", *Afro Asian Journal of Social Sciences*, 3:1.

Ovadia, Jesse (Aug. 2010), "China in Africa: a 'Both/And' Approach to Development and Underdevelopment with Reference to Angola," *China Monitor* (South Africa).

Overseas Development Institute (2008). Online: http://www.odi.org.uk (accessed 13 March 2008).

Owusu, Francis and Pa´draig R. Carmody (2007), "Competing hegemons? Chinese versus American geo-economic strategies in Africa", *Political Geography*, 26.

Park, Yoon Jung (2009), *A Matter of Honour. Being Chinese in South Africa*, Lexington Books.

Park, Yoon Jung (2009), "Chinese Migration in Africa", The South African Institute of International Affairs's China in Africa Project, Occasional Paper No. 24.

Park, Yoon Jung (2010), " Faces of China: New Chinese Migrants in

South Africa, 1980s to Present", *African and Asian Studies*, 9.

Peh, K and J. Eyal (2010), "Unveiling China's impact on African environment", *Energy Policy*, 38.

Politzer, Malia (August 2008), "China and Africa: Stronger Economic Ties More Migration", http://www.migrationinformation.org/feature/display.cfm?ID=690.

Porteous, T. (2008), *Britain in Africa*. London: Zed Books.

Pougala, Jean Paul (November 28, 2011), "La Chine, meilleure alliée stratégique de l'Afrique", *Pambazuka News*, http://pambazuka.org/fr/category/features/78297.

Power, M. & Mohan, G. (2008), "Good Friends & Good Partners: The 'New Face of China-African Cooperation'", *Review of African Political Economy*. Vol. 35, Issue. 115.

Power, Marcus and Ana Cristina Alves, ed. (2012), *China and Angola: A Marriage of Convenience?*, Pambazuka Press.

Prah, Kwesi Kwaa, ed.(2007), *Afro-Chinese Relations: Past, Present and the Future*, Cape Town.

Prahalad, C. (2004), *The Fortune at the Bottom of the Pyramid*, Philadelphia: University of Pennsylvania, Wharton School Publishing.

PRC (2010), *China-Africa Economic and Trade Cooperation*, Beijing: Information Office of the State Council.

PRC (2011), *China's Foreign Aid*, Beijing: Information Office of the State Council.

RAID (2007), *Advice to Chinese Companies Operating in the Mining Sector in Africa*, Briefing Paper.

RAID (2009), "Chinese Mining Operations in Katanga, Democratic Republic of the Congo", *Executive Summary*, Rights and Accountability in Development, September, 2009.

Ramo, Joshua Cooper (2004), *The Beijing Consensus*, London: The

Foreign Policy Centre.

Range, J. (October 12, 2005), "Zambia's miners paying the price. *MAC: Mines and Communities*", http://www.minesandcommunities.org/article.php?a=501 (Accessed 2012-08-06).

Reisen, H. and S. Ndoye (2007). *Prudent versus imprudent lending in Africa: from debt relief to emerging lenders*, OECD Development Centre Working Paper No.268.

Renard, M-F (2011), *China's Trade and FDI in Africa*, African Development Bank Working Paper, No.126.

Rocha, J. (2008), "China and African Natural Resources: Developmental Opportunity or Deepening the Resource Curse?" In Hannah Edinger, Hayley Herman, and Johanna Jansson, ed., *New Impulses from the South: China's Engagement of Africa, Stellenbosch*: Centre for Chinese Studies, Stellenbosch University.

Rosser, A. (2006), *The Political Economy of the Resource Curse: A Literature Survey: Discussion* Paper No. , Brighton: Institute of Development Studies.

Rotberg, R. ed., (2008), *China into Africa: Trade, Aid, and Influence*. Washington, D.C.: Brooking Institution Press.

Rupp, S. (2008), "Africa and China: Engaging Postcolonial Interdependencies" in Rotberg, R. *China into Africa: Trade, Aid, and Influence*. Washington, D.C.: Brooking Institution Press.

Sandrey. R. (2006), *The African Trading Relationship with China*, mimeo, Cape Town: Trade Law Centre for Southern Africa.

Sautman, B. & Yan Hairong (2006). "East Mountain Tiger, West Mountain Tiger: China, the West, and 'Colonialism' in Africa", *Maryland Series in Contemporary Asian Studies*. Vol. 2006, Issue3, Article 1.

Sautman, B. and Yan Hairong (2007), "Friends and Interests: China's Distinctive Links with Africa", *African Studies Review*, 50:3.

Sautman, B. and Yan Hairong (2008), "Friends and Interests: China's Distinctive Links with Africa" in D. Guerrero, and F. Manji (eds.) (2008), *China's New Role in Africa and the South: A Search for a New Perspective.* Fahamu/Pambazuka.

Sautman, B. & Yan Hairong (2008), "Africa Perspective on China-Africa Links", *The China Quarterly*, Vol.

Sautman, B. & Yan Hairong (2008), "The Forest for the Trees: Trade, Investment and the China-in-Africa Discourse", *Pacific Affairs*. Vol. 81, Issue. 1.

Sautman, B. & Yan Hairong (2012), "Chasing Ghosts: Rumours and Representations of the Export of Chinese Convict Labour to Developing Countries", *The China Quarterly*, Volume 210.

Sautman, B. & Yan Hairong (2012). *Bashing "The Chinese": Contextualizing Zambia's Collum* 52.

Coal Mine Shooting. (unpublished). Paper presented in the conference on CAS@50: Cutting Edges and Retrospectives, Centre of African Studies of The University of Edinburgh 2012-06-06.

Scheipers, S., and D. Sicurelli(2008), "Empowering Africa: normative power in EU-Africa relations", *Journal of European Public Policy*, 15.

Schmidt, S. (2008), "Towards a new EU_African Relationship _ a grand strategy for Africa?" *Foreign Policy in Dialogue*, 8.

Schmitz, H. (2006), "Asian Drivers: Typologies and Questions", *IDS Bulletin*, 27(1).

Segal, Gerald(1992), "China and Africa", *The Annals of the American Academy*, January.

Segal, Gerald(1999), "Does China Matter?" *Foreign Affairs*, Vol. 78,No. 5, September/October.

Shambaugh, D., Sandschneider, E., and Z. Hong, eds. (2008), *China_Europe relations: Perceptions, policies and prospects*, London. Routledge.

Shankleman, J. (2009), *Gong Global: Chinese Oil and Mining Companies and the Governance of Resource Wealth*, Washington DC: Woodrow Wilson International Center for Scholars.

Shichor, Yitzhak (2005), "Sudan: China's Outpost in Africa", *China Brief*, Vol.5, No.21, October 13.

Shinn, David H. and Joshua Eisenman (2012), *China and Africa: A Century of Engagement*, University of Pennsylvania University Press.

Sicurelli, D. (2008), "Framing security and development in the EU pillar structure. How the views of the European Commission affect EUAfrica policy", *Journal of European Integration*, 30.

Sicurelli, D. (2010), *The European Union's Africa policies: Norms, interests and impact, Farnham*: Ashgate.

Skwati, James ed. (2012), *China-Africa Partnership: The quest for a win-win relationship*, Inter Region Economic Network.

Snow, Philip(1988), *The Star Raft: China's Encounter with Africa*, London: Weidenfeld and Nicolson.

Solana, J. (2007), "Challenges for EU-China cooperation in Africa", *China Daily*, 7 February.

Song Hong (2011), "Chinese Private Direct Investment and Overseas Chinese Network in Africa", *China & World Economy*. Vol. 19, Issue. 4.

Sorbara, Mark(2006), "With China Calling, Is It Time to Say Goodbye to US And Europe?" *The Nation* (Nairobi), April 13.

Spring, Anita, Yang Jiao (2008), "China in Africa: African Views of Chinese Entrepreneurship", in Global and Local dynamics in African Business and Development: Proceedings of the 9TH Annual Conference, Volume 9, Simon Sigué, ed., International Academic of African Business & Development, 2008.

Steiler, I. (2010), "The best of both worlds: Some lessons the European Union should learn from China in Africa", FRP Working Paper 3.

Stevens, C. and J. Kennan (2006), "How to identify the trade impact of China on small countries", in Kaplinsky (ed.), *Asian Drivers: Opportunity and Threat*, Special Issue of IDS Bulletin.

Strauss, Julia & Martha Saavedra, ed.(2009), *China and Africa: Emerging Patterns in Globalization and Development*, The China Quarterly Special Issues, New Series, No.9, Cambridge University Press.

Syampeyo, Y (August 6, 2012), "Chinese mine boss killed", *ZAMBIAN DAILY MAIL*. <http://www.daily-mail.co.zm/?p=10490>. (Accessed 2012-08-06).

Tan-Mullins, M., G. Mohan and M. Power, "Redefining 'Ads' in the China-Africa Contest", *Development and Change*, 41(5).

Taylor, Ian(1997), "The 'Captive State' of Southern Africa and China: the PRC and Botswana, Lesotho and Swaziland", *Journal of Commonwealth and Comparative Politics*, 35:2.

Taylor, Ian(1998), "Africa's place in the diplomatic competition between Beijing and Taipei", *Issues and Studies*, 34:3.

Taylor, Ian(1998), "China's foreign policy towards Africa in the 1990s", *Journal of Modern African Studies*, 36:3.

Taylor, Ian (2006), *China and Africa: Engagement and Compromise*. London: Routledge.

Taylor, Ian(2006), "China's oil diplomacy in Africa", *International Affairs* 82, 5.

Taylor, Ian (2007), "Sino-African Relations and the Problem of Human Rights", in: *African Affairs*, Vol.107, No.426.

Taylor, Ian (2009), *China's new role in Africa*. Boulder: Lynne Rienner Publishers.

Taylor, Ian (2011), *The Forum on China-Africa Cooperation*, Routledge.

Thoburn, J. (2013), *China's Development Lessons for Low Income Africa: A Scoping Study, Norwich*: International Development UEA, Report for DFID.

"The problematic Chinese wave to Africa" (May 2009), www.hec.fr/eurasia.

"A Trilateral Dialogue on the United States, Africa and China: Conference Papers and Responses" (May 13, 2013).

Tsikata, D., D., A. P. Fenny, and E. Aryeetey. (2008), "China-Africa Relations: A Case Study of Ghana." Draft scoping study submitted to AERC, Nairobi.

Tull, D. (2006), "China's engagement in Africa: scope, significance and consequences", *Journal of Modern African Studies*, 44(3).

United Nations (2007), *Asian Foreign Direct Investment in Africa. Towards a New Era of Cooperation among Developing Countries*, New York, Geneva: UNCTAD Press Office.

UPI Poll (July. 27, 2007), "China's Influence in Africa," United Press International.

US State Department (2008), "China in Africa: Implications for US Policy," *Africa News*, June 4.

Van Dijk, M. P. (ed.) (2009), *The New Presence of China in Africa*, Amsterdam University Press.

Villoria, N., (2009), "China's growth and the agricultural exports of Sub-Saharan Africa", *European Journal of Development Research*, 21(4).

Villoria, N. (2012), "The effects of China's growth on the food prices and the food exports of other developing countries", *Agricultural Economics*, 43.

Vliet, Geert van and Geraud Magrin, ed.(2012), *The Environmental Challenges Facing a Chinese Oil Company in Chad*, AFD.

Wadhwa, Supriya (February 11, 2013), "Lost in Translation: A bleak picture of Chinese immigration in Central Africa". http://sites.davidson.edu/pol341/lost-in-translation-a-bleak-picture-of-chinese-immigration-in-central-africa/.

Wagner, J. (2012), "Going Out: Is China's Skillful Use of Soft-power in

Sub-Saharan Africa a Threat to U.S. Interests ?" *Joint Force Quarterly*（*JFQ*）, Issue 64.

Wang Jian-Ye(2007), What Drives China's Growing Role in Africa, IMF Working Paper WP/07/211.

William, Bauer(2012), "China: Africa's New Colonial Power", http://www.policymic.com/articles/1657/china-africa-s-new-colonial-power.

World Bank (2004a), *Patterns of Africa-Asia Trade and Investment, Potential for Ownership and Partnership*, Volume 1 and Volume 2, Africa Region Private Sector Group, Washington: World Bank.

World Bank (2004b), *Country Analytical Briefs with Compendium of Country-Specific Analysis of Africa-Asia Trade Complementarity*, Africa Region Private Sector Group, Washington: World Bank.

World Bank (2011), *Chinese Investments in Special Economic Zones in Africa: Progress, Challenges and Lessons Learned*, Washington DC; World Bank.

WWF-UK (2009), "Written evidence submitted by WWF-UK" in House of Commons International Development Committee, *DFID and China: Third Report of Session 2008-09*, London: The Stationary Office Limited.

Yan Hairong and Barry Sautman (2013), "The Beginning of a World Empire'? Contesting the Discourse of Chinese Copper Mining in Zambia", *Modern China*, 39:2.

Yang Lihua（Summer/Autumn 2006）, "Africa: A View from China", *South African Journal of International Affairs*, 13:1.

Yin, J. & Vaschetto, S. (2011), "China's Business Engagement in Africa", *The Chinese Economy*. Vol. 44, Issue. 2.

Yu, George T. (1975), *China's African Policy: A study of Tanzania*, Praeger Publishers.

Yu, George T. & David J. Longenecker, D. (1994), "The Beijing-Taipei Struggle for International Recognition: From the Niger Affair to the U.N",

Asian Survey. Vol. 34, Issue 5.

Yuan Wu (2006), *China and Africa.* (trans. Li Guoqing). China: China Intercontinental Press.

Zafar, A. (2007), "The growing relationship between China and Sub-Saharan Africa: Macroeconomic, trade, investment and aid links", World Bank Research Observer, 22(1).

"Zambian miners kill Chinese manager during pay protest" (August 5, 2012), *British Broadcasting Corporation.* <http://www.bbc.co.uk/news/world-africa-19135435>. (Accessed 2012-08-07).

"Zambia probes shooting of workers at China-run mine" (October 16, 2010), *British Broadcasting Corporation.* <http://www.digitalhen.co.uk/news/world-africa-11558741>. (Accessed 2012-08-06).

Zeleza, Paul Tiyambe, ed.(2007), *The Study of Africa, Global and Transnational Engagements*, Dakar: DODESRIA.

Zeleza, P. (2009), "Dancing with the Dragon: Africa's Courtship with China", *The Global South (Project Muse)*. Vol.2, Issue: 2.

Zheng, L. (2010), "Neo-colonialism, ideology or just business? China's perception of Africa", *Global Media 7 Communication*. Vol. 6, Issue. 3.

Zweig, David and Bi Jianhai (2005), "China's Global Hunts for Energy", *Foreign Affairs*, 84:5.

黛博拉·布罗蒂加姆:《龙的礼物:中国在非洲的真实故事》(沈晓雷、高明秀译),社会科学文献出版社,2012年。

[赞比亚]丹比萨·莫约:《援助的死亡》(王涛、杨惠等译),世界知识出版社,2010年。

蒋姮等:《中国对非投资案例调查报告》,伯尔基金会—中国民促会项目合作办公室,2012年。

薛琳、赵岩:《国际学界论当代中非关系》,《西亚非洲》,2010年第7期,第43—48页。

|第二编|

中非合作对非洲实现联合国千年发展目标的贡献及启示 *

---

* 张春：上海国际问题研究院西亚非洲中心副主任，《国际展望》副主编。

在2000年9月举行的联合国首脑会议上，189个成员国的代表包括149位国家元首和政府首脑通过了《联合国千年宣言》（以下简称《宣言》）。《宣言》采纳了一套具有普遍性的发展目标，即联合国千年发展目标（Millennium Development Goals，以下简称MDGs）。MDGs涉及经济、社会、环境等八个领域，多数以1990年为基准年，2015年为完成时限，是当今国际社会在发展领域最全面、最权威、最明确的目标体系，并已成为衡量全球发展进程的首要标准和开展国际发展合作的重要框架，得到各方普遍认同和积极响应。回顾13年的努力，MDGs的实施取得重要进展，全球贫困人口数量减半、获得清洁饮用水的目标已提前实现，教育、卫生等其他领域也有不同程度的进步。① 如同负责经济与社会事务的联合国副秘书长吴红波大使所指出的，如果仅考察MDGs的前7项目标，那么成果是十分显著的。② 然而，在2015年期限前全面实现MDGs并不乐观，世界各地区、各国落实MDGs的进度明显参差不齐。正如联合国秘书长潘基文所说，"……穷人生活的改善仍低得令人难以接受，而且一些前期所艰难取得的成果正遭受气候变化、食品和能源危机的侵蚀"。③ 几乎可以肯定的是，到2015年MDGs到期时，非洲将难以实现大部分MDGs目标。正是考虑到不同地区的不同情况，国际社会早在MDGs规划之际便设定了第八项目标，即通过"全球合作促进发展"帮助相对更为落后的地区和国家实现MDGs。但很显然的是，尽管制定了可实现的目标和共同的愿景，但第八项目标的成就仍存在明显不足。④ 可喜的是，在发达国家因为国内政治经济困难导致帮助欠发达地区、特别是非洲地区实现MDGs方面能力和意愿不足的同时，快速发展的中国和由此而来的中非合作为非洲实现MDGs提供了重大帮助。自2000年以来，中非合作对非洲落实MDGs经历了三个阶段的发展，从相对不够重视到高度重视，再到MDGs落实与参

---

① 李保东：《前言》，载中华人民共和国外交部、联合国驻华系统：《中国实施千年发展目标进展情况报告（2013年版）》，北京，2013年9月。
② 吴红波：《2015年后的国际发展合作——联合国的视角》，载《国际展望》2013年第3期，第4页。
③ 潘基文：《前言》，载《千年发展目标报告2010》，联合国2010年版，第3页。
④ 吴红波：《2015年后的国际发展合作——联合国的视角》，载《国际展望》2013年第3期，第4页。

与和塑造2015年后发展议程（以下简称"2015年后议程"）同时并举。中非合作不仅为非洲实现MDGs作出了重要的直接和间接贡献，更逐渐发展出一套充满新意的国际发展合作新理念、新方法、新机制和新动力，不仅可有效推动非洲MDGs的持续落实，更可有效推动2015年后议程的塑造，大幅地提升中国、非洲和整个发展中国家在这一进程中的影响力。

第一章
中非合作促进非洲实现 MDGs 的历史发展

自冷战结束后美国实施的"马歇尔计划"在西欧地区取得重大成功以来，在其他发展中国家复制"马歇尔计划"的成功便成为国际发展努力的核心追求。① 但很大程度上，这一努力直到冷战结束都没有达成令人欣慰、更别说令人满意的成果，并导致了冷战结束后的弥漫整个发达世界的"援助疲劳"。② 冷战结束后，广大发展中国家非但没有享受"和平红利"反而陷入新型战争的现实，使得国际社会不得不再度关注国际发展的重要性。这样，在联合国框架下，很大程度上仍然是西方所主导的国际发展共识塑造努力导致了 MDGs 的形成。考虑到落后国家发展所面临的重大障碍，MDGs 在诸多具体的发展指标之外，单独设置了"全球发展伙伴关系"即第八项目标，以促进国际社会帮助相对更为落后地区落实和实现 MDGs。尽管无须承担目标八规定的对发展中国家援助义务，但中国一贯相当重视与非洲在 MDGs 落实方面的合作。同时，作为中非合作核心平台的中非合作论坛也恰好于 2000 年建立，时间上与 MDGs 的确立相互重叠，进而直接为中非合作帮助非洲 MDGs 落实提供

---

① [赞比亚]丹比萨·莫约：《援助的死亡》，王涛、杨惠等译，刘鸿武审校，世界知识出版社 2010 年版，第 10 页。

② OECD, *Development Co-operation: Efforts and Policies of the Members of the Development Assistance Committee, 2002 Report*, Paris: OECD, 2003, pp. 286-287.

了机制保障。过去13年来，中非合作为非洲实现MDGs提供了重大帮助，具体可分为三个阶段。

一、准备阶段：2000—2005年

在这一时期，中非双方更多关注自身的MDGs落实，围绕非洲落实MDGs的合作相对有限且多在多边框架内展开。导致这一局面的原因是多方面的。

第一，就落实MDGs而言，这一时期双方的核心任务都是如何在国内实现MDGs。换句话说，双方事实上都更关注自身的MDGs的落实。例如，2003年《中国实施千年发展目标进展情况》指出，"总体而言，整体情况非常乐观。这表明中国很可能将实现大部分千年发展目标，但需更多关注以下目标：到2005年，实现高中男女入学机会平等；到2015年，制止并扭转艾滋病的传播；到2015年，将肺结核的发病率降低一半；到2005年实行国家可持续发展战略，从而到2015年扭转环境资源损失的状况"。在表达谨慎乐观之后，中国政府进一步指出，"无论是健康、教育还是环境问题，国际社会都可以通过与中国交流其他国家和专家的经验来帮助中国。……这样政府就不会是孤军奋战来实现国家的目标"。[①] 也就是说，尽管到2003年时中国已经能预期将完全实现所有MDGs目标，但中国对全球发展伙伴关系的关注重点仍是引入外部帮助，而非更多地帮助其他发展中国家。

第二，与前一点相关，由于MDGs的具体落实刚刚启动，因此这一时期整个国际社会都在探讨MDGs的具体落实方式，特别是如何与特定国家的具体国情有机结合，同时对全球发展伙伴关系的建立模式也处于摸索之中。也就是说，对MDGs的执行而言，建立全球发展伙伴关系本身尚不是各国政策中的优先事项。一方面，各国尚未将作为国际议程的MDGs转化成为自身的国内议程，对于MDGs在自身国内环境下是否需

---

① 《中国实施千年发展目标进展情况2003》，联合国驻华机构评估报告，联合国开发计划署驻华代表处2004年版，第39页。

要作特定调整,在具体执行过程中到底需要何种外部支持和建立什么样的全球发展伙伴关系等,无论是单个的国家还是整个国际社会都没有形成完整的看法。事实上,在2000—2005年间,联合国并未就MDGs的执行情况作全面评估,第一份《千年发展目标报告》是在2005年出台的。①尽管该报告也对建立全球发展伙伴关系进行了评估,但更多的是相对简单的情况回顾,并未提出过多强制性的政策建议。与此相对应的,中非合作不够发达本身也正是国际合作不够发达的体现和反映。例如,于2003年提交的第一份《中国实施千年发展目标进展情况》报告并未实质性地提及中国参与MDGs的国际合作的情况,所讨论的第12和18项具体目标更多涉及中国如何参与国际合作以促进国内MDGs实现。②

第三,也需要指出的是,尽管中国于2000年建立了中非合作论坛,但这一时期的中非关系更多的是一种恢复性发展。尽管中国与非洲的关系发展可追溯至15世纪初郑和下西洋时期甚至更早,③当代中非关系始于1956年中国与埃及外交关系的建立。此后的中非关系主要经历了三个阶段的发展。④第一阶段是从1956年至1979年,限于双方经济发展水平仍较低下,因此这一时期的中非关系更多侧重于情感层面,特别是意识形态考虑和中非领导人的私人感情。中非关系的第二阶段从1978年直至90年代初,出于对国家利益特别是经济利益的关注,中国更为注重与发达资本主义国家的经贸关系,进而某种程度上忽视了中非关系的发展。冷战结束后,中非关系逐渐迈向其第三阶段,但在20世纪90年代仍更多

---

① 联合国千年发展目标网站,http://www.un.org/zh/millenniumgoals/。
② 《中国实施千年发展目标进展情况2003》,联合国驻华机构评估报告,联合国开发计划署驻华代表处2004年版,第37—38页。
③ 例如,有学者认为中非关系可追溯至汉代,此后唐朝和宋朝都与非洲有着直接的商贸关系。参见张象:《中非关系源远流长的新启示》,载《西亚非洲》2006年第6期;李广一、许永璋:《古代中国与非洲》,载《历史教学》1982年第9期。
④ 对当代中非关系的发展有着多种阶段划分方法。例如,李安山认为中非关系包括三个阶段,即正常发展期、过渡转型期和快速上升期;而其他人则多以年代划分,几乎将每一个十年界定为一个阶段。分别参见:李安山:《论中国对非政策的调适与转变》,载《西亚非洲》2006年第8期;刘鸿武、罗建波:《中非发展合作:理论、战略与政策研究》,中国社会科学出版社2011年版,第171—195页。

集中于政治关系方面,双边经济联系并不紧密。直到90年代中期后乃至2000年中非合作论坛成立后,经济关系才逐渐凸显为中非合作的重要内容,但其真正高速发展仍是2006年以后的事情。①

第四,这一时期国际社会的注意力很大程度上都为美国在2001年"9·11"事件后所启动的全球反恐战争所吸引,进而导致国际发展议程很大程度上被忽视。由于美国的全球反恐战争导致的安全逻辑压倒发展逻辑,因此尽管存在对国际发展的关注,也都很大程度上被扭曲和安全化了。这一时期国际社会对发展议程的关注更多集中于贫困与落后和恐怖主义之间的相互关联,或更为广泛的"发展—安全关联",并试图通过安全手段来解决发展问题。

二、全面合作：2006—2011年

可以认为,2006年以前的中非合作对非洲MDGs的落实并未给予充分关注。需要指出的是,这一情况事实上在2005年便开始得到改变。2005年的《中国实施千年发展目标进展报告》与2003年报告的重大区别恰恰就在于对于全球发展伙伴关系的论述。2005年报告较为全面地论述了中国参与全球发展伙伴关系的努力,特别是对非洲提供援助、免除债务、减免关税等努力。②随着中国政府将2006年定为"非洲年"和中非合作论坛北京峰会暨第三届部长级会议召开,中非合作促进非洲MDGs落实进入了第二个阶段,直到2011年底。

在这一时期,中国围绕支持非洲实现MDGs在一系列平台上展开合作,具体可分为双边合作机制、全球多边组织框架和全球南南合作机制。中国支持非洲MDG首先是通过双边渠道实现的。中非合作论坛,涵盖了50个与中国有外交关系的非洲国家,可被认为是双边伙伴关系的最佳例子。中非合作论坛建立于2000年,迄今已举办了五次部长级会议,

---

① Kerry Brown and Zhang Chun, "China in Africa – Preparing for the Next Forum for China Africa Cooperation," *Chatham House Briefing Note*, June 2009, pp. 5-6.
② *China's Progress Towards the Millennium Development Goals 2005*, Beijing: Ministry of Foreign Affairs of the People's Republic of China, United Nations System in China, October 2005, pp. 62-67.

其中2006年第三届部长级会议也是首脑峰会。中非合作论坛为双边关系的快速发展提供了政治保证。中国与非洲的贸易额在2000年仅为100亿美元，但到2012年接近2000亿美元，增长了近20倍。同时，中国的贷款和援助也资助了非洲大量的发展项目。根据非洲发展银行2011年的一份报告，"中国是一个重要的贸易伙伴，一个投资的重要来源，传统发展伙伴的一个重要补充。中国在基础设施领域大规模投资，帮助缓解了供应瓶颈并提升了非洲的竞争力"。① 到2012年6月，中国在非洲投资已达450亿美元，其中150亿美元为直接投资。制造业、金融业和建筑业加起来占60%，采矿业投资占25%。有超过2000家中国企业在非洲50余个国家投资，其雇佣人员的85%为当地非洲人。② 与此同时，中国也从这一关系中受益颇多；中国对此也不讳言，通过如获得原材料、拓展制造品出口、建立投资关系等，从长期看中非合作必然产生重大收益和外交影响力。换句话说，通过创造中非合作论坛和促进双边关系，中国和非洲建立了一个促进双方实现MDGs的互利伙伴关系。③

中国与非洲的第二类全球伙伴关系是既有的多边组织，如联合国、国际货币基金组织和世界银行等。中国前外交部长杨洁篪在2010年举行的中非外长第二次联大政治磋商上指出，"深化务实合作，加紧落实千年发展目标。共同推动国际经济秩序和贸易体系向有利于发展中国家的方向转变，为发展中国家实现千年发展目标创造良好的外部环境。推动国际社会尤其是发达国家加大对发展问题的支持和投入。中方将认真落实温总理宣布的有关支持发展中国家发展的重要举措，以及中非合作论坛第四届部长级会议成果，帮助非洲提升自主发展能力，早日实现千年发

---

① R. Schiere, "China and Africa: An Emerging Partnership for Development? – An Overview of Issues," *Working Paper*, No. 125, May 2011, African Development Bank Group, p. 17.
② 温家宝：《深化务实合作 促进共同发展——在第四届中非企业家大会开幕式上的讲话》，中非合作论坛网站，2012年7月18日，http://www.focac.org/chn/ltda/dwjbzzjh/zyjh/t952859.htm。
③ S. Lugt, "South-South Cooperation through Investment – South African and Chinese Support to Development in Lesotho?" *CCS Policy Briefing*, Centre for Chinese Studies, Stellenbosch, 2011.

展目标"。① 例如，联合国粮农组织建立了专门的南南合作计划，使来自新兴发展中国家的技术员和专家可直接与当地农民联系，共享知识和技能。到2010年4月已签署了40个类似协议，其中中国与非洲国家的有7个。作为联合国粮农组织粮食安全最主要的支持者，中国已派出800余名专家和技术员，包括非洲、亚洲、加勒比和太平洋地区。技术领域主要包括灌溉、农业、牲口、渔业、谷物、农业机械化、食品加工、农业市场等。②

又如，中国反复呼吁国际社会，在联合国主导下，加大对非洲可持续发展的关注。在这一方面，二十国集团（G20）非常重要，中非合作论坛第五届部长级会议指出，中非双方将"共同推动国际金融体系朝着公平、公正、包容、有序的方向发展。主张增加非洲在国际货币基金组织和世界银行等国际金融机构的发言权和代表性。支持二十国集团加强与非洲的对话，支持非洲参与二十国集团事务。非方强调增强二十国集团等现有国际经济机制代表性的迫切需要。中方完全理解非方诉求，并强调现有国际经济秩序应实现平衡，以保证非洲国家的公平代表性"。"共同推动国际社会认真落实2010年9月召开的联合国千年发展目标高级别会议及2012年6月召开的联合国可持续发展大会成果，呼吁国际社会更多关注非洲等发展中国家可持续发展问题，特别是发达国家尽快兑现援助、减债等承诺，提供更多资金支持、外国直接投资和技术转让，帮助非洲国家加强能力建设，尽早实现千年发展目标。中非双方呼吁国际社会在联合国的领导下，展现寻求共识的政治诚意和承诺，就后千年发展目标可持续发展框架的实施计划达成一致。"③

中国支持非洲MDG的第三类框架也是多边性质的，但更多是南南合

---

① 《杨洁篪外长在中非外长第二次联大政治磋商的致辞》，2010年9月23日，纽约，中非合作论坛网站，2010年9月27日，http://www.focac.org/chn/ltda/dsjbzjhy/bzhyzyjh/t756375.htm。
② FAO Representation in China, "China and FAO: Achievements and Success Stories," March 2011, http://www.fao.org/fileadmin/templates/rap/files/epublications/ChinaedocFINAL.pdf.
③ 《中非合作论坛第五届部长级会议——北京行动计划（2013年至2015年）》，中非合作论坛网站，2012年7月23日，http://www.focac.org/chn/ltda/dwjbzzjh/hywj/t954617.htm。

作的架构，如77国集团，不结盟运动，金砖国家等。需要指出的是，金砖国家机制对促进非洲MDG的实现有着重大作用。邀请南非加入金砖国家机制，以及建立金砖国家开发银行的提议，都是该机制有着重大发展潜力的指标。

进入2006年后，中非合作更为重视非洲MDGs的落实，主要有以下几方面原因。

第一是中非关系的快速发展，呼吁着中国更大地回报非洲，帮助非洲的发展。如前所述，中非双边贸易在2000年至2012年间增长了近20倍，中国对非投资也快速增加。同时，随着中非关系的快速发展，一方面是国际社会对中非关系的关注特别是负面观念快速上升，这要求中国更多地回报非洲，以事实化解非洲对中国的日渐上升的不信任；另一方面，非洲对中国的期待也的确在不断上升。非洲对中国的期待主要有五个方面，包括发展地区基础设施，增加采掘业的当地内涵，提升中国在制造业的投资以增加就业，将非洲商业与全球价值链相联系，通过技术革新和增加非洲市场的准入度来提高农业生产率。

第二，中国自身实现MDGs的前景已变得相当乐观，中国现在有精力帮助非洲落实MDGs。2008年《中国实施千年发展目标进展情况报告》指出，"总体而言，中国在实施千年发展目标方面取得了巨大进展，已提前7年大部分完成甚至超越了消除贫困、饥饿、文盲、降低婴儿和五岁以下儿童死亡率等目标。中国在降低孕产妇死亡率、防治艾滋病和肺结核病等方面也已进入正轨，有望到2015年实现所有目标"。[①] 正是出于这一乐观前景，尽管"中国是发展中国家，不承担目标八规定的对发展中国家援助义务，但中国始终把加强同发展中国家的合作作为对外政策的一个基本立足点"，"中国在南南合作中发挥了积极作用，向其他发展中国家提供了各类援助"。[②]

[①] 《中国实施千年发展目标进展情况报告2008》，中华人民共和国外交部、联合国驻华系统，2008年，第11页。
[②] 《中国实施千年发展目标进展情况报告2008》，中华人民共和国外交部、联合国驻华系统，2008年，第52、11页。

第三，与中国实现MDGs的乐观预期相比，非洲将无法按期实现MDGs的可能性越来越明显，而2008年全球金融危机的爆发更强化了这一悲观预期。如同联合国非洲经济委员会、非盟和非洲发展银行于2009年出版的联合评估所指出的，非洲在落实MDGs方面取得了持续进展，但这一进展在不同目标和不同地区存在重大不均衡。撒哈拉以南非洲的MDGs落实情况不尽如人意，远落后于世界其他地区。而2008年出现的一系列危机，包括石油危机、粮食危机、全球经济与金融危机，进一步恶化了撒哈拉以南非洲落实MDGs的前景。[①] 联合国《千年发展目标报告2010》也指出，上述危机"最大的负面影响最有可能出现在撒哈拉以南非洲、南亚、东南亚和大洋洲，这些地区的极端贫困就业人口在第二种情形下已经增长了四个或四个以上百分点。这些估计数字反映的事实是，在危机发生前，这些地区许多工人仅勉强生活在贫困线以上。在撒哈拉以南非洲，大部分工人（63.5%）在这种情形下都面临滑落至极端贫困线以下的风险"。[②]

第四，必须指出的是，中国的快速发展再加上中国于2005年提出推动和谐世界建构的理念，中国越来越关注为国际社会提供公共产品，而帮助非洲落实MDGs便是其重要关注之一。中国一贯主张与世界各国共同发展，特别是通过南南合作带动其他发展中国家的发展。这也正是这一时期中国加大了对非洲落实MDGs的关注的重要原因之一。而2008年全球金融危机的爆发更使这一关切得以凸显。

三、齐头并进：2012年至今

进入2012年后，中非合作支持非洲落实MDGs进入第三个发展阶段，即在继续支持非洲落实MDGs的同时，加大了对2015年后议程的关注。三次标志性事件凸显了中非合作的这一阶段性发展。

[①] Economic Commission for Africa, African Union, African Development Bank Group, *Assessing Progress in Africa toward the Millennium Development Goals, MDG Report 2009*, Addis Ababa, 2009, pp. 1-3.

[②] 联合国：《千年发展目标报告2010》，纽约，2010年，第10—11页。

一是2012年7月在北京召开的中非合作论坛第五届部长级会议。会议的两份成果文件都围绕支持非洲继续落实MDGs和就2015年后议程进行了讨论。《中非合作论坛第五届部长级会议北京宣言》呼吁,"国际社会在联合国的领导下,重视可持续发展领域执行力不足的状况,展现寻求共识的政治诚意和承诺,就后千年发展目标可持续发展框架的实施计划达成一致,并敦促发达国家兑现对发展中国家特别是非洲国家的援助承诺";[①] 而《中非合作论坛第五届部长级会议——北京行动计划(2013年至2015年)》则承诺,中非双方将"共同推动国际社会认真落实2010年9月召开的联合国千年发展目标高级别会议及2012年6月召开的联合国可持续发展大会成果,呼吁国际社会更多关注非洲等发展中国家可持续发展问题,特别是发达国家尽快兑现援助、减债等承诺,提供更多的资金支持、外国直接投资和技术转让,帮助非洲国家加强能力建设,尽早实现千年发展目标。中非双方呼吁国际社会在联合国的领导下,展现寻求共识的政治诚意和承诺,就后千年发展目标可持续发展框架的实施计划达成一致"。[②]

二是2012年11月举行的中国共产党第十八次全国代表大会。作为一次对中国未来发展有着重大决定意义的会议,党的十八大更多关注的是中国自身问题。尽管如此,党的十八大报告仍明确提及国际发展问题,特别指出中国"要倡导人类命运共同体意识,在追求本国利益时兼顾他国合理关切,在谋求本国发展中促进各国共同发展,建立更加平等均衡的新型全球发展伙伴关系,同舟共济,权责共担,增进人类共同利益","中国致力于缩小南北差距,支持发展中国家增强自主发展能力","加强同广大发展中国家的团结合作,共同维护发展中国家正当权益,支持扩大发展中国家在国际事务中的代表性和发言权,永远做发展中国家的可

---

① 《中非合作论坛第五届部长级会议北京宣言》,中非合作论坛网站,2012年7月23日,http://www.focac.org/chn/ltda/dwjbzzjh/hywj/t954267.htm。
② 《中非合作论坛第五届部长级会议——北京行动计划(2013年至2015年)》,中非合作论坛网站,2012年7月23日,http://www.focac.org/chn/ltda/dwjbzzjh/hywj/t954617.htm。

靠朋友和真诚伙伴"。①

三是2013年3月在南非德班召开的金砖国家峰会。中国国家主席习近平在主旨讲话中指出,"我们要大力推动建设全球发展伙伴关系,促进各国共同繁荣","我们要共同参与国际发展议程的制定,充分利用人类积累的生产力和物质资源,完成联合国千年发展目标,缩小南北发展差距,促进全球发展更加平衡"。②金砖国家德班峰会通过的《德班宣言》明显体现了中国的这一精神,《德班宣言》指出,"我们相信国际商定的发展目标,包括千年发展目标,回应了发展中国家的发展需求。这些国家继续面临发展挑战,包括普遍存在的贫困和不平等。低收入国家仍面临挑战,危及其近年来令人印象深刻的经济增长。粮食和其他大宗商品价格波动凸显了粮食安全问题并制约政府收入。重建宏观经济缓冲的进展相对缓慢,部分原因是有关国家需采取措施减轻外部冲击对社会的影响。由于财政缓冲有限和援助资金减少,许多低收入国家在抵御外部冲击时处于弱势,这将影响其在落实千年发展目标方面保持进展。我们重申,个别国家特别是非洲和其他的南方发展中国家无法自主实现千年发展目标,因此关于实现千年发展目标的全球发展伙伴关系第八项目标应在联合国系统的全球发展议程中处于核心地位。这进而要求我们信守在此前的主要国际会议成果文件中所做的承诺"。因此,"我们重申将共同致力于加快在2015年目标期限前实现千年发展目标,呼吁国际社会其他成员国为同一目标而努力。为此,我们强调2015年后的发展议程应基于千年发展目标框架,继续关注消除贫困和人的发展,同时在考虑发展中国家各自国情的条件下应对其他新挑战。为此,协助发展中国家获得执行手段这一关键问题应成为统领目标。重要的是,应确保关于联合国发展议程,包括'2015年后发展议程'的任何讨论,都应是在联合国机制

---

① 胡锦涛:《坚定不移沿着中国特色社会主义道路前进 为全面建成小康社会而奋斗——在中国共产党第十八次全国代表大会上的报告(2012年11月8日)》,人民出版社2012年版,第48页。
② 习近平:《携手合作 共同发展——在金砖国家领导人第五次会晤时的主旨讲话》,2013年3月27日,南非德班,中国外交部网站,2013年3月27日,http://www.fmprc.gov.cn/mfa_chn/zyxw_602251/t1025978.shtml。

下包容、透明的政府间磋商进程,以体现普遍性和基础的广泛性"。[①]

尽管可能存在诸多原因,但中非合作支持非洲MDGs的这一新近发展很大程度上源于MDGs将于2015年到期,进而对2015年后议程的关注逐渐升温。自2010年9月联合国召开MDGs高级别会议后,联合国成员国为推进2015年后议程引入了各种措施,目前已经开始一个关于2015年后议程的公开、包容性磋商进程。来自全世界的公民社会组织也着手参与2015年后议程,同时包括各智囊团在内的学术界和其他研究机构表现尤其活跃。联合国秘书长潘基文也设立了联合国系统工作组,以协调2015年后议程的准备工作。[②] 正是在这一背景下,中国于2013年9月联合国大会期间公布了《2015年后发展议程中方立场文件》,其中着重强调了非洲继续落实MDGs和在2015年后议程中强化全球伙伴关系的重要性,"2015年前,国际发展合作的重点仍应是继续推动落实千年发展目标,保证发展资源,特别是要加大对非洲和最不发达国家的扶持力度","发展议程应重点关注解决发展中国家,特别是非洲国家和最不发达国家面临的困难与挑战,注重解决南北发展不平衡问题,缩小发展差距,推动建立合作共赢的全球发展伙伴关系,重振国际发展合作"。[③] 同样在2013年9月联大期间举行的中非外长第三次政治磋商中,中非双方重申了上述立场,并"同意在2015年后发展议程问题上加强协调配合"。[④]

---

① 金砖国家领导人第五次会晤:《德班宣言》,南非德班,2013年3月27日,中国外交部网站,2013年3月28日,http://www.fmprc.gov.cn/mfa_chn/zyxw_602251/t1026097.shtml。
② 联合国千年发展目标网站,http://www.un.org/zh/millenniumgoals/beyond2015-overview.shtml。
③ 《2015年后发展议程中方立场文件》,外交部网站,2013年9月22日,http://www.fmprc.gov.cn/mfa_chn/ziliao_611306/1179_611310/t1078969.shtml。
④ 《中非外长第三次政治磋商联合公报》,外交部网站,2013年9月25日,http://www.fmprc.gov.cn/mfa_chn/zyxw_602251/t1080310.shtml。

第二章
中非合作对非洲实现MDGs的贡献

中非合作已经为非洲实现MDGs作出了重要的贡献,既有直接的,也有间接的。由于MDGs的启动与中非合作论坛的建立存在时间上的重叠,因此中非合作论坛也就顺理成章地成为中非合作支持非洲实现MDGs的重要机制平台,尽管如前所述还有其他机制也为这一合作提供了支持。

一、直接贡献

MDGs代表着国际社会应对全球贫困的共同承诺。作为最为贫困的地区,非洲是实现MDGs最为关注的地区。但非洲大陆的金融及其他资源有限,进而迫切需要国际支持。随着中非关系的快速发展和全球金融危机后西方发达国家纷纷陷入困境,中非合作支持非洲落实MDGs的重要性和成果都变得更为令人瞩目。目前有关中国支持非洲实现MDGs的各种评估往往笼统地讨论中非双边贸易、投资和援助等,缺乏对这一支持的具体细节的深入分析。下文将主要依据MDGs的目标分类,评估中非合作对非洲实现MDGs的贡献。鉴于中国支持非洲MDGs的实现本身属于MDGs的第八项目标即建立全球发展伙伴关系,因此下面的评估仅考察前7项目标。

第一,目标一——消灭极端贫穷和饥饿。

减贫是MDGs的核心目标，中国在减贫方面有着新鲜的集体记忆，而且中国目前还有大量的贫穷人口。因此，中国和非洲早在MDGs建立前就已经形成共识，中国成功的减贫经验也可为非洲提供很好的参照。基于先前在农业和粮食安全领域的合作，中国提议了一些宏大的计划以帮助非洲消灭极端贫困和饥饿。例如，在2006年的北京峰会和第三届中非合作论坛部长级会议上，中方决定：向非洲派遣100名高级农业技术专家，在非洲建立10个有特色的农业技术示范中心；鼓励和支持中国企业扩大对非洲农业投资，进一步参与非洲农业基础设施建设、农机生产和农产品加工业；加强与非洲在农业实用技术和农业人力资源开发方面的合作；加强与非洲国家在联合国粮农组织"粮食安全特别计划"框架内的合作。[1]

到2009年中非合作论坛第四届部长级会议召开之际，上述措施大多数都得到了落实：中方与有关国家双边农业合作机制不断建立和完善，北京峰会后与埃及、南非等十多个非洲国家已签署农业合作文件。中国向摩洛哥、几内亚、马里、中非、乌干达等33个非洲国家派遣了104名高级农业专家，为非洲国家援建的10个农业技术示范中心项目全部开工建设，为帮助非洲国家发展农业生产作出积极贡献。中国继续加强与非洲国家在联合国粮农组织"粮食安全特别计划"框架内的合作，共派遣665名专家赴7个国家提供技术指导、培训技术人员。[2]

在2009年的中非合作论坛第四届部长级会议上，中国政府再次强调支持非洲的决心，宣布加强双方在"农业与粮食安全等关键领域的合作"。[3] 在2012年7月举行的第五届部长级会议上，也表达了类似的决心。截至2009年底，中国共帮助发展中国家建成221个农业援助项目，

---

[1] 《中非合作论坛北京行动计划（2007—2009年）》，中非合作论坛网站，2006年11月5日，http://www.focac.org/chn/ltda/bjfhbzjhy/hywj32009/t584788.htm。

[2] 《中非合作论坛北京峰会后续行动落实情况》（2009年11月），中非合作论坛网站，2009年11月10日，http://www.focac.org/chn/ltda/dsjbzjhy/bzhyhywj/t627503.htm。

[3] 《中非合作论坛沙姆沙伊赫宣言》，中非合作论坛网站，2009年11月12日，http://www.focac.org/chn/ltda/dsjbzjhy/bzhyhywj/t626386.htm。

其中农场35个、农业技术实验站和推广站47个、牧业项目11个、渔业项目15个、农田水利工程47个、其他农业项目66个，主要的受益者是非洲。[①] 在2010年MDGs高级别会议上，中国政府承诺在未来5年内为发展中国家建立30个农业技术示范中心、派遣3000名农业专家和技术人员，为发展中国家提供5000个来华农业培训名额等。[②] 同样，非洲得到其中大多数名额。

中国与非洲在农业和粮食安全等关键领域的合作取得了重大成果，为非洲实现MDGs目标一的努力作出了重要贡献。例如，2009—2012年，中国在非洲农业领域直接投资额由3000万美元增长到8247万美元，增长了1.75倍。中国企业在非洲从事农业投资，增加了驻在国的粮食供给，提升了非洲国家农业综合生产能力。如在莫桑比克，中国投资农场的300公顷水稻试验种植，连续三年获得每公顷9—10吨的高产，中国专家指导当地农民耕种的水稻田产量，由原来每公顷3吨提高到5吨。在尼日利亚、马拉维、莫桑比克、赞比亚，由中国企业和中非发展基金合作投资的棉花种植加工项目，采取"公司＋农户"的经营模式，带动了当地数万种植户，有效增强了当地棉花加工生产能力。[③]

除直接援助外，中国也与非洲国家共享减贫经验，特别是通过中国国际扶贫中心。中国国际扶贫中心成立于2005年5月，是国务院扶贫办直属事业单位，同时又是中国政府和联合国开发计划署等国际组织共同发起并组建的机构。这一双重性质，使中国国际扶贫中心既成为中国政府开展南南合作的重要渠道，又是全球唯一专职从事减贫研究、培训、交流和合作的国际平台。中国国家主席胡锦涛在联合国大会上说，"中国国际扶贫中心在北京正式成立，旨在为世界消除贫困事业作出贡献"。[④]

---

① 中华人民共和国国务院新闻办公室：《中国的对外援助》，2011年4月，http://www.gov.cn/gzdt/2011-04/21/ content_1849712.htm。
② 中华人民共和国国务院新闻办公室：《中国的对外援助》，2011年4月，http://www.gov.cn/gzdt/2011-04/21/ content_1849712.htm。
③ 中华人民共和国国务院新闻办公室：《中国与非洲的经贸合作（2013）》，北京，2013年8月。
④ 《目标与使命》，中国国际扶贫中心网站，http://www.iprcc.org.cn/front/article/catalog.action?id=2。

自成立以来,中国国际扶贫中心组织了一系列的研讨会和培训班,以促进中非的知识共享,特别是为非洲提供了中国在发展经济特区方面的重要经验。① 类似地,非洲政府也转向中国,期望解决基础设施发展、特别是农村基础设施发展的知识欠缺。②

第二,目标二——实现普及初等教育。

人力资源发展是实现其他MDGs目标的关键,因此目标二可谓是其他目标的基础,在中非合作中有着重要位置。在2006年的北京峰会上,中国国家主席胡锦涛宣布,中国将在"今后3年内为非洲培训培养15000名各类人才;向非洲派遣100名高级农业技术专家;在非洲建立10个有特色的农业技术示范中心;为非洲援助30所医院,并提供3亿元人民币无偿援款帮助非洲防治疟疾,用于提供青蒿素药品及设立30个抗疟中心;向非洲派遣300名青年志愿者;为非洲援助100所农村学校;在2009年之前,向非洲留学生提供中国政府奖学金名额由目前的每年2000人次增加到4000人次"。③ 据此,2006年的《中非合作论坛北京行动计划(2007—2009年)》决定,"中国政府将根据非洲国家不同需要,继续有针对性地帮助培养各类专业和管理人才,完善后续跟踪机制,提高培训效果,并承诺,今后3年内在'非洲人力资源开发基金'基础上加大投入,为非洲国家提供各类培训1.5万人次"。此外,中国政府还决定:其后3年内为非洲国家援助100所农村学校;在2009年之前,将向非洲国家提供中国政府奖学金的名额由目前的每年2000人次增加到4000人次;每年为非洲国家培训一定数量的教育行政官员、大中小学及职业教育学校校长和骨干教师;根据非洲国家的需要和要求,在非洲设立孔子学院,帮

---

① D. Cissé, " 'Looking East' – But What Does Africa See in the Chinese 'Model' ?" *CCS Commentary*, Centre for Chinese Studies, Stellenbosch, 2011.
② IPRCC website, 2012, http://www.iprcc.org/publish/page/en/.
③ 《胡锦涛主席在中非合作论坛北京峰会开幕式上的讲话》,中非合作论坛网站,2006年11月4日,http://www.focac.org/chn/ltda/bjfhbzjhy/zyjh32009/t584768.htm。

助非洲国家开展汉语教学。鼓励中国有关院校开展非洲语言教学。[①]

基于2007—2009年的执行情况，中国在2009年召开的中非合作论坛第四届部长级会议上承诺，中国政府将：在其后3年内，为非洲国家援助50所中非友好学校；倡议实施"中非高校20+20合作计划"，选择中方20所大学（或职业教育学院）与非洲国家的20所大学（或职业教育学院）建立"一对一"的校际合作新模式；在其后3年内招收200名非洲中高级行政管理人员来华攻读公共管理硕士（MPA）学位；继续增加中国政府奖学金名额，到2012年将向非洲提供的奖学金名额增至5500名；加大为非洲国家中小学、职业院校培养和培训师资的力度。其后3年为非洲国家培训1500名校长和教师；继续推进孔子学院的发展，增加汉语教师来华学习奖学金名额，加大非洲本土汉语师资培养的力度。[②] 所有这些措施都得到了有效落实，中国政府在2012年召开的中非合作论坛第五届部长级会议上保证将继续上述措施，并进一步将政府奖学金名额增加到6000名，承诺"将在联合国教科文组织信托基金框架下，每年提供200万美元，用于支持非洲教育发展项目，特别是支持非洲的高等教育"。[③]

在直接介入非洲教育事业之外，中国政府也加大在非洲建设孔子学院力度。在2006年的北京峰会上，这一提议只是为了促进学习中文，现在也开始关注在中国高校展开非洲语言的教学。在中非合作论坛第四届部长级会议上，中国承诺将促进孔子学院的建设，提供更多的中国政府奖学金。

第三，目标三、四、五、六——妇女儿童权利与医疗卫生。

中国意识到促进性别平等、提高妇女地位的重要性，决心加强中非妇女交流与合作，通过开展专题研讨、技术培训等多种形式加强这一领

---

① 《中非合作论坛北京行动计划（2007—2009年）》，中非合作论坛网站，2006年11月5日，http://www.focac.org/ chn/ltda/bjfhbzjhy/hywj32009/t584788.htm。
② 《中非合作论坛——沙姆沙伊赫行动计划（2010至2012年）》，中非合作论坛网站，2009年11月12日，http://www.focac.org/chn/ltda/dsjbzjhy/bzhyhywj/t626385.htm。
③ 《中非合作论坛第五届部长级会议——北京行动计划（2013年至2015年）》，中非合作论坛网站，2012年7月23日，http://www.focac.org/chn/ltda/dwjbzzjh/hywj/t954617.htm。

域的交流与合作。中非妇女组织间的交流与合作与日俱增，2006年中非合作论坛北京峰会后，全国妇联开展了一系列活动以推动中非妇女友好交流，受到非洲国家妇女的热烈欢迎，双方围绕妇女参政、妇女与MDGs、妇女应对金融危机等问题展开了深入交流。在54个非洲国家中，全国妇联已与51个国家的妇女机构和组织建立了联系和交往，向45个国家的妇女机构和组织提供了小额物资援助，向4个国家派遣了刺绣、编织技术培训小组。[①] 中非妇女界交流与合作日益加强，妇女代表团频繁互访。中国全国妇联在莱索托、吉布提、苏丹、津巴布韦、毛里求斯5个国家建立了妇女培训与交流中心，先后向14个非洲国家妇女组织提供28批物资援助。2009年10月，中国全国妇联与埃及国家妇女委员会在开罗联合举办了"中非合作论坛——妇女论坛2009"，来自28个非洲国家的妇女代表出席，共同发表了《中非合作论坛——妇女论坛2009宣言》，为中非妇女合作树立了新的里程碑。[②]

就医疗卫生而言，自20世纪60年代初起，中国便向非洲国家派遣医疗队。随着MDGs和中非合作论坛同时启动，中国强化了这一努力。目前，中国在42个非洲国家和地区派驻有43支医疗队，派遣了近2000名医疗队员。接受中国医疗队员最多的国家包括摩洛哥、阿尔及利亚、博茨瓦纳、坦桑尼亚、尼日尔、苏丹、马里、马达加斯加及布隆迪等。[③] 在中非合作论坛框架内，中国政府采取了额外的措施以便向非洲提供有关疟疾、艾滋病和流感等的及时援助。为强化双边合作，2006年北京峰会上中国政府承诺：其后3年内，为非洲国家援助30所医院，并提供3亿元人民币无偿援助用于向非洲国家提供防疟药品和设立30个抗疟中心；其后3年内，将根据自身能力及非洲国家需要，续派、新派和增派医疗

[①] 《陈至立：我们致力于推动中非妇女友好交流》，中国人大网，2009年10月14日，http://www.npc.gov.cn/npc/ xinwen/syxw/2009-10/14/content_1521391.htm。
[②] 《中非合作论坛北京峰会后续行动落实情况》（2009年11月），中非合作论坛网站，2009年11月10日，http://www.focac.org/chn/ltda/dsjbzjhy/bzhyhywj/t627503.htm。
[③] 张春：《医疗外交与软实力培育——以中国援非医疗队为例》，载《现代国际关系》2010年第3期；李安山：《中国援外医疗队的历史、规模及其影响》，载《外交评论》2009年第1期。

队,并与非洲国家积极探索派遣医疗队的新方式;继续向非洲国家提供所需的药品和医疗物资援助,帮助非洲国家建立和改善医疗设施、培训医疗人员。[①]

基于到2009年底的良好执行情况,[②] 中国政府在中非合作论坛第四届部长级会议上进一步承诺:其后3年为援非30所医院和30个疟疾防治中心提供价值5亿元人民币的医疗设备和抗疟物资。邀请在援非疟疾防治中心工作的受援国专业技术人员来华培训,使之成为可持续发展项目;继续为有关非洲国家培训医生、护士和管理人员,其后3年达到3000名;继续做好向非洲派遣援外医疗队工作。[③] 2010—2012年,中国在加纳、津巴布韦等国援建竣工27所医院。近年来,除援建医院、捐赠药品、进行医护培训等传统方式外,中国还通过开展治疗白内障患者的"光明行"活动、提供移动医院、建立双边眼科合作中心,以及援建新型诊疗技术示范与培训中心等,进一步提升中非医疗合作水平。

第四,目标七——确保环境的可持续能力。

中国与非洲地区组织及大多数非洲国家都充分认识到环境保护对于实现可持续发展的重要性,在2000年中非合作论坛第一届部长级会议时便将其纳入议程。中非决心基于2005年2月成功召开的中非环保合作会议,加强双方环保领域对话与交流及人力资源开发合作,其后3年内中方将逐年增加培训非洲国家环境管理人员和专家的数量。双方还同意,促进双方与联合国环境规划署开展多边环保合作,推动双方在能力建设、水污染和荒漠化防治、生物多样性保护、环保产业和环境示范项目等领

---

① 《中非合作论坛北京行动计划(2007—2009年)》,中非合作论坛网站,2006年11月5日,http://www.focac.org/chn/ltda/bjfhbzjhy/hywj32009/t584788.htm。
② Centre for Chinese Studies, "Evaluating China's FOCAC Commitments to Africa and Mapping the Way Ahead," Stellenbosch University, April 1, 2010, http://www.ccs.org.za/wp-content/uploads/2010/03/ENGLISH- Evaluating-Chinas-FOCAC-commitments-to-Africa-2010.pdf.
③ 《中非合作论坛——沙姆沙伊赫行动计划(2010至2012年)》,中非合作论坛网站,2009年11月12日,http://www.focac.org/chn/ltda/dsjbzjhy/bzhyhywj/t626385.htm。

域的合作。① 尽管有大量共同利益，但中非在环境保护领域的合作在起初阶段并不多。

到 2009 年中非合作论坛第四届部长级会议上，双方在环境保护和可持续发展领域的合作变得更为深入。中方承诺：注意到双方为共同应对气候变化已经采取了积极步骤，中方在应对气候变化、森林资源培育、新能源利用、环境管理、污染防治等方面为非洲国家举办了研修与培训项目；为帮助非洲国家提高气候变化适应能力和加强环境保护，中方将在上述领域继续加大对非洲国家的人力资源培训，扩大双方交流与合作；倡议建立中非应对气候变化伙伴关系，不定期举行高官磋商。中国政府决定，其后 3 年内为非洲国家援助 100 个沼气、太阳能、小水电等小型清洁能源项目和小型打井供水项目；中方将帮助非洲国家加强生态系统和生物多样性保护，提高荒漠化地区综合治理和监测能力。② 2012 年的第五届部长级会议也承诺，将探讨适时建立气候变化磋商机制，将继续在环境保护和应对气候变化领域的合作，将继续采取措施帮助非洲国家提高适应和减缓气候变化影响以及可持续发展能力。③

自 2009 年 11 月以来，中国在非洲国家共实施了百余个清洁能源项目，包括与突尼斯、几内亚、苏丹等国开展的沼气技术合作，为喀麦隆、布隆迪、几内亚等国援建的水力发电设施，与摩洛哥、埃塞俄比亚、南非等国开展的太阳能和风能发电合作，向尼日利亚、贝宁、马达加斯加等赠送节能灯、节能空调等应对气候变化的物资等，提高了非洲国家适应气候变化的能力。

为实现可持续发展目标，技术转移和合作是中非合作的一个关键要素。例如，中非合作论坛第四届部长级会议宣布，将适时召开"中非合

---

① 《中非合作论坛北京行动计划（2007—2009 年）》，中非合作论坛网站，2006 年 11 月 5 日，http://www.focac.org/chn/ltda/bjfhbzjhy/hywj32009/t584788.htm。
② 《中非合作论坛——沙姆沙伊赫行动计划（2010 至 2012 年）》，中非合作论坛网站，2009 年 11 月 12 日，http://www.focac.org/chn/ltda/dsjbzjhy/bzhyhywj/t626385.htm。
③ 《中非合作论坛第五届部长级会议——北京行动计划（2013 年至 2015 年）》，中非合作论坛网站，2012 年 7 月 23 日，http://www.focac.org/chn/ltda/dwjbzzjh/hywj/t954617.htm。

作论坛——科技论坛",并倡议启动"中非科技伙伴计划",帮助非洲国家提高自身科技能力。中国还承诺:其后3年内,中方将实施100个联合研究和示范项目;接收100名非洲博士后来华进行科研工作;对所有非洲在华完成长期合作研究任务后归国服务的科研人员提供科研仪器捐助。① 注意到技术转让对加强非洲国家能力建设具有重要作用,中方将在各领域合作中鼓励和推动对非洲国家的技术转让,重点包括对非洲经济社会发展有重大影响的饮用水、农业、清洁能源、卫生等领域的先进适用技术。②

截至2012年底,中国已在非洲国家合作开展腰果病虫害防治技术、资源卫星数据地面接收站等115个联合研究与技术示范项目;接收了66位非洲科研人员来华开展博士后研究;向24位完成合作研究任务后归国的非洲科研人员每人捐赠15万元人民币的科研设备。2011年12月,中国政府启动"非洲民生科技行动",加强和支持民生科技领域的中非合作,并宣布向中非合作论坛所有非方成员国各援建一所"全科模块化箱房诊所"和"消化医疗科技合作示范中心"。

二、间接贡献

在直接贡献于非洲MDGs的落实之外,中非合作还间接地为推动非洲MDGs的落实作出了贡献。这种间接贡献主要体现为两个方面。

一方面,中非合作直接带动了新兴大国对非洲MDGs的具体支持。例如,其他新兴大国对非洲的减贫也相当关注。巴西在2010年5月10—12日召开的巴西—非洲粮食安全、抵抗饥饿和农村发展对话会(Brazil-Africa Dialogue on Food Security, Fighting Hunger and Rural Development)启动了非洲—巴西农业创新市场计划(Africa-Brazil Agriculture Innovative Marketplace)。该计划旨在通过非洲与巴西的协作伙伴关系的创新使小型

---

① 《中非合作论坛——沙姆沙伊赫行动计划(2010至2012年)》,中非合作论坛网站,2009年11月12日,http://www.focac.org/chn/ltda/dsjbzjhy/bzhyhywj/t626385.htm。
② 《中非合作论坛——沙姆沙伊赫行动计划(2010至2012年)》,中非合作论坛网站,2009年11月12日,http://www.focac.org/chn/ltda/dsjbzjhy/bzhyhywj/t626385.htm。

生产者受益，它使非洲和巴西的研究人员共同研究以促进非洲的农业创新，包括牧场重养，自然资源管理，可再生能源生产，等等。它将促进非洲和巴西的知识交流以及在农业研究和发展领域的投资。①

又如，人力资源发展是新兴大国与非洲合作的重要领域。作为一个重要的新兴大国，巴西在非洲的发展合作也与人力资源的长期发展相吻合，并不局限于为获取其发展所需要的自然资源而在非洲投资基础设施。②巴西在教育领域的发展合作项目主要是与葡语国家展开的，包括学校的能力建设和扫盲。1999年在安哥拉罗安达建立了一个培训与职业发展中心（Centre for Training and Enterprise Development）。另一个项目是学校赠款，给予在如莫桑比克等葡语国家的坚持让孩子上学的家庭以奖励。印度也非常注重对非洲的人力资源和教育的支持。2009年，非盟和印度政府启动了为期5年的泛非E网络计划（Pan-African e-Network Project），旨在将非洲和印度的知名大学与研究所联系起来，并给予非洲1万个奖学金名额。该计划还计划在非洲的主要医院与印度的12家专科医院之间建立联系，以改善医疗培训、在线医疗咨询及其他设施。在远程教育和远程医疗之外，该项目还支持E治理，资源绘图以及测量服务等。印度开始提供卫星服务和无线网络，将在非洲的53个学习中心、53个远程医院、5家地区大学、5家地区医院与印度的7所知名大学和12家专科医院联系起来。印度政府在该项目上投资10亿美元，被认为是南南合作的典范和非洲目前最大的远程教育和远程医疗项目。总计有47个非洲国家参与到该计划，现在已经进入第二阶段，计划将延伸到非洲的53个非盟成员国。③

再如，技术合作与气候变化适应与缓解也是其他新兴大国支持非

---

① "Brazil's Economic Engagement with Africa," *Africa Economic Brief*, Vol. 2, Issue 5, May 11, 2011; John de Sousa, "Brazil as an Emerging Actor in International Development Cooperation: A Good Partner for European Donors?" *DIE Briefing Paper*, No. 5, German Development Institute, Bonn, 2010.
② C. Schlager, "New Powers for Global Change? Challenges for International Development Cooperation: The Case of Brazil," *FES Briefing Paper*, No. 3, 2007 p. 9.
③ "India's Economic Engagement with Africa," *Africa Economic Brief*, Vol. 2, Issue 6, May 11, 2011.

洲MDGs的重要领域。印度在1964年建立了印度技术与经济合作计划（Indian Technical and Economic Cooperation, ITEC），旨在通过技能提升和能力建设帮助发展中国家。在这一框架下，印度政府建立了《非洲英联邦国家特别援助计划》（Special Commonwealth Assistance for Africa Programme, SCAAP），主要覆盖英联邦的19个非洲国家。在2009—2010年，印度为非洲提供的援助包括：在ITEC下提供了1680万美元援助，SCAAP下提供180万美元援助，以及246万美元直接援助。[①] 2004年，印度政府建立了非洲—印度技术经济前进运动（Techno-Economic Approach for Africa-India Movement, TEAM-9）以拓展与8个西非国家的贸易联系，包括布基纳法索、乍得、科特迪瓦、赤道几内亚、加纳、几内亚比绍、马里和塞内加尔。在TEAM-9下，印度增加了5亿美元信贷以优先资助这8个国家的项目，主要针对促进与印度的贸易，贡献于非洲社会经济发展。它也旨在促进技术转移，特别是农业、小型工业、制药和信息、通信和技术等。

与中国相比，其他新兴大国的"医疗外交"相对不够发达。例如，迄今为止，巴西仅给予在马普托的抗病毒治疗建设提供了2100万美元援助。卢拉总统在启动该项目中发挥了主要作用，并在2011年1月该厂建成时前往。[②] 印度在医疗技术方面有很大优势，相当关注多元化药品和医疗器械出口。但印度在这一方面的行动更多是商业性的，而不关注促进非洲MDGs目标的实现。

另一方面，中非合作的机制平台建设，带动了其他国家与非洲的合作机制建设，进而间接地促进了非洲MDGs的落实。在2000年中非论坛成立之前，欧盟与非洲的欧非峰会（Europe-Africa Summit）和日本与非洲的非洲发展东京国际会议（Tokyo International Conference on African Development, TICAD）便已存在，尽管两者都不够活跃。但随着中非合作论坛的成立和快速发展，拖延多年的第二次欧非峰会终于在2007年12

[①] "India's Economic Engagement with Africa," *Africa Economic Brief*, Vol. 2, Issue 6, May 11, 2011, p. 7.

[②] "Brazil's Economic Engagement with Africa," *Africa Economic Brief*, Vol. 2, Issue 5, May 11, 2011.

月得以召开，此后又于2010年召开了第三次，第四次欧非峰会将于2014年初召开，目前已进入准备阶段。而创建于1993年TICAD则长期没有实现机制化，直到2008年第四届TICAD峰会；2013年6月召开的第五届TICAD峰会的多项举措，都与帮助非洲落实MDGs直接相关。在传统对非合作机制因中非合作论坛而得到强化或复苏之外，多个新兴国家与非洲都建立了合作机制，如韩非峰会、印非峰会、土（耳其）非峰会等，这些峰会往往侧重特定领域，如人力资源、技术合作等，都可有力地促进非洲MDGs的落实。

第三章
中非合作的经验与启示

随着MDGs期限日益临近，对2015年后议程的讨论正逐渐升温。所有讨论事实都虑及MDGs在过去13年里的执行情况和当前正发生的全球性权势转移和全球性问题。中非合作对于非洲落实MDGs作出了重要的直接和间接贡献，进而也为2015年后议程的建构提供了重要的参考。为了促进未来不到850天内MDGs的持续执行和2015年后议程的设置，有必要总结中非合作促进非洲实现MDGs的经验和启示。具体而言，这种经验和启示可以分为以下四个方面。

一、提供新理念

传统的国际发展合作很大程度上基于一系列的错误假设，如人类发展的线性思维、发达国家对发展中国家的消极观念等，中非合作促进非洲落实MDGs的经验很大程度上提供了一系列区别性的理念，可有效纠正传统国际发展合作的错误假设。

第一，中非合作展示了对非洲的积极观念，可促进国际发展议程中对落后国家的观念和态度的根本性转变。在21世纪之初，非洲大陆被认为是一个失落的和"绝望的"大陆。[①] 世界上没有任何地区比非洲更为贫困，更为债务累累，更为内战频仍，更为难民、饥饿、疾病、压迫等

---

① "Hopeless Africa," *The Economist*, Vol. 355, Issue 8170, May13, 2000, p. 17.

问题横行。没有哪一个大陆如同非洲一样生活在霍布斯状态下,即"孤独、贫困、龌龊、野蛮和短寿"的悲惨状态。①尽管10年之后的2011年,英国《经济学人》杂志完全改变了对非洲的"绝望",转而声称"非洲正在崛起",②西方公众对于非洲的未来仍持悲观态度。很显然,在中非合作及其所带动的新兴大国与非洲的合作过程中,对非洲的看法与西方有着根本性的不同。尽管新兴大国对非洲的理解或许不如传统援助国特别是旧殖民宗主国那么深刻,但它们更加乐观和积极地看待非洲。对它们而言,"落后"意味着潜力和市场机遇,快速的人口增长被认为是劳动力和增长的来源。如同中国政府非洲事务特别代表钟建华于2012年5月12日在上海国际问题研究院的一次国际研讨会上所指出的,今天人们在谈论中国对非洲增长的贡献,但随着中国经济增长放缓、人口老龄化、劳动力价格上涨等因素日益凸显,不久的将来中非相互依赖关系可能发生重大变化,那时需要讨论的将是非洲对中国增长的贡献。③换句话说,非洲将为中国的未来发展提供机会和希望。

第二,中非合作提供了区别于西方的发展模式和发展理念。一方面出于对西方新自由主义主导下的自身发展缓慢甚至失败的反思,另一方面2008年全球金融危机爆发后西方发展模式的失败,再加上新兴大国的群体性崛起,使非洲逐渐将聚焦从传统发展伙伴转向新兴发展伙伴,形成了"向东看"的趋势,而"中国模式"则居于讨论的中心。必须指出的是,非洲国家的"向东看"政策并不是只是向中国学习,还包括向日本、印度、韩国、马来西亚甚至新加坡或土耳其学习。结果是,"向东看"意味着从地理意义上的"东方"学习,主要是东亚。例如,肯尼亚的"展望2030"(*Vision 2030*)长期发展规划和埃塞俄比亚的"增长与转型规划"(*Growth and Transformation Plan*)都借鉴了马来西亚、新加坡

---

① L. Diamond, "Compassionate Conditionality for Africa," *Hoover Daily Report*, July 24, 2000.
② "The Hopeful Continent: Africa Rising," *The Economist*, December 3, 2011, http://www.economist.com/ node/21541015.
③ 钟建华大使在2012年5月12日由上海国际问题研究院举办的"中非关系的国际贡献研究"国际研讨会上的总结发言。

及东亚地区其他国家的经验。肯尼亚国家规划部门的所有4位外国顾问都来自东亚地区,而埃塞俄比亚执政党埃塞俄比亚人民革命民主阵线的干部培养手册则使用中国、韩国和中国台湾作为农业发展和国家干预的教学案例。① 类似地,卢旺达从新加坡和韩国的专长和案例中学到不少。②

第三,中非合作为南南合作注入了实质性内涵和新的理念。在20世纪80年代前,南南合作主要关注政治问题。自20世纪80年代开始,特别是进入21世纪后,南南合作逐渐向经济领域拓展。例如,2005年的联合国贸发会议报告《国际投资安排中的南南合作》(South-South Cooperation in International Investment Arrangements)考察了南南合作对国际投资架构的影响。类似的,2008年发展合作论坛(Development Cooperation Forum)的一份背景文件也探讨了南南援助的数据与趋势。③ 2011年5月,联合国非洲经济委员会和非洲发展银行发布的联合研究《利用南南合作资助非洲发展》(Harnessing South-South Cooperation for Financing Development in Africa)声称,"南南合作、能力发展和援助有效性的相互联系构成了发展有效性的核心支柱。这关系到促进可持续的积极变革和结果。非洲背景下的发展有效性是在更大的非洲政治经济背景下得以界定的,为利用南南合作资助非洲发展提供了讨论前提"。④ 联合国贸发会议的《最不发达国家报告2011:南南合作促进包容性发展和可持续发展的潜在作用》(The Least Developed Countries Report 2011: The Potential Role of South-South Cooperation for Inclusive and Sustainable

---

① E. Fourie, "Africa Looks to Learn from East Asia's Development Experiences," *The Guardian*, September 28, 2011.

② S. Grimm, J. Humphrey, E. Lundsgaarde, S. John de Sousa, "Coordinating China and DAC Development Partners – Challenges to the Aid Architecture in Rwanda," *DIE Studies*, No. 56, German Development Institute, Bonn, 2011.

③ ECOSOC, "Trends in South-South and Triangular Development Cooperation," Background Study for the Development Cooperation Forum, 2006, http://www.un.org/en/ecosoc/docs/pdfs/south-south_cooperation.pdf.

④ AU & ECA & AfDB, "Harnessing South-South Cooperation for Financing Development in Africa," *Issues Paper* 5, May 2011, p. 1.

Development）也声称,"南南合作的特征使其更有可能支持和鼓励这样的国家缔造,而非传统的发展合作。进而它可能创造出在最不发达国家建立发展型国家与南南合作之间的积极互动关系"。① 为最不发达国家的团结精神所指引,发展中国家将在南南合作框架内,尽其所能地为有效执行其相互同意的行动计划提供支持,这是南北合作的补充而非替代。②

第四,与前一点密切相关,中非合作还提供了有关发展中国家通过真正平等和团结的合作来实现共同发展的新理念。中非在支持非洲落实MDGs的合作中,始终拒绝西方的唯利是图,坚持平等互利精神。基于其与非洲交往的历史经验,西方主流国际关系理论难以解释中国与非洲的平等互利逻辑。因为在西方看来,到非洲的目的无外乎获取经济利益、自然资源或战略保证等,类似中国帮助苏丹建立完整的上中下游能源工业的举动是不可理解的,背后必然隐藏着别的"真实目的"。根据传统的国际关系模式,非洲丰富的石油资源为美国和欧洲创造的就业机会竟然比它们能给非洲创造的还要多。虽然每年都有数以万亿计的美元投入非洲石油项目,其中却只有5%花在非洲。③ 例如,尼日利亚虽然日产石油200万桶,产油量之大居世界第七,但全国57%的人每天的生活费还不到1美元,产量区尼日尔三角洲地区更是有高达70%的人口如此。由于尼日利亚炼油厂几乎全线崩溃,就连本该物丰价廉的汽油都完全依赖于从国外进口且价格昂贵。④ 进而,中国在获得非洲自然资源时不仅坚持平等交换,甚至回报以重要的社会基础设施援建,在西方国家眼里便成为一种"变相的贿赂",因为依据他们的逻辑不这样理解就无法理解。正

---

① UNCTAD, *The Least Developed Countries Report 2011: The Potential Role of South-South Cooperation for Inclusive and Sustainable Development*, New York: UNCTAD, 2011, p. 86.
② UNCTAD, *The Least Developed Countries Report 2011: The Potential Role of South-South Cooperation for Inclusive and Sustainable Development*, New York: UNCTAD, 2011, p. 110.
③ [美]约翰·伽思维尼恩著:《能源战争:非洲石油资源与生存状态大揭秘》,伍铁、唐晓丽译,国际文化出版社公司2008年版,第12—13页。
④ [美]约翰·伽思维尼恩著:《能源战争:非洲石油资源与生存状态大揭秘》,伍铁、唐晓丽译,国际文化出版社公司2008年版,第17页。

是由于西方的种种批评，某种程度上也影响了非洲对中非合作的观念。①
但中国始终强调和非洲平等相待，做非洲永远的"可靠朋友和真诚伙
伴"。在合作过程中，中国和非洲始终坚持一种"团结外交"（diplomacy
of solidarity）精神。也正因如此，中非合作永远都是"进行时"，不会有
"完成时"。

第五，中非合作还提供了发展平等性的新理念。中非关系的发展还
可极大地纠正国际发展学理论中的不平等假设。尽管有不少人开始讨论
所谓"中国模式"，但中国更强调与非洲的"相互借鉴、共同发展"，特
别是在如发展、教育交流、科学、文化、医疗卫生等领域。中国对于发
展的这一立场更强调国家自决，反对包括如国际货币基金组织和世界银
行等在内的西方世界的发展理念中体现的等级制思维。② 中国始终坚持
国家无论大小一律平等的国际关系原则，进而不会因非洲目前的发展水
平落后于中国而如同西方国家一样认为非洲居于次等地位。恰好相反，
中国非但没有像西方一样自认为有权"教化"非洲国家应该走什么样的
发展道路，反而坚持不干涉内政原则和对外援助不附加条件原则，并通
过提升非洲的国际地位和推动国际对非合作机制的发展而使非洲可更为
平等地参与国际体系。平等原则是中国外交的传统原则之一，在国家间
关系层次上体现为互不干涉内政，具体到对外援助则体现为对外援助不
附加条件，这得到了广大非洲国家的普遍欢迎。例如，尽管有人认为非
洲正出现某种"反华情绪"，但根据美国著名民意调查机构皮尤研究中心
的调查，非洲国家对中国的友好度总体保持在70%以上。③

---

① 张春：《新兴大国与非洲关系的理论意义》，载《阿拉伯世界研究》2013年第2期，第114页。
② Barry V. Sautman, "Friends and Interests: China's Distinctive Links with Africa," *Working Paper*, No. 12, Center on China's Transnational Relation, The Hong Kong University of Science and Technology, 2006, http://www.cctr.ust.hk/materials/working_papers/WorkingPaper12.pdf, pp. 15-16.
③ "U.S. Favorability Ratings Remain Positive, China Seen Overtaking U.S. as Global Superpower," *Pew Global Attitudes Project*, 13 July 2011, http://www.pewglobal.org/2011/07/13/china-seen-overtaking-us-as-global-superpower/; "How the World Sees China," *Pew Global Attitudes Project*, 11 December 2007, http://pewresearch.org/pubs/656/how-the-world-sees-china.

二、提供新方法

传统国际发展合作方法存在着严重的问题，特别是往往基于不平等的合作。进而，中非合作的重要经验和启示便是提供了新的方法论支撑，具体表现为以下几个方面。

第一，中非合作提供了新型的资源政治经济学方法，使得非洲发展的初期启动和中后期的可持续发展获得了新的动力。传统上，国际发展合作往往是发达国家对发展中国家的单方面资金注入，主要通过援助的方式提供。但过去60余年的国际发展援助的经验证明，这一模式很大程度上是失败的。发展中国家特别是非洲并未由此而获得发展的源动力，进而其经济增长往往是短暂的"虚假繁荣"。但中非合作开辟了新的模式，即使非洲丰富的资源可提前服务于其经济发展。

非洲拥有丰富的自然资源，但很大程度上尚未贡献于其发展。在中非关系快速发展之前，非洲的自然资源的开发更多是支持了西方的掠夺性发展。只有中非关系全面发展之后，非洲丰富的自然资源才真正得以盘活，并为非洲自身的发展作出真实的贡献。现在不少人认为，金砖国家，特别是中国和印度，已经影响了能源和矿产等的全球供应和价格。[①] 新兴大国特别是中国与非洲关系赋予了资源政治经济学新内涵和新意义。一方面，新兴大国与非洲的资源领域合作遵从平等原则，从而完全避免了西方式的"以资源换金钱"模式可能导致的贪污腐败，更避免了西方早期的"免费掠夺非洲资源"的方式。同时，通过"预付费"（pre-paid）形式使非洲无力开采的资源得以流动起来，并转化成为非洲发展所需要的其他资源，包括资金、技术、基础设施等。另一方面，自殖民主义时代起，西方国家通过各种手段事实上已经将非洲国家固定在国际劳动分工体系的最底层。由于无法利用自身资源以推动自身经济发展，非洲永远处于提供和生产原材料和初级产品的地位。更有甚者，在现有国际劳动分工体系的歧视性逻辑下，非洲所提供和生产的原材料和初级产

---

① Timothy M. Shaw, Andrew Cooper & Agata Antkiewiez, "Global &/or Regional Development at the Start of the 21st Century: China, India & (South) Africa," *Third World Quarterly*, Vol. 28, No. 7, 2007, pp. 1255-1270.

品长期遭遇价格歧视，其在国际劳动分工体系最底层的地位被进一步固定。中非关系的发展，特别是新兴大国对自然资源的需求加上平等原则，对既有国际劳动分工体系的线性逻辑造成了两方面的冲击：一方面是中国的经济发展已经并将继续带动非洲的经济发展；另一方面，中国对自然资源的需求提升了原材料和初级产品的价格，"破坏"了西方再生产既有线性国际劳动分工体系的价格体系，进而可能动摇当前西方主导的线性国际劳动分工体系，使提供和生产原材料和初级产品的国家也可能提高其在国际劳动分工体系中的地位。

第二，中非合作提供了有关发展与安全的新平衡方法。就传统的发展合作而言，更多看到的是非洲发展所面临的消极因素，特别是如毒品、武器、知识产权、人及金钱的非法交易等。由此而来的，如何处理"发展—安全关联"（security-development nexus）便成为传统发展合作的核心关注。到底如何处理发展与安全的关系，到底哪一者更为重要。由此而来的是两个趋势或解决办法：一是安全政策的发展化趋势，即强调安全政策的发展内涵，或者说在安全政策中添加发展要素，其特别明显的例子是在全球反恐战争中"使援助资源重新聚焦于那些被当做是对国土安全的威胁的次级群体、地区和冲突"，[①] 当然也包括所谓的人类安全、保护的责任等。二是发展政策的安全化趋势，即强调发展政策的安全方面，或为发展政策添加重要的安全要素，特别是认识到对"冲突预防"、"冲突后发展"和"冲突后重建"的投资已成为安全政策的有机和核心要素。很大程度上西方强调的是"发展政策的安全化"，因为这很大程度上与西方当前推行的良治、援助附加条件、民主推广等相一致。与传统发展合作方法相反，中非围绕MDGs落实的合作正在纠正这两个方面。一是坚持发展政策的发展性质，避免发展政策被安全化。中国改革开放30多年并成长为新兴大国的事实说明，不采取西方开出的发展政策安全化的处方也同样能取得成功，实现发展。二是中国也充分重视安全，致力于

---

① M. Duffield, "Human Security: Linking Development and Security in an Age of Terror," in Stephan Klingebiel ed., *New Interfaces between Security and Development: Changing Concepts and Approaches* (Bonn: German Development Institute Publication, 2006), p. 11.

维持改革开放所需要的内部和外部的稳定环境,致力于维护国家稳定。中国向非洲展示了一种替代性的发展方法,即在维护国家稳定的基础上,通过发展逐渐解决既有的发展和安全问题,并通过发展来解决发展过程中新出现的发展与安全问题。

第三,与前一点相关的是,中非合作提供了始终坚持"发展目的论"的国际发展合作方法。尽管人们早已认识到,和平、发展、合作是时代潮流;但至于如何实现上述目标远未取得共识。事实上,西方国家自冷战结束以来在这些目标之间捏造了另一种逻辑:发展的确是一个根本目标,但要实现真正的发展,必须为此创造有利的条件。由此而来的,西方强调:要实现发展便需要安全,要实现安全便需要民主。根据这一逻辑,西方国际关系理论首先实现了发展政策的安全化,然后再进一步实现安全政策的民主化。① 换句话说,自冷战后期特别是冷战结束以来,国际发展学的一个重要发展动向便是逐渐从"发展目的论"演变成为"发展条件论"。一开始,西方国际社会仍将发展本身作为追求方向,更多注重对促进经济发展的大型项目的投资和援助。但随着20世纪60年代发展主义的失败和名声扫地,西方国际社会逐渐从更广的政治学和社会学意义上思考发展,进而逐渐将对非洲发展援助的重点转向为经济发展创造或改善条件,这便为各种政治和社会条件的附加创造了条件。到90年代,民主制度的扩散和一种新自由主义经济模式被接受,使得发展主义方法得以修正并卷土重来。② 但很大程度上,西方国际社会的对外援助现在已经不是坚持"发展目的论",而转变成为"发展条件论"。相比之下,中非合作始终坚持发展本身的核心地位,特别是在处理"发展—安全关联"的过程中注意避免不自觉地滑向发展条件导向。中国在与非洲合作时,始终坚持"增强受援国自主发展能力。……帮助受援国发展民

---

① 作者曾对其中的"发展—安全关联"作了初步的探讨,参见张春:《"发展—安全关联":中美欧对非政策》,载《欧洲研究》2009年第3期。
② [美]霍华德·威亚尔达:《绪论:西方传统及其向非西方世界的输出》,载[美]霍华德·威亚尔达著,董正华、昝涛、郑振清译:《非西方发展理论——地区模式与全球趋势》,北京:北京大学出版社2006年版,第8页。

族工业，创造就业岗位，改善人民福祉"。① 这种发展导向的对外援助也获得了受援国的广泛认可，特别是非洲国家，"中非关系正朝向发展伙伴的方向发展……中国对基础设施的大规模援助，有助于缓解供应瓶颈，提高（非洲国家的）竞争力"。②

第四，中非合作提供了发展合作的新实施方法。鉴于非洲自身发展条件仍有待改善，中国对非洲发展的支持充满战略耐心，而不是如同现有国际发展学一样急功近利。尽管可能因贯彻过程中存在失误以及不同行为体的理解不同等原因导致人们质疑中非关系的动机，③ 但正如胡锦涛总书记在2012年11月召开的中国共产党第十八次全国代表大会上的报告所指出的，中国将"永远做发展中国家的可靠朋友和真诚伙伴"。④ 正是出于这样的长期性战略考虑，中非关系的各个方面都是长期性和综合性的。以备受关注的中国对非援助为例。首先，中国对外援助的内部组织具有相当高的综合度。中国对外援助的资金主要有3种类型，即无偿援助、无息贷款和优惠贷款；中国对外援助主要有8种方式，具体包括成套项目、一般物资、技术合作、人力资源开发合作、援外医疗队、紧急人道主义援助、援外志愿者和债务减免；在援助领域分布中，中国重点关注受援国民生和经济发展，努力使援助更多地惠及当地贫困群体。其次，中国对外援助具有很强的延续性。这不仅体现在中国对外援助的总体指导原则和指导方针的延续性上，还体现在项目本身的延续性上。例

---

① 《全国援外工作会议在京召开》，人民网，2010年8月15日，http://politics.people.com.cn/GB/1024/1244 1564.html。

② Richard Schiere, "China and Africa: An Emerging Partnership for Development? – An Overview of Issues," *Working Paper*, No. 125, African Development Bank Group, May 2011, pp. 6-7, 17.

③ 西方对中非关系的动机有各种猜测，特别是认为中国发展与非洲关系的主要目的是为了获得自然资源，相关讨论可参见 Stefan Halper, *The Beijing Consensus: How China's Authoritarian Model Will Dominate the Twenty-first Century* (New York: Basic Books, 2010); Penny Davies, *China and the End of Poverty in Africa-towards Mutual Benefit?* (Diakonia: Alfaprint, Sundyberg, 2007); Moisès Naím, "Rogue Aid," *Foreign Policy*, Vol. 159 (March/April 2007), pp. 95-96; 等。

④ 胡锦涛：《坚定不移沿着中国特色社会主义道路前进 为全面建成小康社会而奋斗——在中国共产党第十八次全国代表大会上的报告（2012年11月8日）》，人民出版社2012年版，第48页。

如，自1963年第一支援外医疗队派出以来，经历了初创时期、快速发展时期、调整时期和稳步增长与纵深发展时期四个阶段的发展，中国援外医疗队不断与时俱进，一直坚持到今天，已经成为中国对外援助的一项传统，而不仅仅是一个项目。[①] 第三，中国对外援助还有很强的规划性，尤其以中国对非援助为典型。创建于2000年的中非合作论坛使全世界都见证了中国对非援助的长期性和规划性。每3年一届的中非合作论坛部长级会议都会回顾过去3年的成果，并为未来3年的双边项目提出指导原则和具体行动计划。由战略性而来的，中国对非洲的发展充满着耐心，且对其最终实现自主发展抱有充分的信心。中国并不指望受援国会因中国的一个或一套援助项目而实现在某一方面的完全自主发展；与中国自身的经济发展经历相似，中国更期望的是一种循序渐进和"摸着石头过河"的效果。就此而言，中国相信，只要赋予非洲国家充分的自主权和政策空间，他们必然能够找到符合其实际情况的发展道路和方法。[②]

三、提供新机制

中非合作所提供的新平台可分为直接提供和间接提供两类。一方面是中非合作论坛的发展，直接提供了新的平台。中非合作论坛的成立和发展很大程度上与MDGs的采纳和执行是同步的，因此也成为中非合作推动非洲MDGs实现的重要平台。自2000年建立以来，中非合作论坛已经取得了重大发展。一是迄今共举行了五届部长级会议和一次首脑峰会，推动中非关系实现了三级跳。二是论坛自身机制实现了快速发展，已经发展出较为完整的后续机制及程序，并建立了一系列的直属分机制，同时也有一批非直属机制得到了发展。经过头13年的发展之后，中非合作论坛正逐渐超越机制建设的阶段，迈入稳定规模、提高质量的新阶段。

另一方面是中国积极推动的金砖国家合作机制的快速发展。21世纪

---

① 有关中国援外医疗队与中国的软实力的关系，可参见张春：《医疗外交与软实力培育——以中国援非医疗队为例》，载《现代国际关系》2010年第3期。
② 中华人民共和国国务院新闻办公室：《中国的对外援助》（白皮书），2011年4月21日，国新办网站，http://www.scio.gov.cn/zxbd/wz/201104/t896471.htm。

头十年里，金砖国家的每个成员国与非洲的合作都得到了大幅提升。南非自不用说。中非贸易投资往来大幅增长，作为中非关系机制化体现的中非合作论坛的快速发展更是引起全世界的关注。印度与非洲的关系也在快速增长，双边贸易额从2000年的30亿美元增长到2012年的650亿美元，增速超过了中非贸易，累积投资额达到了500亿美元，印非峰会已召开了两届。巴西与非洲、特别是葡语非洲国家的联系也日益紧密。总体而言，在过去十余年中，非洲的对外贸易总额翻了一番，其中以金砖国家为代表的新兴大国市场的份额从23%增加到39%；在非洲与新兴大国的贸易额（2009年）中，中国占到38.5%，印度14.1%，巴西7.1%。但必须指出的是，在2013年金砖国家德班峰会前，南南合作多为双边性和经济性的，德班峰会将主题确立为"金砖国家与非洲：致力于发展、一体化和工业化的伙伴关系"，意味着金砖国家将携手推进非洲的自主发展和独立发展，将为推动非洲MDGs继续落实和2015年后议程协商作出重要贡献。

四、提供新动力

未来一段时间内，全球发展合作总体上仍将面临资金不足的巨大挑战。中非合作将是缓解这一挑战的重要来源。一方面，中非围绕非洲MDGs落实的合作带动了整个发展中国家围绕MDGs的合作。很大程度上，南南合作对于非洲的发展和实现MDGs有着很大的贡献，有直接的，也有间接的。新兴经济体对MDGs的间接影响一方面与其对大宗商品的需求相关，另一方面也来自于新兴大国在各种多边场合呼吁强化对非洲MDGs的支持。另一方面，中非合作也将为非洲MDGs落实和2015年后议程的执行提供更大的财政资源。这主要通过三个渠道。一是中非双边的直接援助和投资及其他资助。例如，2012年7月召开的中非合作论坛第五届部长级会议便承诺，中国将在未来3年内向非洲提供200亿美元的优惠贷款，主要用于非洲的基础设施建设等。二是金砖国家机制，特别是2013年德班峰会上宣布筹建的金砖国家开发银行。三是其他多边国际机制，如联合国开发计划署、世界银行、国际货币基金组织等。

第四章
政策建议(略)

结　语

目前距离MDGs到期还有不到800天，留给世界各国讨论和谈判2015年后发展议程的时间已经相当紧迫。因此，中国需要及时谋划，尽早确立一项相对全面和前瞻的参与战略，积极参与主流讨论并尝试纠正其不良倾向，避免出现"前期参与不足、后期反对有余"的局面。总体而言，考虑到既有讨论已经相当充分、深入且设定了某种道德框架，中国的参与战略应当遵循既有讨论的路径框架，重点化解上述不利趋势，推动确立一项以减贫和可持续发展为核心的2015年后发展议程，并推动新型全球发展伙伴关系的确立，将中国倡导的新型全球发展伙伴关系与联合国倡导的新型全球伙伴关系有机结合。具体而言，中国的参与战略应当包括五个方面：

第一，通过参与目标框架设定确保发展目标优先，确保2015年后发展议程的发展主题不偏离，不与其所反映的价值观脱节，不与其实现手段相互混淆。中国应当与国际社会特别是广大发展中国家一道，结合2015年后发展议程本身的时间期限和具体执行，坚持议程的发展性质，避免将该框架当作国际规范设置平台。对发达国家而言，出于应对全球金融危机、全球气候变化及国际权势转移的考虑，2015年后发展议程的设置显然是一个确立下一代全球性规范特别是全球发展规范的机遇之窗。一旦成功，发达国家就可能更长时间的维持其目前所享有的制度性和规范性霸权。对中国及广大发展中国家而言,尽管应当高度欢迎有关未来人类发展道路的深入探讨,但在设置未来15年或略长时间的具体发展目标时,应当重点强调长远规范框架与中短期发展目标之间的联系和区别。由此而来的,中国在参与目标框架设定的讨论中,应坚持MDGs和SDGs相结合的方法,同时强调制定更为实际的短中长期战略的重要性。

第二,通过设定时间框架有效利用有限的谈判时间,设定合理的执行时间表。考虑到谈判时间相当紧张,中国一方面可建议将MDGs的核心目标的执行期适度延长5—10年,为议程谈判争取时间缓冲;另一方面,结合MDGs并虑及SDGs的长期性,中国也可建议2015年后发展议程的执行期限不必限定为15年,可为20—30年甚至更长。考虑到议程目标的普遍性和各国国情差异,中国还可建议在全球性总体时间框架下,设置各国差异性的多速度、多轨道时间框架。

第三,通过确立参与框架保证发展中国家的声音和权利。中国应当以中非合作经验为基础,通过为2015年后发展议程贡献智慧,确保中国及广大发展中国家对2015年后发展议程谈判的广泛和平等参与。鉴于中国及广大发展中国家对当前2015年后发展议程讨论的不利趋势警惕度不高,中国应努力拓展发展中国家对国际发展的关注视野,确保发展中国家对普世性发展议程的话语权。

第四,通过设定执行框架,强调普遍性与自愿性的结合,避免附加政治条件。MDGs之所以在到期后仍有诸多国家肯定无法实现目标,原因之一便在于其执行框架本身存在重大问题,特别是就全球发展伙伴(第八项目标)的落实而言。2015年后发展议程的执行框架需要在汲取MDGs经验和教训的基础上,进一步完善自身的执行框架。这需要:继续坚持"共同但有区别的责任"原则;强调南南合作与南北合作的合理平衡,坚持"南北合作为主、南南合作为辅"的方法;应坚持国家发展目标落实与国际公共产品提供的平衡;积极推动自身倡导的"新型全球发展伙伴关系"与联合国倡导的"新型全球伙伴关系"的有效对接,倡导设立新型全球伙伴关系执行和监督机制,树立中国乐于提供国际公共产品的负责任大国形象。

最后，大力强化中国参与2015年后发展议程的能力建设，具体包括：实现自身国内发展目标体系的前瞻设计，特别是如何贯彻2015年后发展议程的精神，实现消极增长（包括减贫及其他消极目标）和积极增长（经济可持续增长）的有机结合；建立自身完善的谈判参与机制；与国际社会合作建立有利于整个发展中国家的国际谈判联盟；前瞻性地培育和提升自身执行2015年后发展议程的能力，特别是要发挥好中非合作论坛、中阿合作论坛、金砖国家机制等机制的作用。

| 第三编 |

南北苏丹争端与中国对策 *

---

* 李新烽：中国社会科学院西亚非洲研究所社会文化室主任、研究员，中国社会科学院研究生院教授、博士生导师。

杨宝荣：中国社会科学院西亚非洲研究所副研究员，中国社会科学院研究生院副教授、硕士生导师。

三年多来，笔者曾三次考察苏丹和南苏丹，最近一次是2013年9月。同时，笔者与南北苏丹驻华大使、苏丹前驻华大使多次交谈。本文是在学术研究的基础上，结合实地考察和访谈掌握的第一手资料完成的。

　　苏丹问题因南苏丹的独立而演变成为南北苏丹问题，南北苏丹因石油资源与中国有着特殊关系。南北苏丹的和平稳定不但有利于两国和该地区的发展，而且有利于中国的石油安全与进口。本章分为四个部分，首先对南北苏丹边境地区的资源问题进行探讨，特别是阿卜耶伊问题的由来及其复杂性，以便认识石油资源在南北苏丹发展中的作用和对南北争端的影响；在此基础上，分析国际社会对南北苏丹问题的关注，从而进一步认识苏丹问题的特殊性和重要性；接着分析南苏丹独立后新国家面临的各种挑战，以及目前南北苏丹局势的特点，使人们对南北苏丹问题的现状及其特点有所了解；在以上研究的基础上，笔者提出中国在南北苏丹问题上应坚持的立场和采取的对策。

第一章
南北苏丹边界资源问题及对争端的影响

一、南北苏丹边界石油的储存、分配和开发情况

南北苏丹蕴藏有丰富的石油天然气，但主要分布在南苏丹。苏丹2013年"苏丹（喀土穆）国际石油天然气展"新闻资料显示，目前南北苏丹已有21个油田，已探明石油地质储量116亿桶，天然气储量为300亿立方英尺。但也有公开信息显示，早在20世纪80年代美国雪佛龙公司在苏丹南部发现一些高产油田后，就曾预言苏丹原油储量"比伊朗和沙特阿拉伯加在一起还要多"。据专家估计，苏丹石油储量超过1800亿桶，仅次于沙特阿拉伯，居世界第二。

中国在苏丹开展业务的石油公司也表示，苏丹石油"潜力巨大"。两个苏丹石油储量主要分布在南苏丹，如1/2/4区块、3/7区块这两个主力油田。南苏丹独立前，中国是苏丹石油生产的主要参与方。

二、南北苏丹由资源分配而产生的问题

虽然引起南北苏丹争端的原因是多方面的，但是阿卜耶伊问题无疑是最重要的因素之一，这也凸显出石油资源对南北苏丹的重要性。从历史上来看，该问题长期影响南北方关系。20世纪80年代，位于穆格莱德(Muglad)盆地的阿卜耶伊(Abyei)地区发现了大量石油蕴藏，南北方对该地区的争夺一度升级，导致该问题的解决进一步复杂化。阿卜耶伊问题涉及两个苏丹边界划分、居民身份认定和地下资源分配等。正因为该问题的复杂性，《全面和平协议》将阿卜耶伊划为中央政府的直辖特区，以待2011年南方公投时决定归属。2011年南方公投时又将该问题搁置。

阿卜耶伊地区横跨南北苏丹边境线，位于苏丹南科尔多凡省和南苏丹加扎勒河省。作为一个地理概念，阿卜耶伊边界一直比较模糊，争议较多。1994年科尔多凡被分为三个州——北科尔多凡、南科尔多凡和西科尔多凡。阿卜耶伊处于西科尔多凡州与加扎勒河州边界。2005年8月，作为《全面和平协议》的部分内容，西科尔多凡州被取消，原隶属该州的地区被划到北科尔多凡州和南科尔多凡州，阿卜耶伊则位于苏丹南科尔多凡州和南部加扎勒河州之间。2008年5月，北方政府军和南方民兵在阿卜耶伊发生了严重冲突，阿卜耶伊城镇被夷为平地，造成至少90人死亡、5万人流离失所。2008年6月，苏丹南北双方同意，阿卜耶伊的边界问题交由国际法庭决定。2009年7月，海牙常设仲裁法院对阿卜耶伊地区的边界线进行了裁决，并把靠近阿卜耶伊的哈季利季油田划在该地区之外，确认哈季利季属于苏丹而非南苏丹。当时，苏丹和苏丹南部自治政府都表示接受这项裁决。

2009年12月，苏丹议会通过了《南部苏丹公投法案》，并表决通过了《阿卜耶伊公投法案》。2011年1月9日，苏丹南部举行公投，结果98.83%的绝对多数支持南方独立。随后苏丹政府接受公投结果，但有关阿卜耶伊归属问题的公投仍因分歧严重被搁置，该行政区划得以保留，成为横跨在南北苏丹边界线上的一个地区。

根据2005年达成的《全面和平协议》，在公投前的6年过渡期内，

对石油收益采取平分的方法。具体做法是由北方中央政府先负责收取所有石油收益，然后再按比例分配给南方自治政府。双方达成的分配比例是：南北方各占49%，剩余2%归阿卜耶伊地区。然而，南方一直感到不公平，认为北方隐瞒了部分石油储量和收益。在南苏丹分离之前，苏丹石油总产量接近每天50万桶，其中大约35万桶来自南方。南方独立导致苏丹失去大部分石油产量和收入。

2011年7月9日，南苏丹共和国正式宣告成立。就在独立前夜的2011年3月，阿卜耶伊地区冲突升级，苏丹南北双方均在阿卜耶伊部署了携带重型武器的部队。2011年7月，双方在该地区爆发冲突，导致联合国介入，并由埃塞俄比亚以联合国名义派军进驻冲突边界地区。

2011年底，南北双方因石油过境费问题导致双方关系再次僵化，苏丹以南苏丹没有支付石油设施使用费为由，扣压南苏丹部分石油。作为回应，南苏丹1月关闭所有油井并停止通过苏丹出口石油。

2012年3月26日，南苏丹总统萨尔瓦·基尔宣布哈季利季地区属于南苏丹。在4月10日占领哈季利季油田之后，南苏丹关闭了当地所有油井。虽然苏丹政府努力增加其他油田的产量，但是依然失去了至少30%的产量，威胁到苏丹国内市场的燃料供应稳定。4月10日，苏丹政府发表声明，指责南苏丹军队当天"悍然入侵苏丹领土"，对苏丹靠近两国边界的哈季利季油田发动袭击。苏丹部长委员会11日晚举行紧急会议，批准了苏丹议会作出的停止与南苏丹的所有谈判和进行全国总动员的决定。当地时间20日下午2时左右，南苏丹政府突然宣布，总统基尔已经命令该国军队立即撤出哈季利季油田。根据该项命令，南苏丹军队在3天内完成撤离行动。随后，苏丹国防部长侯赛因在喀土穆发表声明宣布，苏丹军队已经在当地时间20日下午收复哈季利季。[①]

2012年8月4日在埃塞俄比亚首都亚的斯亚贝巴，非洲联盟苏丹问题高级别执行小组领导人、南非前总统姆贝基宣布，苏丹和南苏丹就石油

---

① 国际先驱导报：南北苏丹的"油田争夺战"2012-05-02，http://focus.news.163.com/12/0502/19/80H9F2D400011SM9.html。

收入分配的所有事宜达成协议。根据协议，南苏丹同意按每桶石油9.46美元的价格向苏丹支付石油设施使用费的过境费。这一报价与苏丹先前所要求的每桶36美元使用费相比相差甚远。另外，南苏丹同意"一次性"支付苏丹大约30亿美元，补偿因南苏丹独立给苏丹留下的财政缺口。①

三、阿卜耶伊问题的由来及其复杂性

阿卜耶伊民族问题的复杂性是造成该地区归属问题的主要原因。阿卜耶伊地区主要有两个民族，一是分布在阿卜耶伊地区北部、信奉伊斯兰教的米塞利亚人（Misseriya），一是分布在阿卜耶伊中南部、信奉原始宗教和基督教为主的恩古克·丁卡人（Ngok Dinka）。米塞利亚人每年在雨季将牛羊从穆格莱德盆地赶往水草丰满的阿卜耶伊地区放牧和生活，恩古克·丁卡人则从事着半农耕半游牧的生活方式。恩古克·丁卡人和米塞利亚人均声称自己是阿卜耶伊最早的发现者。据米塞利亚人提供的史料显示，米塞利亚人在18世纪就迁移至阿卜耶伊地区，而恩古克·丁卡人则是在19世纪才从南方迁移到阿卜耶伊地区。但是在恩古克·丁卡人看来，本民族在阿卜耶伊定居的历史可以追溯到1745年，而当时阿卜耶伊还是一片无主之地，米塞利亚人是在1765年左右才来到该地区的。尽管双方对这一问题的表述不一致，但是并不影响他们早期的和睦相处。

外部势力对于阿卜耶伊的渗透最早始于18世纪的埃及。当时埃及将苏丹地区当作奴隶的主要来源地，经常派出武装团队深入苏丹中南部掳掠人口进行贩卖。19世纪初穆罕默德·阿里成功掌控埃及之后，逐渐将苏丹纳入自己的势力范围。穆罕默德·阿里一方面在苏丹推广伊斯兰教，另一方面继续进行大规模的奴隶掳掠以换取利润。米塞利亚人由于伊斯兰教背景，也参与了对恩古克·丁卡人的掳掠，从而埋下米塞利亚人和恩古克·丁卡人之间矛盾的种子。

1899年，英国—埃及共管体制在苏丹建立，实际上英国成了苏丹的

---

① 新京报：南苏丹与苏丹达成石油收入分配协议，2012-08-06，http://gb.cri.cn/27824/2012/08/06/2625s3798247.htm。

新主人。当时在阿卜耶伊地区，米塞利亚人同恩古克·丁卡人的冲突时有发生，英国殖民当局利用双方矛盾，于1905年将阿卜耶伊地区划为苏丹北部的科尔多凡省统一管辖。1956年苏丹独立后，苏丹国内发展出现了"重北轻南"的态势。政治上，国家领导层都来自于北部的阿拉伯群体中的精英；经济上，重视喀土穆地区的发展，苏丹南部长期处在被忽视的状态；文化上，苏丹政府将阿拉伯—伊斯兰属性作为苏丹的国家属性，并强行在南方推广。苏丹独立后不久，苏丹南方爆发内战并波及阿卜耶伊地区，当时恩古克·丁卡人的首领邓·马季科（Deng Majok）成功阻止了恩古克·丁卡人卷入内战。然而1969年邓·马季科去世后，苏丹政府开始武装米塞利亚人以加强对阿卜耶伊地区的控制。这一举措使得米塞利亚人拥有对恩古克·丁卡人的军事优势，并开始在阿卜耶伊地区大规模驱逐恩古克·丁卡人。

恩古克·丁卡人坚持自己在阿布耶伊地区的生存权利，并得到南部苏丹人民解放运动（SPLM）的全力支持。米塞利亚人同恩古克·丁卡人在阿卜耶伊的冲突持续升级。1972年在埃塞俄比亚的调停下，苏丹政府同南苏丹签署结束内战的《亚的斯亚贝巴协议》。根据该协议，阿卜耶伊地区应通过单独的全民公决来选择南北归属。但由于该问题的复杂性，主要因为在公投参与者的身份问题上存在针锋相对的争议，公决一直未能有举行。1983年5月27日，部分南方籍军人起事，长达22年的第二次苏丹内战爆发。在长期冲突中，米塞利亚人的北方认同感同恩古克·丁卡人的南方认同感均日益加强。

阿卜耶伊因其石油资源而成为反政府武装关注和攻击的重要目标。一方面，传统上的阿卜耶伊及其周边地区蕴藏着丰富的石油资源，其东部区域地处苏丹最大的产油区1/2/4区块之内。根据2005年阿卜耶伊边境划界委员会裁定的阿卜耶伊地区界限，该地区拥有三块产量丰富的油田，分别是哈季利季（Heglig）、班布（Bamboo）和狄弗拉（Diffra）。2005年，阿卜耶伊地区石油产量约占苏丹总产量的18.2%。①重新确定边界后，阿

---

① 王晋："阿布耶伊归属问题探微"，《国际研究参考》，2013年第2期。

卜耶伊的东部边界西移,两大块产油区归苏丹北部的科尔多凡州管辖。[①]另一方面,阿卜耶伊与阿拉伯河相邻,该地区水资源丰富,有着大片的肥沃牧场,是众多游牧部落的迁徙放牧地。

四、资源问题在南北苏丹发展战略中的定位

首先,石油开发是南北苏丹发展经济的优先方向。石油开发有利于南北苏丹快速解决发展资金严重短缺问题。苏丹政府在对外合作中一贯重视该领域的合作。从50年代发现石油,一直积极寻求同世界大油气公司的合作。20世纪90年代,在西方国家制裁苏丹政府和公民组织压力下,西方石油公司才撤离苏丹。这也是中国参与苏丹石油开发的重要契机。尽管南北苏丹分裂对石油生产和出口带来了很多变数,但石油开发涉及经济稳定和社会发展动力,是南北双方政府的核心关注,将长期受到重视。

其次,石油是南北苏丹的主要收入来源。特别是南苏丹,2010年,南苏丹原油出口占其出口总额的98%,占GDP的71%。作为新成立的国家,宏观经济的稳定对于南苏丹政府至关重要。这不仅涉及国家的经济稳定,也严重影响到国家的政局稳定。南苏丹2012/2013年度财政预算显示,该国独立后的一年里,通货膨胀率超过80%,全国有51%的人口生活在贫困线以下。而在苏丹,如果没有石油收入,其经济稳定也会面临较大风险。2012年1月南苏丹完全断绝石油生产和出口后,苏丹丧失了大部分国家收入来源,造成了苏丹货币迅速贬值,国内通货膨胀率超过40%,不少在建的大型基础设施项目受到影响。

最后,石油问题成为南北苏丹政治博弈的重要砝码。由于认识到石油开发对彼此国民经济的重要性,双方都存在利用石油敲打对方的做法。南苏丹独立以来,苏丹已经多次因边界冲突和动荡表示断绝南苏丹的输油管道,而南苏丹方面也动辄以停止石油生产来威胁苏丹政府。

---

① 邢昀:"苏丹阿卜耶伊归属问题研究",外交学院2009级硕士研究生学位论文。

第二章
国际社会对南北苏丹问题的关注

由于长期的交恶及动荡,南北苏丹问题已成为国际关注热点。参与协调解决的相关方也日益扩大。目前在该问题上的协调参与方主要包括联合国、非盟、东非政府间发展组织(伊加特)(IGAD)、欧盟、阿拉伯国家联盟及三方小组(挪威、英国、美国三国组成的协调机构)。其中非盟设有非盟苏丹问题高级别执行小组(AUHIP)、联合国设有南北苏丹问题特使,联合国派驻有阿卜耶伊临时安全部队(UNISFA)。

一、非洲国家及区域组织对南北苏丹问题的关注

非洲国家及区域组织始终关注南北苏丹问题。目前,非盟及伊加特是苏丹南北冲突的主要关注方。作为非盟的常设机构,非盟和平与安全理事会是重要的协调方。在苏丹问题上,非盟扮演着重要的协调者身份,不仅听取苏丹和南苏丹的态度和要求,也充分关注伊加特、联合国相关机构在该问题上的态度和要求。非盟充分认识到,苏丹及南苏丹问题的解决,不仅有本地区复杂的历史纠纷,还同大国在该地区的影响有关。

非盟在两个苏丹问题上关注的重点,首先是冲突带来的安全与稳定问题。南北双方的冲突直接给地区安全带来严峻挑战,这不利于该地区的社会经济稳定和发展,对当地民众的生活也会造成严重影响。其次是

冲突带来的人道主义问题。特别是冲突所在地南部科尔多凡州及苏丹青尼罗河流域，冲突已影响到当地居民的正常生活和生产。再次是尊重苏丹和南苏丹统一和领土完整。要求双方以和平手段解决领土争议。最后是重申非盟宪章和联合国宪章中关于不得在国际关系中使用武力或威胁使用武力处理国际争端。

由于大国在该地区利益的卷入，非盟在处理南北苏丹问题上所能够发挥的作用受到限制，特别是产生了因民族自决引发的主权国家版图变更的担忧。虽然非盟再三强调尊重苏丹主权独立和领土完整，但在事实上，由于随着《全面和平协议》中规定南苏丹通过公投决定其是否独立，非盟已经在苏丹问题上颠覆了非统早期确立的主权国家边界不可更改的原则。非盟在南苏丹问题上本身作出了巨大让步，但不希望南苏丹引发连锁反应，即在其他国家也发生类似情况。2011年1月31日，非盟第十六届首脑会议就此发表了苏丹问题声明，强调非洲国家赢得独立时继承的边界应该得到尊重，这一神圣原则不能因苏丹的特殊案例而受到质疑，非盟坚决捍卫这一原则，将确保该原则得到完全遵守。

二、东非政府间发展组织伊加特对南北苏丹问题的关注

东非政府间发展组织对苏丹问题产生了一定影响。首先，伊加特对苏丹及原南部苏丹的和解起到了重要促进作用。1994年在该组织倡导和促成下，苏丹政府和南方反政府武装苏丹人民解放运动展开政治谈判，并在美国直接介入下取得突破，2005年1月9日在内罗毕签署《全面和平协议》。但是，从另一角度来看，伊加特也是促使南苏丹走向独立的重要推手。经历多年战乱，苏丹南部与苏丹中央政府积怨颇深。而从伊加特成员来看，在埃塞俄比亚、吉布提、肯尼亚、苏丹、索马里、乌干达和厄立特里亚7个东非国家中，一些国家同南苏丹的关系更为亲近，包括肯尼亚、乌干达、埃塞俄比亚和厄立特里亚。因为这些国家同苏丹政府关系曾一度恶化，如厄立特里亚同苏丹人民解放运动长期保持了友好关系，并多次在达尔富尔问题上公开指责苏丹政府犯下滔天罪行。而乌干

达和埃塞俄比亚作为尼罗河上游国家，在水资源利用方面同苏丹的矛盾也较突出。此外，这些国家同苏丹在边界地区的居民及宗教、反政府武装等问题上存在嫌隙，希望看到苏丹政府同反政府武装在政治谈判的过程中分崩离析。这也是该组织成员积极主张并促成苏丹政府同国内所有反政府武装政治和谈并分享权力的重要因素。

三、西方发达国家及国际组织对南北苏丹问题的关注

多种因素决定南北苏丹目前不是西方大国能源进口关注的重点地区。经过多年的经营，目前美国、日本、欧洲国家的全球石油进口来源地相对稳定。这既是维护能源安全的需要，也同长期以来世界石油分布版图有关。如美国进口来源地排名前十位国家分别是加拿大、委内瑞拉、墨西哥、沙特、尼日利亚、欧盟区、俄罗斯、阿尔及利亚、安哥拉和伊拉克。由于美国对苏丹进行制裁，美国并没有直接从苏丹进口石油。日本石油进口量按照地区分布排名分别是中东、亚洲、独联体国家、非洲、北美、欧洲和中南美洲，进口来源地排名前十位中没有非洲国家。欧盟（27国）石油进口来源地排名前十位的国家，非洲国家分别是利比亚、阿尔及利亚和尼日利亚。

西方大国关注南北苏丹问题背景复杂，既包括复杂民族、地缘政治因素，也同中苏合作相关。从资源储量、开发前景及运输条件来看，获取苏丹石油并不是美、日、欧等西方发达国家目前所重点关注对象。在苏丹问题上，西方大国关注中国在该地区的石油开发和当地复杂的地缘政治背景。就美国而言，其目标既有遏制中国的一面，也有实现美国大中东战略的一面。与西方国家不同，中国经济的快速增长及需求潜力，注定中国必须在全球范围内寻找稳定的石油来源供应，而苏丹作为中国的石油进口重要来源地，对中国能源安全意义重大。因此，对西方而言，利用民族矛盾制造该地区的不和谐能收获影响中国发展的较大成效。

四、阿拉伯国家及组织对南北苏丹问题的关注

苏丹对于阿盟调解冲突发挥积极作用有着较高期待，是苏丹抵制外来干预的一张重要区域组织牌。一方面，苏丹是阿盟重要成员国，加之苏丹同阿盟成员国沙特经济合作密切。另一方面，阿盟作为一个集团，在全球政治体系中有较大影响力。因此，借助阿盟平衡西方大国的干预，对于苏丹具有十分重要的意义。在南北苏丹问题上，苏丹顾及自身的行动会导致西方大国干涉，一向重视利用区域组织抵消大国对苏丹问题的影响。如2012年初同南苏丹关系紧张后，苏丹在4月份要求阿盟就南苏丹军队占领哈季利季油田召开紧急会议进行磋商。对于苏丹而言，阿盟在国际事务中就苏丹问题发出声音，有利于降低自身挑战西方国家的风险。事实上，由于美国在全球事务中，特别是在石油供应、中东战略等方面需要阿拉伯国家的支持，同一些阿拉伯国家保持了较为密切的关系。因此，美国在苏丹问题上也会考虑阿盟成员国的意见。

阿盟发表的多次声明体现了对苏丹自身重大利益的关切。这集中表现为，既认识到南北苏丹问题的复杂性，也希望尊重主权国家，抵制外来干涉，避免引发大的地区冲突问题。首先，坚持主权国家协商解决内部问题。其次，反对外部势力干涉。2012年5月20日，阿盟秘书长阿拉比在喀土穆与苏丹总统巴希尔和达尔富尔地区过渡权力机构主席塞西分别举行了会谈，关于阿盟在实现达尔富尔持久和平以及解决南北苏丹之间争端方面的作用，阿拉比指出，阿盟"完全支持"苏丹政府关于达尔富尔问题和南北苏丹之间局势的立场，并且"完全拒绝"其他国家干涉苏丹内政。第三，积极斡旋反政府武装同苏丹政府的谈判。如卡塔尔分别在2011年和2012年组织了苏丹政府与反政府武装的谈判。对此卡塔尔副首相兼内阁事务国务大臣艾哈迈德·本·阿卜杜拉·马哈茂德表示，他们还呼吁达尔富尔地区的其他反政府武装加入到同苏丹政府的谈判中来，为早日实现苏丹达尔富尔地区全面持久和平而努力。

第三章
南苏丹面临的挑战和南北苏丹目前局势的特点

一、南苏丹独立后面临的主要挑战

时至今日,作为世界上最年轻的国家,南苏丹已建国整整两年。不过,新政府仍面临一系列严峻挑战,最突出的表现在:

1. 民族矛盾上升,安全形势堪忧。

南苏丹有三大民族——丁卡、努尔和巴厘。在内战期间,尽管三者之间有矛盾,但共同目标是对抗北方政府,他们之间比较团结。现在国家独立了,他们没有了共同敌人,三者之间的矛盾以及各个部族内部的矛盾自然暴露,不断上升,南苏丹政府面临着国内多种民族矛盾挑战:除三大民族相互之间的矛盾外,还有两种矛盾:一方面是大民族与部落之间、特别是丁卡族与小部落之间的矛盾,苏丹独立后,南方政府权力一直掌握在丁卡人手中,其他一些部落的不满情绪早已存在,并多次引发冲突。另一方面,其他部落之间也存在矛盾。如当地的穆尔勒（Murle）部落与洛乌努尔（Lou Nuer）部落之间长期以来为争夺牛羊和牧场而相互仇杀。据联合国宣布,2011年底,大约有7000名洛乌努尔部落武装青年袭击了拜布尔地区穆尔勒部落的村庄,制造了约900人死亡的悲剧。

2. 执政能力面临考验,政府缺乏大政方针。

联合国驻南苏丹负责人利斯·格兰德女士认为,执政能力是南苏丹政府面临的最大挑战。她说,这主要表现在三个方面:(1)、政府缺乏治国理政的方向和策略。内战期间,他们的目标明确;现在建国了,反而失去了前进方向。(2)、政府官方的素质亟待提高。在南苏丹政府官员中,仅有5%接受过高等教育,这些人多是从国外归来的,政府机关的中低等职员严重缺乏;同时由于内战破坏了教育系统,全国人口的文盲率过高。(3)、全国粮食安全形势令人担忧。在丰年,南苏丹20%的人口缺少粮食,换言之,全国有20%的人口常年缺乏粮食安全。如果粮食歉收,这一情况无疑将加剧。2012年,南苏丹的粮食缺口高达50%。

3. 民众期待值过高,经济发展受到制约。

在鼓励民众支持独立的宣传中,南苏丹政府是成功的,这无疑让情绪高涨的各界民众对新国家充满无限期待和憧憬。在与南苏丹基层民众接触中,他们无不对新国家充满期待,盲目认为,新国家成立后,一切都会迅速变得很好。比如,失业者想在国家独立后找到一份工作,对自己工作感到不理想的人认为新国家能为他们提供好的工作岗位,并对高工资高待遇充满期待。这一盲目乐观情结还表现在南苏丹的北方返乡者中。新国家的成立并不意味着现实随之改变,经济发展需要时间,更需要多方努力。两年过去了,绝大多数人的生活工作境况与建国前基本一样,未能也不可能出现大的变化,民众过高的期待值与国家现实形成的强烈反差成为南苏丹政府面临的一大挑战。

4. 关闭油井和停止石油使国民经济捉襟见肘,恢复国家的经济重建需要时日。

停止石油生产和输出不但给苏丹造成巨大经济损失,更让南苏丹经济走向崩溃边缘。对南苏丹而言,停止石油生产和出口,无异于停止国民经济发展和国家正常运转。石油出口收入占南苏丹国民收入的98%,缺乏石油收入,造成的后果可想而知,恢复石油停产造成的对国民经济和人民生活的冲击,还需要一段时间。

二、南北苏丹之间目前存在的主要问题

南北苏丹虽因恢复石油生产而关系走向缓和,但仍存在不少挑战,主要表现在:

1. 边界划分短期内尚难完成，利益分配仍是重大牵制因素。

目前，南北苏丹矛盾的焦点是边境划分，而边境划分的核心是石油资源分享。存在最大争议的是阿卜耶伊地区，双方据理力争，寸土不让，因为该地区石油资源丰富。在2005年签署《全面和平协议》时，南北双方各占石油利润的49%，其余2%属于阿卜耶伊地区，可见该地区地位之独特。

2013年4月10日，当南苏丹宣布军队从哈季利季油田撤退后，苏丹政府就与南苏丹恢复关系正常化提出了4个条件，其中一项就是"南苏丹政府根据两国业已签署的协议明确承认1956年1月1日边界"。换言之，南苏丹必须承认阿卜耶伊地区属于苏丹。与此同时，南苏丹政府也提出同苏丹政府恢复谈判以解决两国之间悬而未决问题的多项条件，其中包括苏丹执行《全面和平协议》剩余条款以及落实关于划定两国之间边界的协议等。双方都不约而同地要求阿卜耶伊的领土和主权。

阿卜耶伊是两个苏丹的必争之地，双方谁也不肯让对方半步。在南苏丹首都朱巴，街头的宣传口号就明确指出："阿卜耶伊不是一个能够商量的地区。"笔者曾于2011年3月赴阿卜耶伊地区考察，深切感受到当地的紧张气氛和居民的极端情绪。由此可见，仅阿卜耶伊就是一个横亘在两个苏丹之间悬而未决而又一时难决的大问题。

2. 民族矛盾积怨太深，化解隔阂、建立诚信尚需时日。

两个苏丹之间因历史、民族、宗教、文化传统等多种因素，积怨太深，短时期内难以化解，处理不好将会加深南北鸿沟，扩大双方的不信任程度。就在那次考察阿卜耶伊地区时，笔者曾看到当地普通居民手中皆握有枪支，他们明确表示不会上缴武器，更不会自我解除武装，"我们过去为独立而战，今后仍将要为捍卫自由而战，永远不会放下手中的武器，随时防御可能来自北方的袭击"。那次考察给笔者留下的最深刻感受是，阿卜耶伊地区是两个苏丹的火药桶，南北之间的冲突将不可避免地会经常发生。

除阿卜耶伊地区外，南北边境地区因居民身份认证、反政府武装存在而难有安宁。例如，在南北苏丹交界的努巴山区，不时传来枪炮声，该地区活跃着"南苏丹人民解放运动北方局",他们从文化上和政治上更认同南苏丹人,在内战中一直同南部并肩作战。但是,南苏丹独立后却被划给北方,他们因不愿放弃武装斗争而成为苏丹的反政府组织,如今正是他们的活跃导致该地区气氛紧张,苏丹政府因之指责南苏丹是"幕后黑手",后者则矢口否认。

3.国内外多种矛盾交织,两个苏丹唯有通过小打小闹维持平衡。

显而易见,两个苏丹目前都面临各自国内的不少棘手问题,而国内问题的解决又与国际因素交织在一起。从地理位置上看,两个苏丹处于非洲南北的分界线上,南北苏丹也因这一特殊的地理位置而集结了非洲的不少矛盾,处于非洲各种矛盾的节点上。长期的种族矛盾、不同的宗教信仰、相异的文化背景、差距的经济发展水平,这些都把两个苏丹的矛盾推到风口浪尖,注定二者之间难以出现真正的和平和谐局面。

在国际上,南苏丹有着与西方国家一样的基督教背景和同样的文化价值观,具备以色列和美国等西方国家支持的外部条件。2012年4月18日,南苏丹加入国际货币基金组织和世界银行,这表明南苏丹融入国际社会以及推进国际化的进程在提速,同时也预示着南苏丹在与苏丹的争端中可能会得到更多来自西方的支持。苏丹属于阿拉伯世界,无疑将会得到来自阿拉伯世界的普遍支持,又因石油利益与中国关系密切,被广泛认为是中国的盟友。这些都增加了解决两个苏丹问题的难度。

三、南北苏丹目前局势的特点

综观两个苏丹目前的局势,笔者认为具备以下特点:

1.各自国内皆存在威胁安全稳定的重大隐患,国内安全形势成为南北政府各自的重大关切。

苏丹政府面临的国内民族矛盾挑战,主要是达尔富尔问题引发的民族矛盾和南北边界地区的安全隐患。达尔富尔两支主要反政府武装——"苏丹正义与平等运动"和"苏丹解放运动"(又称"苏丹解放军"),以政府未能保护黑人的权益为由,要求实行区域自治,以便与政府分享权力与资源,并不断攻城掠地,展开反政府武装活动。为此,他们联合起来，并与苏丹人民解放运动北方局携手，成立了达尔富尔反政府武装联盟"苏丹革命阵线"（Sudan Revolutionary Front, SRF）。

与此同时，苏丹所有主要反对党和一些公民社会团体组成了反政府联盟——"全国共识力量"（NCF，National Consensus Forces）。同"苏丹革命阵线"的计划一样，"全国共识力量"也希望通过共同的暴力和非暴力方式，迫使政府和各反对派共同分享国家权力。2013年1月5日，"全国共识力量"与"苏丹革命阵线"在乌干达首都坎帕拉签署了《新黎明宪章》(New Dawn Charter)，以便携手实现共同目标。目前，要求自治呼声较高的地区是达尔富尔地区和青尼罗河州。随着形势的发展，反政府武装还提出联合推翻政府的计划。2013年5月5日，"苏丹革命阵线"主席兼"苏丹人民解放运动北方局"副总书记阿卜杜勒·阿齐兹·亚当曾扬言要加紧军事行动，攻击首都喀土穆推翻政权。

此外，还有新的反政府力量。有消息显示，阿卜耶伊地区传统的支持苏丹政府的米塞利亚族出现反对苏丹政府者。米塞利亚阿拉伯人在第一次战争期间是政府在当地的主要支持者，但是他们对喀土穆已经日渐失望，2005年政府废除代表单一种族家园的西科尔多凡州的决定更是让他们深感失望。政府号召他们再次动员起来，对此他们则无动于衷，许多米塞利亚年轻人正在加入"苏丹人民解放运动（北方局）"或"苏丹革命阵线"等反政府组织。

为缓和国内局势，巴希尔作出了两个努力，一是2013年4月1日在议会宣布释放所有政治犯，"我同时重申一项承诺，为与其他政治力量举行全国对话创造氛围。"对此，涵盖主要反对党的苏丹"全国共识力量"组织发言人卡迈勒·奥马尔表示，巴希尔的表态是积极一步，不过还需采取更多措施，"我们需要允许政治对话、表达自由和新闻自由的气氛"。二是2013年4月6日在卡塔尔的积极斡旋下，经过数月艰苦谈判，苏丹政府与达尔富尔地区主要反政府武装组织——"正义与平等运动（军事派）"在卡塔尔首都多哈签署了一项和平协议。苏丹第一副总统塔哈、卡塔尔首相兼外交大臣哈马德及联合国、非洲联盟、阿拉伯国家联盟等代表出席了协议签字仪式。

南苏丹政府同样面临安全问题,琼莱州境内皮博尔地区的安全形势恶劣。2013年3月,政府为了保证法国道达尔石油公司的安全作业,与当地大卫·瑶瑶为首的叛军武装发生交火,造成150人死亡。①2013年7月以来,洛乌努尔部落和穆尔勒部落之间以及政府军与反叛武装之间的暴力冲突接连不断。

2. 相互指责对方支持本国的反政府武装,安全因素成为南北关系的关注点。

指责对方支持各自国内的反政府武装一直是困扰两个苏丹关系的重大问题。2013年1月4日至5日在埃塞俄比亚首都亚的斯亚贝巴,苏丹总统巴希尔和南苏丹总统基尔举行了两天会谈,就全面落实和执行双方2012年9月27日签署的八项"全面合作协议"取得了积极进展,同意就逐步落实各项协议制定了一个具体的"路线图"。本次谈判的最大亮点是,过去几个月来一直阻碍双方落实各项协议的症结问题——南苏丹停止支持苏丹反对派"苏丹人民解放运动北方局"的问题——取得历史性突破。基尔在与巴希尔会谈中,同意以书面形式承诺"断绝与苏丹人民解放运动北方局"的联系。南苏丹恢复石油生产和出口也正是这次谈判带来的积极成果。

然而几个月后,2013年6月8日苏丹总统巴希尔宣布,因南苏丹支持苏丹境内叛军,9日起将禁止南苏丹使用苏丹石油管道出口石油。巴希尔当天在电视讲话中说,"苏丹不会允许南苏丹的石油出口收入用于为(苏丹境内的)反政府武装和雇佣兵购买武器"。苏丹政府一直指责南苏丹暗中支持南科尔多凡州、青尼罗州以及达尔富尔地区活跃的反政府武装。

另一方面是南苏丹对苏丹支持本国反政府武装的指责。自2011年7月宣布独立以来,南苏丹长期致力于打击本国的反政府武装,并指责苏丹为背后的策划者和支持者。

双方为此不断打口水仗,这一互相指责不时出现。例如,2013年6

---

① 人民网:《16名联合国维和人员在南苏丹遇难,潘基文谴责》,2013年4月10日。http://www.chinanews.com/gj/2013/04-10/4719650.shtml。

月14日，苏丹军方发言人哈立德·萨阿德宣布，12日晚上，从南苏丹瓦达州潜入的达尔富尔反政府武装组织"正义与平等运动"成员炸毁了位于南北苏丹边界地区阿卜耶伊界内的石油管道，爆炸造成大火，数小时后才被扑灭。萨阿德在一份声明中说，以杰布里勒·易卜拉欣为首的"正义与平等运动"武装分子炸毁的石油管道处于非盟联合国监督部队控制区内，袭击事件发后，非盟联合国监督部队对叛军进行了追捕。萨阿德还指控南苏丹人民解放军为恐怖分子提供了爆炸石油管道的技术支持。

3. 石油生产与输出为双方带来急需的资金，南北苏丹、特别是南苏丹的经济发展将出现新局面。

2011年初，南苏丹停止石油生产后，两个苏丹因失去石油收入而几乎同时陷入经济困境。巴希尔2012年发布财政紧缩措施，曾触发小规模抗议示威，维权团体指认苏丹政府在打压抗议期间拘捕数目不详的参与者，关押了一些反对派成员。巴希尔所说的释放政治犯主要是指这些人。最近的一次民众示威活动出现在2013年9月25日，苏丹首都喀土穆多处爆发民众抗议示威。据喀土穆警方宣布，这次暴力事件导致3人死亡；同时部分网络通信设施被破坏，导致全国整个互联网与外界联系中断；多家加油站被示威者烧毁，银行提款机被砸，一些公交车和私人轿车被烧，多家超市被抢。导致这次喀土穆大规模游行抗议和暴力事件的直接原因，是苏丹政府9月23日通过了一项经济改革计划，其中包括减少政府开支，进一步实施经济紧缩政策；取消多年来政府对燃料的补贴等。

苏丹政府两次实施经济紧缩政策，正如苏丹第一副总统塔哈9月25日在喀土穆州5000名应届大学毕业生就业大会上发言所说，国家面临严重的经济困难，政府采取如此严厉的经济紧缩政策，的确是"一剂苦药"，但为了"治病救人"，政府也是不得已而为之，他希望民众予以理解。①

2012年1月29日，因与苏丹在石油出口过境费问题上未能达成协议，

---

① 吴方斌：《苏丹，暴力事件致3人死亡》，《人民日报》2013年9月27日，第21版。

南苏丹完全关闭了本国的原油生产。至2013年4月底开始恢复石油,共停止原油生产15个月。停产前,南苏丹原油日产量约为35万桶。石油是南北苏丹的经济命脉,停止石油生产无异于坐以待毙,两个国家谁也无法承担停止原油生产带来的严重后果。在停止石油生产期间,苏丹政府面临经济困境,不得不采取紧缩银根政策来应对;对于石油出口占国民收入98%的南苏丹而言,没有石油收入,政府则无法保持正常运作。正是因为缺乏了石油经济收入,两个苏丹各自国内的安全形势不断加剧,安全威胁不断加大,经济危机不断加速。

2013年4月底南苏丹恢复石油生产以来,共获得9亿美元的收入,其中2.4亿美元支付苏丹的过境费、输油管道费和关税。换言之,苏丹收取了石油总收入约25%的费用,即每桶约25美元的费用,占每桶石油收入的约1/4。石油为双方带来了急需的资金,如雪中送炭,不但缓解了南北苏丹的经济困境,而且缓解了两个苏丹国内的安全压力和两国之间的紧张关系。

2013年9月,笔者曾再次赴朱巴考察,看到了首都街头一片建设的繁忙景象,石油经济再次在南苏丹展现了活力。在这种情况下,南苏丹政府又开始计划修建自己的输油管道,以摆脱对苏丹输油管线的依赖,从而免受他人制约。

可以预见,如果南苏丹保持正常的石油生产,国家就会有足够的资金用于建设,国家的面貌就会比较快的发生变化。这也是众多外国公司齐聚朱巴,加入到南苏丹重建队伍中的原因。例如,目前在南苏丹首都朱巴的外国大银行就有25家之多。

4. 基尔改组内阁和访问北方,南北苏丹关系出现缓和迹象。

南苏丹停止石油生产给国家造成的经济困境,曾严重威胁着基尔政权的稳定,军队和政府中的强硬派曾发出要求基尔恶化南北苏丹关系、进而要求基尔本人下台的呼声。强硬派认为,基尔对苏丹态度过于软弱,这也是促使基尔作出关闭油井决定的主要因素;然而当停止石油生产和输出进而造成国家经济困境时,强硬派和野心家又认为基尔缺乏领导能力,应该让位。在此情况下,基尔认为对强硬派的让步必将导致自己下台。于是，他在2013年初改组了军队，后在年中解散和重组了内阁，在稳定政权的同时，他先后与北方修复关系，促使南北关系出现缓和局面。

2013年1月，基尔首先对军队开始整顿，先从高级将领开刀。他采取了三种方法：一是文武进行分家，文武官员不能一身而兼两职；二是人员进行分流，对一些年龄偏大者实行离退休，让其适时让位；不胜任职务者离开，分流到其他部门；三是权力进行分散，不让个别人和少数人权力过大。基尔明白，对自己威胁最大者，就是那些与自己曾经并肩战斗过的老革命，他们资格老，权力大，气势高，必须把这批人分散分化分离，以巩固政权，稳定根基。正是清除了前进道路上强硬派的阻力，南苏丹才重启石油生产和出口，为缓和国家经济危机注入了活水。其次，基尔对内阁进行了改组。对政府的改组安排在整顿部队后进行，这样政权根基相对稳固，基尔心中充满自信。他先解散了内阁，罢了政府中野心家和强硬派的代表人物——原副总统和执政党总书记的官，接着对内阁进行大换血，重用技术官员和温和派官员，原内阁成员中仅有5名部长留任，其中原信息与广播电视部长改任外交部长，原司法部长改任信息与广播电视部长。同时，内阁成员由原来的18名增加到19名，多了一名妇女工作部长的职位。截至笔者2013年9月中旬赴南苏丹考察之时，在19名内阁成员中，仅有两名职位空缺，一位是司法部长，另一位是总统事务部长。

在宣布解散内阁的7月23日当天，基尔去了乌干达，朱巴的局势总体稳定，说明基尔能够控制国内局势，但仍心有戒备，预防万一。9月3日，在确信掌握国内总体局势后，面对巴希尔一再要求关闭输油管道的威胁，基尔主动向巴希尔伸出橄榄枝，出访苏丹缓和南北关系。两国总统承诺不再提及关闭输油管道之事，不再支持各自国内的反政府武装，并开通了南北总统热线，以便出现问题及时直接沟通解决，两国关系发展因之升温回暖。

5. 南苏丹积极准备阿卜耶伊公投，阿卜耶伊归属问题将再次成为南北关系的焦点。

尽管南北苏丹关系出现缓和局面，但是两国关系彻底改善仍面临诸多重大挑战，最大的挑战莫过于阿卜耶伊问题。2013年9月在南苏丹首都朱巴，笔者与南苏丹信息与广播电视部广播司司长阿马尼·扎卡里（Amani Zakari）进行了交谈。我们二人之间的谈话十分随意，谈话地点就在他家中。因他本人来自阿卜耶伊地区，话题自然就会提及这一问题。在谈到阿卜耶地区的最新情况时，他说南苏丹政府当时正在积极准备阿卜耶伊的公投，"我们计划10月份能够举行公投，目前正在积极准备之中，有关硬件，如投票需要的电脑、选票印制等，还没有决定最终在乌干达还是在肯尼亚解决"。在问及参加公投的人员资格时，他毫不犹豫地表示，当然是长期居住在那里的恩古克·丁卡族。换言之，他等于告诉我即将举行的公投的结果。

　　尽管扎卡里表示，南苏丹即将举行的阿卜耶伊公投得到了非洲联盟的支持，但是可以明白无误地预见，苏丹不会承认这一公投。巴希尔曾多次强调，"阿卜耶伊是苏丹领土，我们不会同意在该地区进行公投"。在目前情况下，即巴希尔面临两年后的选举，他更不会在阿卜耶伊问题上作出丝毫妥协。对基尔来说，尽管主动作出缓和南北关系的举动，但是在事关国家主权和重大利益的原则问题上，他不会后退半步或进行任何形式的交易，否则就不会举行这次公投。

第四章
中国在南北苏丹问题上应采取的对策(略)

结 语

在非洲,南北苏丹问题具有特殊性、示范性和代表性。对中国外交而言,南北苏丹问题则具有现实性和挑战性。

两个苏丹的关系既是邻国之间的关系,也有一个国家内部争议的成分,两国关系的发展受到历史遗留与现实纠纷的困扰,其特殊性不言而喻;两个苏丹关系是非洲大陆一个大国与一个新诞生国家的关系,又与其周边国家的形势变化紧密相连,解决得好与不好,会对周围地区局势产生相关影响,其示范性不言自明;两个苏丹的关系又是北非阿拉伯国家与撒哈拉以南非洲国家关系的一个缩影,种族矛盾、宗教瓜葛具有鲜明特点,文化认同、发展程度均存在明显差异,其代表性显而易见。

两个苏丹因一条输油管道而将其经济利益连接在一起,这条管道的另一头又与中国相联系。这一联系不仅是经济的,而且是政治的;既是现实的,又是未来的,将对两个苏丹关系的发展、对中国与两个苏丹关系的发展产生重大影响,具有一定的典型性。

两个苏丹又因分别与中美两个世界大国的特殊关系而备受关注,这种关系在一定程度上影响着两个苏丹关系的发展变化。

总之,两个苏丹问题处在非洲各种矛盾的一个节点上,其典型性无庸赘述。如何处理好两个苏丹之间的关系，既是中国外交的一个新课题，又是中国施展外交才能的新平台。而处理好这对关系的前提条件之一是，必须关注两个苏丹的国内局势及双边关系的发展变化，熟悉其存在问题与矛盾症结，进而对形势发展作出准确判断。在此基础上，提出中国的对策，服务中国的非洲战略和外交大局。同时，为中国外交积累实践经验，增强中国外交的自信与张力。

|第四编|

新形势下中非关系的
国际贡献研究 *

---

* 张春：上海国际问题研究院西亚非洲中心副主任，副研究员，博士。

自2006年中非合作论坛北京峰会以来,中非关系的发展面临着一系列的新形势。首先是它所面临的国际舆论形势极大地恶化了,很大程度上源于西方对中非关系快速发展的不实担忧和夸张批评。其次是中非关系本身的快速发展也加速了其升级和转型,需要更为全面地总结成就得失,并前瞻性地思考未来的可能发展。最后,对中非关系的国际期待日益上升,一方面来自对中国提供更多国际公共产品的期待,另一方面来自全球危机泛化背景下的期待,必须避免"期望越高、失望也可能越大"现象的发生。这样,研究中非关系的国际贡献就相当有必要:它既可通过纠正西方对中非关系的不当批评而为中非关系"正名",也可为中非关系的可持续发展提供可行的参照,还可缩小甚至避免期待与能力之间的落差。

尽管如此,现有对中非关系国际贡献的研究仍存在重大不足。大多数相关研究是由西方学者作出的;虽然中国学者也作了一些积极尝试,但更多是反应式和辩护式的,缺乏系统性、主动性和创造性。更为重要的,现有研究大多聚焦于中非关系的经济层面,特别是贸易、投资和援助关系,这就极大地缩小了中非关系的实际内涵。本文认为,尽管不尽如人意,中非关系的积极面仍占据主导;这不仅体现在包括经济关系在内的物质层面上,也体现在目前少有分析的战略和理论层面上。据此,本文将系统讨论中非关系积极贡献的国际层面,包括物质贡献、战略意义和理论启示,[①]并思考应如何有效巩固和拓展中非关系的国际贡献。

---

① 中非关系的贡献是双向的,其国内贡献是指对中国的经济发展、国际战略地位及理论思考等的推动,国际贡献则是本章集中讨论的对非洲及其余国际社会的积极影响。本章仅讨论其国际层面,特此说明。

第一章
中非关系面临的新形势

自2006年中非合作论坛北京峰会、特别是新世纪进入第二个十年以来,中非关系所面临的形势有了重大发展。这一新形势的最为重要的三个方面分别是:国际舆论环境日趋严峻,提出了为中非关系"正名"的迫切要求;① 中非关系面临的转型压力日益显现,产生了总结经验教训的现实需要;国际期待不断上升,导致了避免期待落空的重大压力。为了更好地应对新形势下的新需要,有必要系统总结和提炼中非关系的国际贡献,特别是如何既从物质层面、也从战略和理论层面系统论述中非关系的国际贡献。现有研究的重大不足,导致这一使命更显重要和迫切。

一、国际舆论环境日趋严峻

当前中非关系所面临的国际舆论环境正朝向不利的方向发展:西方国际社会出于多种目的刻意误读甚至攻击中非关系;更为重要的是,这一误读和攻击已经出现一种明显的系统化、理论化和官方化的趋势。这也在某种程度上影响了非洲国家对中非关系的看法,有的地方甚至出现了"反华"苗头。当然,还有部分新兴国家则尝试搭中非关系的车,一方面附和西方对中非关系的批评,另一方面实际效仿中国做法,争取"左右逢源"地发展与非洲的关系。也应看到的是,这一恶化的国际舆论

---

① 李安山:《为中国正名:中国的非洲战略与国家形象》,载《世界经济与政治》2008年第4期。

环境中,也存在着系统总结中非关系国际贡献的机会。

首先,西方国际社会对中非关系的不当批评呈现系统化、理论化和官方化的趋势。

进入21世纪后,西方国际社会对中非关系的反应总体上可分为三个阶段。大致到2005年左右,西方很大程度上忽视了中非关系的快速发展。一方面是因为此期的中非关系处于恢复性发展阶段,其重要性尚不足以引起西方世界的重大关注。另一方面则是因为美欧忙于全球反恐战争和应对围绕伊拉克战争的重大分歧等。第二阶段大约从北京峰会召开前至2008年北京奥运会召开之初,西方国际社会对中非关系的快速发展严重心理失衡,片面鼓吹在非洲的"中国威胁论",主要有新殖民主义论、政治体制威胁论、漠视人权论、经济制度威胁论、软实力威胁论、援助方式危害论、资源掠夺论、环境破坏论、军事威胁论,等等。[1]

随着北京奥运会的成功举办,西方国际社会开始更为理性地思考中非关系,逐渐承认其部分积极贡献;同时,也致力于对中非关系批评的理论化、系统化和官方化努力。首先,理论化和系统化努力背后的根本逻辑是:中国不关注非洲的安全、只追求经济利益;而关注非洲安全的前提便是在非洲推广西方式民主。换句话说,美欧等西方国家通过一个"民主—安全—发展关联"(Democracy-Security-Development Nexus),[2] 置中非关系于理论和道德上的"不正确"一方。其次,理论化和系统化努力的重要手段是:利用各种国际"软法"(soft law)或"软规范"(soft norm)批评中非关系。所谓国际"软法"或"软规范"是指居于"法律与政治之间"的明显不具约束力但却有着国际法相关性的国际规范,很大程度上由非政府组织所倡导并得到部分主权国家大力支持,尽管不具

---

[1] 英国国防部曾于2008年委托英国皇家国际事务研究所(Chatham House)对2005—2008年间有关中非关系的文献作一综述,该报告充分显示出西方当时的非理性状态,参见Tom Cargill, "China and Africa: A Literature Review," Unpublished Chatham House Review, 2008。

[2] 作者曾就"发展—安全关联"做过粗浅讨论,参见张春:《"发展——安全关联":中美欧对非政策比较》,载《欧洲研究》2009年第3期。

备强制执行力但却拥有强大的舆论影响力。① 目前，已有少数国家借用这类国际"软规则"来约束或引导中非合作论坛的发展方向，如涉及钻石开采的"金伯利进程"，涉及自然资源开采的"采掘业透明协议"，涉及企业社会责任的"全球契约"，涉及金融、环境与社会保护的"赤道协议"等。最后，理论化和系统化努力的重要方法是行为主义研究方法，2011年底出台的人权观察组织（Human Rights Watch）有关中国企业在利比亚铜矿的企业责任表现的报告便是典型。② 对不熟悉中非关系的普通读者而言，该报告的确显得相当"客观"，特别是其为西方所熟悉和欢迎的方法论。相比之下，中国方面的相关回应便不够系统化和学术化。

在对中非关系批评日益理论化和系统化的同时，西方政府高官对中非关系的批评也日益增多，呈现出一种官方化趋势，尽管有人认为批评中非关系的更多是媒体、学者和大众。③ 这一趋势早在2006年甚至更早便已出现，但在进入2011年后它表现得更为明显，且最为主要的是美国。例如，美国国务卿希拉里·克林顿在2011年两度公开批评中非关系，这是历史上罕见的。又如，美国负责非洲事务的助理国务卿约翰尼·卡森（Johnnie Carson）曾多次说，"中国是一个非常具有侵略性和有害的经济竞争者，不讲道德……中国到非洲不是出于利他主义的目的"，"中国在非洲主要是为了中国"。④ 与此同时，美国参议院也加大了对中非

---

① 有关国际"软法"或"软规范"的论述，可参见 La Szlo Blutman, "In The Trap of A Legal Metaphor: International Soft Law," *International and Comparative Law Quarterly*, vol. 59 (July 2010), p. 605; Jon Birger Skjaseth, Olav Schram Stokke and Jogen Wettestad, "Soft Law, Hard Law, and Effective Implementation of International Environmental Norms," *Global Environmental Politics*, Vol. 6, No.3 (August 2006), p. 104; Dinah Shelton ed., *Commitment and Compliance: The Role of Non-Binding Norms in the International Legal System* (Oxford and New York: Oxford University Press, 2000); 等。

② 作者于2011年11月22日与该报告主要撰写人马特·韦尔斯（Matt Wells）的谈话，华盛顿；作者与布劳提冈教授的电子邮件通信，2011年11月15日。

③ 作者于2011年10月11日同美国国防大学非洲战略研究中心（Africa Center For Strategic Studies）主任威廉斯·贝拉米（Amb Williams Bellamy）大使的谈话。

④ Quoted from Deborah Brautigam, "China in Africa: Seven Myths," ARI, No. 23/20011 (8 February 2011), http://www.realinstitutoelcano.org/wps/portal/rielcano_eng/Content?WCM_GLOBAL_CONTEXT=/elcano/elcano_in/zonas_in/sub-saharan+africa/ari23-2011.

关系的关注度,在2011年11月和2012年3月两度举行有关中非关系的听证会。

其次,非洲对中非关系的传统友好认知遭到一定程度的削弱,少数媒体和学术精英正加入西方批评中国的行列。

尽管非洲对中国和中非关系的总体认知仍是相当积极的,但中非关系的历史和感情基础仍正逐渐削弱。原因主要有两个,一是中非经济关系的快速发展某种程度上淡化了历史和感情基础,[1] 二是非洲的政治发展和领导人更替正逐渐削弱中非传统感情基础。这样,中非关系中的部分消极和负面因素受到的关注不断上升。例如,有关中国商品质量、移民融入当地社会、企业社会责任、支持"专制政权"等问题的讨论正在增加,有人甚至认为"反华情绪"正成为一种主导性社会情绪。[2] 如同有学者指出的,在西方国际社会不实批评中非关系的同时,出现了一种与西方批评有着重大差异的非洲版"中国威胁论",其基础的确是基于中非关系实践的信息供给和道德批判。[3]

最后,为了搭中非关系的便车,其余新兴大国对有关中非关系的评论的是非曲直漠不关心,有时甚至火上浇油。这些国家所乐见的最好局面是,他们既能在处理对非关系上效仿中国做法,同时使对这些做法的批评仅针对中国,典型例子是如印度、巴西、土耳其等同样奉行的对非关系不干涉内政原则和对非援助不附加条件原则。

---

[1] 李伟建等:《迈向新的十年:中非合作论坛的可持续发展研究》,载《西亚非洲》2010年第9期,第8—9页。
[2] 作者于2012年4月29日同肯尼亚内罗毕大学教授约瑟夫·奥雅拉(Joseph Onjala)的谈话,内罗毕;另可参见 Yaroslav Trofimov, "In Africa, China's Expansion Begins to Stir Resentment," *The Wall Street Journal*, 2 Feb 2007, http://news.mongabay.com/2007/0202-wsj.html, 2007-02-05; Paolo von Schirach, "Anti-Chinese Sentiment Strong Theme In Presidential Elections Upset in Zambia," *Schirach Report*, September 23, 2011, http://schirachreport.com/index.php/2011/09/23/, 2011-10-15。
[3] 周玉渊:《非洲媒体对中非关系的报道:影响与反思》,浙江在线教育频道,2011年10月28日,http://edu.zjol.com.cn/05edu/system/2011/10/28/017952269.shtml;周晓晶:《中非合作公开透明互利 非洲版"中国威胁论"需破解》,中国经济网,2006年6月20日,http://intl.ce.cn/zgysj/200606/20/t20060620_7432157.shtml。

这样，中非关系所面临的国际舆论环境有进一步恶化的趋势：一个对中非关系可持续发展极为不利的"国际舆论联盟"正在形成过程中，它由刻意抹黑中非关系的西方国家、媒体和学术界，加上轻信误信的部分非洲媒体、学术和政治精英，以及对此漠不关心甚至火上浇油的其余新兴国家政府和精英等所组成。

也应看到，中非关系所面临的国际舆论环境仍然存在着重大机遇：首先，中国政界和学界都已认识到这一不利发展并采取了一系列卓有成效的应对措施，其典型是中非联合研究交流计划；其次，非洲总体上仍对中非关系持非常积极和正面的看法；最后，也是最为重要的一点，西方对中非关系的不当批评在中非关系的成功事实面前难有新理念和新观点产生，只能走系统化、理论化和官方化的道路，进而为中国改善中非关系的国际舆论环境提供了缓冲，也为建构中非关系的国际贡献论提供了"机遇之窗"。

二、中非关系面临转型压力

中非关系的快速发展也加速了其升级与转型。未来10—20年之内，中非关系的可持续发展将面临三方面的转型压力：一是自冷战结束便已启动的从情感/意识形态主导型向经济利益主导型的转型；二是从经济利益促进型向经济利益保护型的转型；三是从非对称性相互依赖型向对称性相互依赖型的转型。

冷战结束启动了中非关系从情感/意识形态主导型向经济利益主导型的转型。首先是经济关系迅速成为中非关系中增长最为迅速的方面。自20世纪50年代直至冷战结束前，经济关系始终不是中非关系的重心所在。[①] 进入90年代后，中国开始全面调整与非洲的经济关系，首先是于1992年调整了对外援助政策，使对外援助与经贸合作直接挂钩；其次是于1997年召开首次"全国对非经贸合作工作会议"，成立了"对非经济

---

① Kerry Brown and Zhang Chun, "China in Africa - Preparing for the Next Forum for China Africa Cooperation," Briefing Note, Chatham House, June 2009.

贸易技术合作协调小组";再次是于1999年启动的"走出去"战略。上述措施为进入21世纪后的中非经贸关系飞速发展奠定了扎实基础。其次是中非交往增多导致中非相互认知从一种"距离美"发展为一种"近之则不逊",中国人与非洲人的交往摩擦、中国商品的质量、中国公司的企业社会责任表现等,都使得原本存在的美感逐渐消失。① 最后是前述的中非在冷战结束后的政治发展道路的差异和双方领导人的代际更替使曾经的意识形态共识和情感联系都逐渐淡化。

中非关系可持续发展面临的第二个转型很大程度上是前一转型的延续,即随着中非经济联系的增多,特别是中国在非洲利益存在的增长,中非关系正面临从促进经济利益向保护海外利益的转型。一方面,经过十余年的努力,中国在非洲的"走出去"战略已经达到了需要升级和转变的水平,如何保护中国海外利益已成为"走出去"战略的下一重点。另一方面,尽管已经有了很大改善,但非洲仍是全球投资风险最高的地区,各种政治风险、安全风险和社会风险普遍存在,使中国企业"走进非洲"充满不确定性。随着2011年"阿拉伯之春"的爆发,对中国在非洲的海外利益的保护问题被迅速提上议事日程。

与前两个转型或者接近完成或者已经启动相比,中非关系的第三个转型可能在不久的将来出现。就目前的中非相互依赖而言,更多是中国依赖非洲的各种自然资源和国际支持,非洲对中国的依赖则重点在于中非关系所创造的战略性机遇。但目前中国、非洲和更大的国际社会的发展可能使中非相互依赖关系发生转变。首先是中国自身经济发展道路和经济结构的转型。显然,在经过改革开放头30年的高速增长后,中国经济发展的环境和内涵都有了很大的改变。如果说改革开放头30年的中国经济是从计划经济向市场经济体制的转型,那么从2008年全球金融危机开始起中国经济便面临着由生产大国向消费大国转变的"第二次转型"。

---

① H. Haugen and J. Carling, "On the Edge of the Chinese Diaspora: The Surge of Baihuo Business in an African City," *Ethnic and Racial Studies*, Vol. 28, No. 4 (2005), pp. 639-662; Mohan Giles and May Tan-Mullins, "Chinese Migrants in Africa as New Agents of Development? An Analytical Framework," *European Journal of Development Research*, Vol. 21 (2009), pp. 588-605.

其次，部分得益于中非关系的发展，中国和非洲的经济增长的剪刀差缩小，将是中非相互依赖关系转变的另一重要推动力。基于21世纪头10年的发展，非洲已经不再被认为是"绝望的大陆"，相反却被认为"正在崛起"，未来10年非洲将是世界上经济增长最快的地区，全球经济增长最快的10个国家中非洲占据8席。① 最后，以中非关系拉动的南南合作和国际对非合作的发展，也将对当前的中非相互依赖关系产生重大影响，促使其向着更为对称的方向发展。

三、国际期待持续上升

在中非关系迈入可持续发展的同时，各类全球性危机——特别是全球金融危机、气候变化危机和国际恐怖主义危机——的集中性和群体性爆发，将中国推到了全球舞台的中央，国际社会对中国承担国际责任的期待不断上升；具体到非洲，因其在国际体系中的弱势地位而在面临各类全球性危机时更为脆弱，进而对中国承担国际责任、对中非关系的未来发展期待更大。与此同时，中国也同样遭受这些危机的重大影响，再加上中国发展水平的限制，导致在国际社会的期待与中国自身的实力之间存在不小的差距。

随着中国的经济快速发展、国际地位不断提升，有关中国国际责任的讨论正持续升温。中国责任论的兴起源于改革开放30余年来中国所取得的巨大成功，其诱发因素则是当前体系性危机下中国经济的一枝独秀，特别是2008年北京奥运会、2010年上海世博会的巨大成功，全球金融危机背景下中国经济率先走出阴影并在国民生产总值（GDP）总量上超越日本成为世界第二大经济体等。对中国责任论者的鼓吹主要有两个理由：第一，中国是在既有国际体系的背景下崛起的，是当前国际体系的受益者，但中国目前并未对体系作出相应回报；第二，中国有能力回报现有国际体系、中国需要做一个"负责任的利益攸关方"，但做得明显不够，

---

① "The Hopeful Continent Africa Rising," *The Economist*, 3 December 2011; Jakkie Cilliers, Barry Hughes and Jonathan Moyer, *African Futures* 2050 (Pretoria: Institute for Security Studies, 2011), pp. 28-32.

尽管中国已经表现出相当明确的意向。西方国际社会对中国的责任要求有两个重大特征：一方面，中国要在政治上和观念上采用西方式的自由民主，不可以中国独特的政治、社会思想和道路来挑战西方思想和道路的主导地位；另一方面，中国要在经济上尽可能地提供更多的国际公共产品，承担更大的国际责任，特别是在全球金融危机的背景下负起"社会主义拯救资本主义"的重担，在全球气候变化危机的背景下承担起"排放大国"的减排责任等。换句话说，如果说国际公共产品包括物质、战略和思想三个方面的话，西方国际社会要求中国提供的仅仅是物质性的，而拒绝来自中国的战略和理论性的公共产品。

在西方国际社会对中国的责任期待持续上升的同时，非洲对中国、特别是中非关系的期待也持续上升。首先，非洲原本严峻的发展与安全压力在国际体系转型背景下更显迫切：一方面，由于自身发展的时间尚短且历史遗留问题较多，非洲国家在赢得了政治主权后半个多世纪内并未真正赢得经济主权，仍面临着严峻的发展挑战；另一方面，由于全球化的深入和国际体系转型的加速，非洲的各种新旧矛盾不断被激活，进而导致重大的安全挑战。但主要由于西方式思维和话语的压倒性优势，非洲的解决思路更多是西方所提供的"安全第一"或"发展政策安全化"方法。① 其次，来自西方外部大国的不当压力事实上恶化了非洲的发展环境。尽管国际体系的转型事实上呼吁西方大国理性地、主动地减弱自身在国际生活中的不良影响，但事实恰恰相反。西方国际社会迄今仍试图控制非洲的发展方向，进而影响中非关系的发展。最后，国际危机的泛化使非洲的长期发展任务更为艰巨。在2008年底全球金融危机爆发之初，许多分析家都认为其对非洲的影响可以忽略不计，因为非洲经济对

---

① 张春：《全球经济危机下非洲地区一体化的挑战》，载《非洲研究》2010年第1卷（总第1卷），第256—259页。令人欣慰的一个趋势是，越来越多的非洲政治家和知识精英正认识到这一问题，并强调非洲需要调整方向，通过"向东看"学习东方世界——主要是东亚地区——的发展经验，并强调安全问题的解决需要首先解决发展问题。非盟和平与安全理事会秘书长阿德菲·卡姆布兹（Admore Kambudzi）博士在2012年5月22日中国驻埃塞俄比亚大使馆与南非国际安全研究所共同举办的"中国—非洲在和平与安全领域的合作"国际研讨会上的演讲，亚的斯亚贝巴。

全球金融体系的开放度比世界其余任何地区都低。① 但随着金融危机演变为全球经济衰退,大多数人认识到,非洲再一次成为最大的受害者之一。②

四、建构中非关系国际贡献论的紧迫性

由于上述三方面新形势的发展,中非关系国际贡献论的建构显得相当紧迫和必要,而这又为既有研究的明显不足所强化。的确,国内研究在如何理论性回应西方批评、体系性设计中非关系未来战略方面明显做得不够,特别是系统总结和梳理中非关系的国际贡献方面,仅有的少数系统性研究也多由外国学者完成。

目前,国内外对中非关系的研究主要有三个趋势性表现。首先,尽管多数研究持负面态度,但正面评价的研究正呈上升态势。其中,包括世界银行、非洲发展银行、联合国开发计划署(UNDP)等在内的一些国际多边机构发挥了引导性的作用,同时西方学者也开始出现积极的声音。例如,世界银行对中国在非洲的基础设施援建作了较系统的研究;③非洲发展银行于2011年5月发表了一批报告,对中非关系的积极面作出

---

① 舒运国、路征远:《世界金融危机对非洲的影响》,载《西亚非洲》2009年第3期,第5—6页。
② Cindy Shiner, "Africa: Continent Needs Proactive Action on Climate Change, Expert Says," *All Africa*, 18 March 2010, http://allafrica.com/stories/201003180001.html, 2010-03-20.
③ Vivien Foster, William Butterfield, Chuan Chen, and Nataliya Pushak, *Building Bridges: China's Growing Role as Infrastructure Financier for Sub-Saharan Africa* (Washington, D.C.: World Bank, 2008).

了充分的肯定;①多位西方学者也试图讲出"中国在非洲的真实故事";②国内学者李安山也撰文为中非关系正名。③其次,尽管仍有不少著述批评中非关系可能影响到西方国家在非洲的良治、反腐、援助有效性等努力的成效,④但越来越多的研究开始关注中非关系的积极外溢。例如,联合国就已开始讨论中非关系对于其他的新兴大国,如印度、土耳其、韩国等的影响,⑤中国学者也开始了相关探讨。⑥第三,尽管对于中国对非政策的决策、执行等仍有着诸多误解,但越来越多的学者开始研究中非

---

① Jing Gu and Richard Schiere, "Post-crisis Prospects for China-Africa Relations," Working Paper, No. 124 (May 2011), African Development Bank Group; Richard Schiere, "China and Africa: An Emerging Partnership for Development? – An Overview of Issues," Working Paper, No. 125 (May 2011), African Development Bank Group; Mary-Françoise Renard, "China's Trade and FDI in Africa," Working Paper, No. 126 (May 2011), African Development Bank Group; Richard Schiere and Alex Rugamba, "Chinese Infrastructure Investments and African Integration," Working Paper, No. 127 (May 2011), African Development Bank Group; Ron Sandrey and Hannah Edinger, "China's Manufacturing and Industrialization in Africa," Working Paper, No. 128 (May 2011), African Development Bank Group; Jean Claude Berthelemy, "China's Engagement and Aid Effectiveness in Africa," Working Paper, No. 129 (May 2011), African Development Bank Group.

② Deborah Brautigam, *The Dragon's Gift: The Real Story of China in Africa* (Oxford: Oxford University Press, 2010); Ngaire Woods, "Whose aid? Whose Influence? China, Emerging Donors and the Silent Revolution in Development Assistance," *International Affairs*, Vol. 84, No. 6 (2008); Deborah Brautigam, "China, Africa and the International Aid Architecture," Working Paper, No. 107 (April 2010), African Development Bank Group; Dambisa Moyo, *Dead Aid: Why aid is not working and how there is a better way for Africa* (New York: Farrar, Straus and Giroux, 2009).

③ 李安山:《为中国正名:中国的非洲战略与国家形象》,载《世界经济与政治》2008年第4期。

④ G. Le Pere ed., *China in Africa: Mercantilist Predator; or Partner in Development* (Johannesburg: The South African Institute of International Affairs, 2007); Serge Michel and Michel Beuret, *China Safari: On the Trail of Beijing's Expansion in Africa* (Boulder, CO: The Perseus Books Group, 2009).

⑤ Office of the Special Adviser on Africa, *Africa's Cooperation with New and Emerging Development Partners: Options for Africa's Development* (New York: United Nations, 2010).

⑥ 罗建波:《非洲一体化与中非关系》,社会科学文献出版社2006年版。

关系的决策程序和执行过程，特别是集中关注中非合作论坛的发展。①

总体而言，当前对中非关系国际贡献的研究存在三个重大不足：一是主动性不够，目前少有的较系统著述往往由外国人写就，受到的欢迎程度甚至大于国内学者的相似论著；二是战略性不够，鉴于外界批评更多集中于物质性的经济利益，由此而来的中国学术反应也就少有超越物质层面而达至战略乃至理论层面的；三是理论性和系统性不够，面对西方攻击的日益理论化和系统化，中国的学术反应仍相对零散，缺乏理论性、系统性。这样，作者认为，应当建构一个系统的中非关系国际贡献论，它必须超越传统的物质关切，既深入探讨中非关系的物质贡献，也探讨其战略意义和理论启示。或许更重要的是后两个方面，因为西方国际社会一方面施压中国提供尽可能多的物质性公共产品，另一方面又试图尽可能降低甚至拒绝中非关系的战略和理论性公共产品。

---

① Garth Shelton and Farhana Paruk, *The Forum on China–Africa Cooperation: A Strategic Opportunity* (Johannesburg: Institute for Security Studies, 2008); 中国研究中心：《评估中国中非合作论坛承诺在非洲的实施并规划未来》，南非斯坦伦布什大学中国研究中心，2010年1月；李伟建等：《迈向新的十年：中非合作论坛可持续发展研究》，载《西亚非洲》2010年第9期；李伟建等：《中非合作论坛北京峰会：评估与展望》，上海国际问题研究院报告，2008年12月。

第二章
中非关系的物质贡献

中非关系的物质贡献，是指这一关系对中国或非洲的国内社会—经济的稳定与发展的直接推动，涵盖中非双边关系的几乎所有方面，但最为核心的是经贸关系。事实上，西方舆论也更多关注中非关系的物质层面、特别是其中的经贸关系，并尝试从更深刻的理论层面对其加以批评。例如，新近有人开始质疑中国的"双赢"政策，认为中国只有在确保"赢"的情况下才会行动，同时由于中国更强进而往往"赢"得更多。① 这一研究方法总体上不利于中非关系国际贡献论的建构，因为它使得研究关注被不合理地缩小和简化，不仅忽视了中非关系的战略和理论性贡献，而且忽视了物质贡献内部的其他要素。因此，必须调整先前的针锋相对的"辩解"式回应，因为那样做有时效果并不明显，甚至可能陷入西方的话语圈套。

由于其独特的发展历程，非洲迄今仍是一个相对落后但同时充满多样化的大陆。从非洲发展的多样化入手讨论中非关系的物质性贡献，将提供一个更为全面和深入的观察。总体而言，非洲存在三种发展态势：一是危机状态，包括国内冲突和国家间冲突，各种自然灾害或人道主义危机，长期性社会危机或公共福利问题，等；二是转型状态，处于这一

---

① Robert Sutter, "Global Responsibility or Free Riding: The Implications of the 'Win-Win' Principle for China's Approach to Foreign Crises and International Affairs," paper presented for Annual Conference of American Political Science Association, September 2010.

状态下的国家很大程度上处于从冲突或危机状态向长期的可持续发展状态过渡时期,面临着较为严峻的维持和平与经济重建的双重任务;三是稳定状态,处于这一状态的国家更多需要巩固既有稳定和发展,争取实现可持续发展目标。由于非洲的特殊情况,多数国家往往同时处于两种甚至三种状态,因此探讨中非关系的物质性贡献,完全可从这三个方面入手,进而将中国的贸易、投资、援助、基础设施援建、医疗队派遣、维和部队派遣等根据其所发挥的功能予以分别讨论,而不是就整个非洲而论或仅就当前西方所关注的如自然资源、石油等议题讨论,从而避免陷入西方主导的话语陷阱。

一、非洲危机态势的稳定力量

尽管已独立半个多世纪,非洲仍面临较为严峻的人为和自然危机、内部和外部危机,即使那些已走上可持续发展道路的国家也是如此。中国一贯支持非洲稳定危机或紧急态势的努力,成为非洲危机或紧急态势的重要稳定力量,主要包括两个方面:一是紧急性冲突或危机的调解,如对苏丹达尔富尔危机和南北苏丹矛盾的劝和促谈努力,与国际社会一道共同应对索马里海盗问题;二是参与了非洲的长期和更多是自然性危机的缓解与应对,如长期坚持派遣医疗队帮助非洲国家应对公共卫生问题,为非洲提供各种类型的紧急人道主义危机救援,与非洲合作共同应对气候变化带来的危机等。

基于不干涉内政原则,中国在非洲的危机管理和冲突缓解中发挥了建设性作用。以苏丹达尔富尔危机为例。该问题大致在2003年前后开始显现;随着愈益增多的西方非政府组织对该问题的关注度上升,批评逐渐集中指向苏丹政府;由于中国与苏丹关系的快速发展,中国也逐渐成为被指责的一方。达尔富尔问题之所以成为国际热点,很大程度上与美国将其界定为"大规模种族屠杀"相关,尽管这一界定遭到联合国、欧盟、中国等的一致反对。联合国认为,达尔富尔问题的实质是环境、气候变化等所加剧的种族间资源争夺战。① 联合国秘书长潘基文也曾撰文指出，达尔富尔地区冲突的更深层原因很可能是气候变暖。② 联合国的立场在世界范围内得到广泛认可。

少数西方国家和非政府组织利用达尔富尔问题对中国施压，使中国被动地卷入苏丹达尔富尔问题。尽管如此，中国政府始终愿意充当苏丹与西方的"桥梁"和"传话人"，"作为一个杠杆，以平等的方式向苏丹政府提出建议，促使苏丹政府采取更加合作的态度，显示更多的灵活性"。③ 基于对不干涉内政与发挥建设性调解作用二者的合理平衡，中国为达尔富尔危机的缓解和稳定作出了重要的贡献。中国主张政治解决，愿意并实际地为解决达尔富尔问题提供了调解努力。在该问题上，中国主张有关各方应着眼大局和长远，彼此尊重和照顾对方的合理关切，通过对话和谈判，找到共同的利益基础，推动问题的公正持久解决。④ 中国率先提出的维和与政治解决并行的"双轨战略"，对达尔富尔危机的缓解和联合国和非盟混合维和部队的部署都发挥了积极的推动作用。

随着达尔富尔问题趋于稳定，西方国际社会的视野逐渐转向苏丹南北关系的处理，特别是落实2005年《全面和平协议》（Comprehensive Peace Agreement, CPA）上。与达尔富尔问题一样，西方国际社会又对中国在其中的可能作用表示关注。尽管有人担心中国政府可能不支持这一进程，但事实证明恰好相反。正是由于中国的建设性作用，南部苏丹公投得以平稳进行，并最终实现了南苏丹共和国的独立与平稳过渡。就连美国总统苏丹问题特使莱曼也承认，在中国和国际社会的共同努力下，

---

① UNEP, *Sudan: Post-Conflict Environmental Assessment*, Nairobi, Kenya: United Nations Environment Programme, 2007; Jeffrey D. Sachs, "No Development, No Peace", July 2007, Project Syndicate, http://www.project-syndicate.org/commentary/sachs131.
② Ban Ki Moon, "A Climate Culprit in Darfur", *The Washington Post*, June 16, 2007, p. A15.
③ 《中国政府达尔富尔问题特别代表举行中外媒体吹风会》，外交部网站，2008年3月7日，http://www.fmprc.gov.cn/chn/zxxx/t412957.htm。
④ 《胡锦涛同苏丹总统巴希尔会谈》，载《人民日报》2007年2月3日，第1版。

苏丹和平进程取得了积极的进展。①

中国对非洲冲突的缓解与稳定贡献还体现在中国参与应对索马里海盗的国际努力上。2004年后，索马里的海盗问题迅速引起全球性关注；索马里海盗主要来自东北部的邦特兰地区，并在距离摩加迪沙400公里的东北部城市哈拉德雷（Haradheere）设置了"海盗交易所"，海盗在出海前可在此设立"公司"公开向民众募资，入股方式从提供资助、武器、补给乃至人力，推动了海盗交易链的进一步形成。②面对索马里海盗的日益猖獗、中国商船在索马里海域遭受日益上升的威胁以及国际社会对中国发挥更大作用的呼吁，中国决定发挥更大的作用，主要体现为三个方面。第一，中国在联合国框架下参与打击索马里海盗的国际努力，包括：发挥联合国重要作用；严格遵守国际法和安理会决议；制定综合性战略；帮助索马里加强本国能力建设，并开展区域内协作。③第二，从2008年12月起，中国开始派遣护卫舰执行护航任务。截至2011年10月25日，共为4228艘船舶提供了护航。④第三，中国还与其他国家进行反海盗的研讨与共同训练。

中国也为缓解与稳定非洲的长期性危机作出了重要贡献，其典型是中国医疗队的派遣。自1963年至2012年，中国共向46个非洲国家派遣出709批医疗队，总派遣人数约1.8万名医疗队员，目前在非洲有约900名医疗队员。从历史发展看，中国援非医疗队的发展经历了四个阶段：20世纪60年代的初创时期，从1963年第一支援非医疗队派出，到1969年已经向8个非洲国家派出医疗队。第二阶段，即整个20世纪70、80年

---

① 《联合国失望中国未拘捕苏丹总统 美国肯定中方表现》，凤凰卫视，2011年7月2日，http://news.ifeng.com/world/detail_2011_07/02/7394697_0.shtml。
② 《报告显示索马里海盗年获利千万美元》，新浪网，2008年10月3日，http://news.sina.com.hk/cgi-bin/nw/show.cgi/121/1/1/892986/1.html；《海盗设交易所供认股，赎金分红》，载《苹果日报》2010年11月16日。
③ 《何亚非副部长在安理会索马里海盗问题部长级会议上的发言》，中国外交部网站，2008年12月16日，http://big5.fmprc.gov.cn/gate/big5/www.mfa.gov.cn/chn/gxh/zlb/ldzyjh/t526516.htm。
④ 《国防部："中国军力将直接进入非洲"报道别有用心》，中国国防部，2011年10月27日，http://www.mod.gov.cn/intl/2011-10/27/content_4309238.htm。

代,援非医疗队进入快速发展时期,从1970年的8个国家增加到1986年的38个国家,增长近5倍,这一数字一直保持到80年代末。第三阶段,即90年代前半期,中国援非医疗队的派遣国有所减少,主要原因有两个,一是"台独"运动导致中国与少数非洲国家的外交关系中断而影响到医疗队的派遣,二是非洲国家自身的内乱使得医疗队不得不撤离,尤其是索马里的动荡局势使得医疗队自1991年以来一直未能复派。进入21世纪后,中国援非医疗队的派遣进入第四阶段,即稳步增长和纵深发展的阶段,尤其是在2006年中非合作论坛北京峰会后,3个国家复派,3个国家新派。目前,中国有22个省市自治区向41个非洲国家派遣医疗队。[①]

中国还为非洲提供了大量的人道主义援助以应对各种紧急的自然灾祸。中国自20世纪60年代起便开始为非洲提供人道主义援助,始终坚持在联合国框架下对外提供人道主义援助,切实加强受灾国的能力建设。例如,2011年,非洲之角5个国家面临着严重的自然灾害并导致了广泛的粮食危机,为了帮助非洲之角国家尽快摆脱这一局面,中国于同年10月向该地区提供了价值4.4亿人民币的紧急人道主义援助,这是中国历史上最大的一笔人道主义援助。[②]

二、非洲冲突后重建的支持力量

非殖民化运动成功后,多数非洲国家在经历较短时间的快速发展后,又都重新陷入冲突与动荡。经过几十年的努力,这些非洲国家逐渐走出冲突,朝向国家重建的方向发展。作为非洲的传统友好伙伴,中国一贯支持非洲国家的冲突后重建努力,为其提供相当重要的支持,帮助其实现冲突后的稳定与和平,并推进其朝向可持续发展的方向迈进。

中国参与非洲冲突后重建努力的原因是多方面的,既包括非洲与国际体系的变化,也包括中国在非洲国家利益的拓展。首先,非洲所面临

[①] 张春:《医疗外交与软实力培育——以中国援非医疗队为例》,载《现代国际关系》2010年第3期,第51页。
[②] 《中国向非洲提供建国以来最大一笔粮食援助》,中新网,2011年9月25日,http://www.chinanews.com/gn/2011/09-25/3351368.shtml。

的安全挑战正从冲突和内战转向冲突后重建。在克服冲突和不安全的双重挑战方面，非洲确已取得重大成就；今天的非洲远比十年前更为和平。尽管部分冲突仍在继续，但非洲最严峻的安全挑战已从20世纪最后十年的战争与冲突，转向进入21世纪后的冲突后重建。其次，如前所述，中非关系正从经济利益促进型向着经济利益保护型转变。随着中国在非洲利益的拓展，非洲的和平与安全对中国来说也日益重要。最后，冷战后安全与发展之间的联系正变得日益密切。冷战时期完全分裂的有着不同目标和手段的两个政策领域，即安全与发展，到冷战结束后日益相互联系甚至相互交叉。

根据对"冲突后重建"的三阶段划分法，① 中国目前在非洲的冲突后重建努力主要属于前两个阶段、包括两大类，即为非洲提供维持和平力量和参与非洲的经济重建努力。

中国参与联合国维和行动经历了从拒绝到承认、从扮演一般性角色到争取重要位置、从比较注重国内需求到兼顾国际形象的转变过程。非洲既是中国参与联合国维和行动的开始，也是中国最为重视的维和地区，"维和行动的需求主要在非洲。联合国维和行动应向非洲倾斜"。② 1989年，中国首次向联合国纳米比亚过渡时期援助团派遣了20名文职官员，帮助监督纳米比亚大选，这是中国参与联合国维和行动的开始。此后，中国日益积极地参与联合国维和行动，特别是在非洲的维和行动。自2000年至2011年，中国向莫桑比克、塞拉利昂、利比里亚、刚果（金）、

---

① 这三个阶段包括：起步阶段（initial response phase）始于广泛的暴力结束之际，其特征是提供紧急人道主义服务，通过稳定行动和军事干涉提供基本安全，其中包括部署维和人员；转型或过渡阶段（transformation or transition phase），合法的地方能力产生并得到支持，其关注重点是重启经济发展，包括物质上的重建，确保有效的治理和管辖，并为提供诸如教育和医疗等基本社会福利奠定基础；最终阶段即巩固可持续发展阶段（fostering sustainability phase），即巩固先前的恢复性努力以预防冲突再次爆发。在这一阶段，军事行为体特别是国际维和人员逐渐退出社会和政治舞台，社会重归"正常"。*Post-Conflict Reconstruction Task Framework Report* (Washington, D.C.: CSIS, May 2002), http://csis.org/images/stories/pcr/framework.pdf, 2010-03-20。

② 沈国放：《我们为和平而来——"世纪面临的挑战：国际维和研讨会"上的讲话》，载《国际问题研究》2005年第1期，第5页。

科特迪瓦、布隆迪、苏丹、西撒哈拉、埃塞俄比亚及厄立特里亚等地派驻了维和人员，共计参加了联合国在非洲的15项维和行动，累计派出维和官兵1.5万余人。[①] 截至2012年10月，中国参与了非洲所有7个维和行动中的6项，派出1500多名维和人员（表一），是5个联合国常任理事国中派出维和人员最多的国家。[②] 中国派出的维和人员中没有战斗部队，要么是军事观察员，要么是民事警察，要么是占据维和人员绝大多数的支持性力量，如工兵部队、医疗队等。通过这一举措，中国在向非洲和世界表明中国对非洲冲突后重建的全力支持的同时，也证明了中国将一如既往地坚持不干涉内政原则，无意于通过维和干涉非洲内部事务。

表一：中国参与的非洲维和行动（截至2012年10月）

行动名称	维和部队	警察	军事观察员	总计
西撒特派团（MINURSO）			10	10
联刚稳定团（MONUSCO）	218		16	234
联科特派团（UNOCI）			6	6
达尔富尔混合行动（UNAMID）	323			323
联利特派团（UNMIL）	564	18	2	584
南苏丹特派团（UNMISS）	347	28	3	378
总计	1445	46	31	1535

资料来源：联合国维持和平行动部，http://www.un.org/en/peacekeeping/contributors/2012/October12_3.pdf，2012年10月。

与此同时，中国一贯支持非洲国家的冲突后经济重建，特别是为其基础设施重建提供支持。根据一项研究，在1990年至2005年间，武装冲突导致撒哈拉以南非洲国家付出了总计约3000亿美元的代价，这大致

---

① 《国防部："中国军力将直接进入非洲"报道别有用心》，中国国防部，2011年10月27日，http://www.mod.gov.cn/intl/2011-10/27/content_4309238.htm。
② 联合国维持和平行动部数据，http://www.un.org/en/peacekeeping/contributors/2012/ October12_3.pdf，2012年10月。

相当于同一时期非洲所得到的援助总量。① 通过与非洲的贸易、投资和发展合作，中国正为非洲的经济增长作出贡献。要否定其积极意义是很难的，特别是在基础设施被破坏、缺乏投资和就业机会的刚走出冲突的国家，中国的建设性作用更加明显。根据非洲发展银行的一份研究，中国对非洲基础设施建设的投资在2005年至2009年间始终稳定在每年50亿美元的水平，2010年甚至大幅增长80%达到了90亿美元。相比之下，2010年印度、阿拉伯国家以及非洲地区银行对非洲的基础设施投资总额只有27亿美元。② 中国的投资为诸如苏丹、刚果（金）、安哥拉、利比里亚等的冲突后重建努力作出了重大贡献。

例如，尽管油气资源丰富，但由于长期的内战和冲突，苏丹严重缺乏资金和技术，无法依靠自己的力量实现经济重建，特别是发展本国的石油工业。中国政府一向真心支持苏丹的石油工业发展。早在20世纪60年代末，苏丹政府曾向中国请求援助开发石油，鉴于技术比较落后，中国当时建议苏丹与拥有先进技术和大量资金的美国公司合作。这样，美国雪佛龙公司得以进入苏丹，并逐渐发现一些油田。这不仅令苏丹人民自己感动，也令西方人感动。③ 在因美国制裁导致大量西方公司撤走之后，苏丹于1995年再次请求中国提供援助，④ 从此开始了中苏石油合作进程，并大大促进了苏丹社会经济发展。中国不仅帮助苏丹发现和生产大量的石油，而且还致力于帮助其建立独立、完整的石油工业。中石油与苏丹能矿部签署合资建设的喀土穆炼油厂年产量达到500万吨，不仅能够完全满足苏丹当地的需求，还可出口到周边国家。中国还帮助苏丹建成了1506公里长、管径28英寸的长输管道建设，保证了苏丹石油的运

---

① IANSA, Oxfam & Saferworld, *Africa's Missing Billions: International Arms Flows and the Cost of Armed Conflict* (London: Oxfam Great Britain, 2007).

② Richard Schiere and Alex Rugamba, "Chinese Infrastructure Investments and African Integration," *Working Paper*, No. 127, May 2011, African Development Bank Group, pp. 14-15.

③ Ali Abdalla Ali, "EU, China and Africa; The Sudanese Experience", *Sudan Tribune*, July 10, 2007, http://www.sudantribune.com/spip.php?article22783.

④ 《苏丹人几十年的石油梦》，中国石油集团公司网站，http://www.cnpc.com.cn/CNPC/xwzx/shzs/hzfpj。

输。① 中国和苏丹的能源合作还扩展到其他领域，帮助苏丹发展更为完善和平衡的国民经济。中国帮助建设的吉利电厂完全解决了苏丹首都喀土穆的电力需求，于2008年完工的麦洛维大坝工程不仅将解决苏丹全国的供电不足问题，而且还有部分电力出口。② 最为重要的是，中苏合作为苏丹人民带来巨大的社会公益，改善了当地人民的生活水平。中苏能源合作大幅增加了当地就业机会，其中直接就业人员超过10万人。

三、非洲可持续发展的助推力量

中非关系不是单向的，而是一种基于平等互利的双赢关系。必须指出的是，非洲为中国的可持续发展提供了重要帮助，特别是为中国提供了大量国内发展急需的资源和国内产品的重要出口市场，而这正是西方舆论攻击中非关系的核心所在。例如，随着中国国内经济增长而来的对能源资源需求增加，中国从非洲进口的原油和天然气正逐年上升，目前已占到中国原油总进口的1/3以上。又如，非洲在中国的出口目的地中的比重也逐年上升，相比冷战结束之初已经翻了一番左右。

由于发展水平的差异，中国为非洲可持续发展所作的贡献更为明显。如同非洲发展银行2011年的一份研究报告所指出的，随着中非关系从关注相对狭隘的贸易与投资关系向更为宽泛的发展问题聚焦的转型，中非关系正朝向"发展伙伴"的方向演变："中国是个有价值的贸易伙伴、投资来源和传统发展伙伴的重要补充。中国正向基础设施大规模地投资，这有助于缓解供应瓶颈，提高竞争力。"③ 中国对非洲可持续发展的支持同时发生在多边和双边两个层次上。

在多边层次上，中国与非盟、非洲发展新伙伴计划及其他地区一体

---

① 《中国石油集团在苏丹》，中国石油集团公司网站，http://www.cnpc.com.cn/CNPC/ywycp/cnpczqq/%e9%9d%9e%e6%b4%b2.htm。
② 《苏丹人民是中苏能源合作的最大受益者》，新华网喀土穆2007年1月17日电，http://www.cnpc.com.cn/cnodc/hzygy/jlhz。
③ Richard Schiere, "China and Africa: An Emerging Partnership for Development? – An Overview of Issues," *Working Paper*, No. 125, May 2011, African Development Bank Group, pp. 6-7, 17.

化组织展开密切合作，促进了非洲大陆和地区性的经济一体化努力。中国同非盟及其前身非统保持着友好往来和良好合作，并向其提供了力所能及的援助，以推进非洲大陆性的地区一体化进程。2005年3月，中国成为首批向非盟派遣兼驻代表的区外国家。2008年8月，中国与非洲建立战略对话机制，迄今已经举行了四次中国—非盟战略对话。2011年1月，中国与非盟举行首次中国—非盟外交政策磋商；同年10月，中非合作论坛第八届高官会通过会议纪要，接纳非盟委员会为论坛正式成员并参加了2012年7月在北京举办的中非合作论坛第五届部长级会议，更进一步推动了中国与非盟的战略合作。中国对非盟的支持最为集中地体现在中国对非盟会议中心的援建上，已于2012年1月底非盟第十八届首脑会议期间交付使用。在支持非洲大陆性的地区一体化努力之外，中国还与非洲的各地区一体化组织保持着密切的联系，包括西非经济共同体、东非共同体、东部和南部非洲共同市场、南部非洲发展共同体以及南部非洲关税同盟等。

在双边层次上，中国不仅与非洲的资源富集国交往，也同等重视其他的非资源富集国。进入新世纪以来，中非双边贸易和投资关系得到迅猛发展，2011年双边贸易额达到1663亿美元，2010年中国对非各类投资近400亿美元，帮助非洲建设了6个经贸合作区（表二）。在经贸关系之外，主要通过中非合作论坛，中国为非洲提供了全面的可持续发展支持，覆盖了从农业与粮食安全、基础设施建设到人力资源开发、教育、科技合作与技术转让到减贫、医疗卫生、气候变化应对、减灾救灾等几乎所有方面。例如，为支持非洲的农业可持续发展，中国在过去50多年里为非洲援建农业项目142个，建成农产品加工项目51个，通过提供优惠贷款支持农业项目13个，为非洲培训农业人才6000多名。[①] 又如，为避免非洲陷入债务危机，中国多次减免非洲对华债务：从2000年至2009年，

---

① 《陈德铭：中国将继续支持非洲农业发展和基础设施建设》，商务部网站，http://www.mofcom.gov.cn/aarticle/ae/ai/200911/20091110608567.html。

中国一共免除35个非洲国家的312笔债务，总计189.6亿元人民币。[①]

表二：中国援助非洲建设的经贸合作区

名称	启动日期	投资与管理单位	产业定位
尼日利亚广东经贸合作区	2007年7月	广东新广国际集团中非投资有限公司	以轻工、建材等为产业龙头、原材料加工为主体，集加工、营销、商贸、研发、会展于一体的现代经贸合作区。
尼日利亚莱基经贸合作区	2007年9月	中非莱基投资有限公司尼日利亚拉各斯州政府	以家电与电子制造、纺织服装、轻工业、建筑材料、农副产品加工、机械制造等行业为主。
赞比亚—中国经贸合作区	2007年2月	中国有色矿业集团	分为谦比希工业园和卢萨卡分区。谦比希工业园主要以铜钴开采和冶炼为产业，并逐步发展型材、电线电缆等有色金属加工产业。卢萨卡分区以服装、食品、家电、烟草、电子等产业为主。
中国—埃及苏伊士经贸合作区	2009年3月	天津泰达投资控股有限公司下属的埃及泰达投资有限公司	纺织服装、石油装备、商用车组装及零部件生产、电器设备、低压电器等生产企业。
埃塞俄比亚东方工业园	2008年10月	江苏永元投资有限公司	冶金、建材及机电。
毛里求斯晋非经贸合作区	2009年9月	山西太钢集团、山西焦煤集团、天利公司	太阳能光伏发电、海产品加工、制药业、不锈钢制品加工、医疗设备、房地产开发等。

资料来源：《为何要建中非经贸合作区》，载《非洲》2010年10月22日，http://www.africa518.com/html/2010-10/1447.html。

[①]《中国再次大规模减免他国债务 已减免非洲国家200多亿》，南方周末网，2010年9月23日，http://www.infzm.com/content/50494。

第三章
中非关系的战略意义

中非关系的战略贡献,是指它对超越双边关系的更为宏观的国际战略格局和国际体系转型等的积极意义,特别是其提升中非双方在国际体系中的地位和话语权的意义。尽管现有研究也关注中非关系的战略意义,但国外文献、特别是西方文献往往充满消极态度,认为中非关系的发展很大程度上是在破坏美欧在非洲的所谓良治、人权、反腐等努力,这一言论甚至得到一些非洲学者和政客的附和;而国内文献则是反应式辩解多于系统性论证。中非关系的快速发展有着重要的国际战略意义,无论是对非洲还是对中国而言都是如此,这大致可以从三个方面考察,即提升非洲的国际战略地位,带动国际对非合作机制的发展,推动国际体系向着更为公正合理的方向转型。

一、提升非洲国际战略地位

尽管很多人认为非洲一直处于国际社会的边缘,但事实上非洲始终与整个国际体系的发展密切联系在一起:无论是奴隶贸易、列强瓜分非洲及随后的殖民主义,还是冷战时期的代理战争,以及今天非洲日益上升的国际战略和经济重要性,都说明了非洲与更宏大的全球政治经济体系的密切联系。① 冷战结束后，非洲对西方的地缘政治重要性大大下降，某种程度上陷入被美欧"抛弃"的命运。② 这种"抛弃"或"退出非洲"的首要证据是美欧对"以非洲方式解决非洲问题"方法的态度——有人称其为"虚拟介入"，其实质是结合西方资金和非洲人力来解决非洲冲突。其次，非洲原本不高的国际经济重要性持续下降。任意确定一个基准价格并以此计算都可以发现，非洲在全球贸易中的份额在20世纪90年代甚至低于30年前的水平。1996年，非洲在全球贸易总额中所占的比重甚至不到2%，而1970年约为5%。③ 公众普遍将非洲看作一个"失败的大陆"。再次，由于此前30余年对非洲援助的效果不佳，冷战结束后的第一个十年成为"援助疲劳"的十年。这明显体现在1992年后官方发展援助量的大幅下降上：以1991年的固定价格和汇率计算，对非援助总额从1990—1991年度的177亿美元降到了2001年的138亿美元。④ 最后，与"援助疲劳"相伴的还有西方援助条件的增加和日益苛刻。从20世纪90年代初起，民主和尊重人权成为西方双边发展援助的重要附加条件。⑤ 将良治作为一般性附加条件，代表着对非洲国家国内事务的最广泛干涉，也意味着对非洲国家的"再次殖民化"。⑥

很大程度上由于中非关系的快速发展，非洲的国际政治和战略地位

---

① Ian Taylor and P. Williams, "Understanding Africa's Place in World Politics," in Ian Taylor and P. Williams eds., *Africa in International Politics: External Involvement on the Continent* (London: Routledge, 2004).

② Goran Hyden and Michael Bratton eds., *Governance and Politics*, Johns Hopkins University Press, 1991, pp. 2-3.

③ World Bank, *Can Africa Claim the 21st Century?*, Washington: New York, 2000, p. 8.

④ OECD, Development *Co-operation: Efforts and Policies of the Members of the Development Assistance Committee*, 2002 Report, Paris: OECD, 2003, pp. 286-287.

⑤ G. Crawford, *Foreign Aid and Political reform: A Comparative Analysis of Democracy Assistance and Political Conditionality, Houndmills*: Palgrave, 2002; O. Stokke ed., *Aid and Political Conditionality*, London: Frank Cass, 1995.

⑥ K. Dunn, "Madlab # 32: The (Black) African State: Rethinking the Sovereign State in International relations Theory," in K. Dunn and T. Shaw eds., *Africa's Challenge to International Relations Theory*, Houndmills, Basingstoke: Palgrave, 2001, pp. 51-52.

得到了快速提升,进而带来了非洲的安全、发展形势的重大好转,这非常明显地体现在美欧日等传统西方大国和印度、韩国、土耳其等新兴大国对非洲的日益重视上。

冷战结束后,美国一度长期忽视非洲的任何直接战略或经济利益;但在进入21世纪后,美国开始重新关注非洲,其中非常重要的考虑之一便是中国因素,尽管美国少有直接提及。中美两国在非洲的总体利益存在很大的相似性。对中国而言,在非洲的利益主要包括五个方面:平等互信的政治关系,互利共赢的经济合作,相互借鉴的文化交流,均衡和谐的全球发展,及相互支持的国际合作。① 美国在非洲的利益与中国颇为相似,唯一重大的差异在于,美国更关注战略利益,特别是安全和反恐利益。② 更为具体地,中美在非洲的利益冲突主要体现为政治、经济和安全三个方面。政治上,中美都试图与非洲国家发展良好关系。但中美两国与非洲的政治互动手段存在着重大差异,其中争议最大的便是不干涉内政和对非援助不附加条件原则。经济上,中美在非洲都有着重大的能源需求,因此也被认为是两国利益冲突最为激烈的领域,尽管在不同的国家表现形式不同。安全上,中美在非洲更多存在利益交汇,而非利益冲突,但美国出于最坏情况考虑正加大对中国作用的防范,特别是建立了美军非洲司令部。

随着中非关系发展和世界各国不断加大对非洲的战略关注与投入,在非洲拥有传统影响力的欧洲国家日益感受到竞争压力。为了维护在非洲的传统势力范围,保障欧洲南翼的安全,防止非法移民进入欧洲以及确保在非洲经济利益,欧盟及其主要成员国也在进入新世纪后、特别是2006年北京峰会后对其对非政策作了重大调整。欧洲国家认为,殖民时期遗留下来宗主国思维和作风是影响欧非关系发展的主要因素。因此欧盟试图与非洲建立更加平等的战略伙伴关系,于2005年12月提出《欧盟

---

① 《胡锦涛在中非合作论坛北京峰会开幕式上讲话》,2006年11月4日,新华网,http://news.xinhuanet.com/world/2006-11/04/content_5289040.htm。
② 作者于2011年10月4日与美国乔治—华盛顿大学教授戴维·希恩(David Shinn)大使的访谈,华盛顿。

与非洲：走向战略伙伴关系》（European Union and Africa: Moving Toward the Strategic Partnership）政策性文件，首次全面性地阐述其对非总体政策构想。该文件提出，在未来10年内建立欧非安全、发展战略伙伴关系，并帮助非洲实现联合国千年发展目标（MDGs）所制订的发展计划。欧盟对非政策的调整最为主要地体现在对非发展援助上，特别是试图通过所谓新型的经济伙伴关系协定（EPA）谈判，主导非洲的地区一体化进程。[1]

在传统发达国家受中非关系带动而重新加强对非洲的重视的同时，诸多新兴国家也开始加大对非洲的投入，最主要的包括印度、土耳其、巴西、韩国等。印度学者一般都承认，冷战结束后，尤其是进入21世纪以来，印度强化印非合作的主要原因有两个：一是为了确保自然资源，尤其是能源的供给安全；二是为了争取非洲国家的支持成为联合国安理会常任理事国。必须指出的是，中国因素也是印度加大与非洲关系的重要考虑。由于历史的原因，从20世纪60年代开始，中国就成为印度对非政策的重要参照。[2] 近年来，在印度和西方学者、媒体的文章中，中国都是影响印度在21世纪初加强对非外交的重要因素之一。[3] 许多专家认为，印非论坛峰会是新德里为抵消中国在石油丰富的非洲国家不断增长的经济影响力而采取的外交行动。[4]

尽管不那么直接与中非关系相关，但从时间上讲，土耳其、巴西和韩国的对非政策大都紧随中非关系的步伐而发展。例如，土耳其政府是在2005年全面启动其对非战略的：它将2005年定为"非洲年"，埃尔多安总理于该年3月访问了埃塞俄比亚和南非，土耳其在2005年4月12日

---

[1] 张春：《全球经济危机下非洲地区一体化的挑战》，载《非洲研究》2010年第1卷（总第1卷），第260—261页。

[2] 刘宗义：《印度对非洲政策的演变及其特点》，载《西亚非洲》2009年第3期。

[3] 参见《印度举办首届印非论坛》，载[英]《金融时报》2008年4月8日；Harry G. Broadman, *Africa's Silk Road: China and India's New Economic Frontier*, The World Bank 2007, p.79。

[4] Manish Chand, "Gaddafi, Mubarak to Skip India-Africa Summit," *Thaindian News*, 1 April 2008, http://www.thaindian.com/newsportal/uncategorized/gaddafi-mubarak-to-skip-india-africa-summit_10033343.html#ixzz1SheXPvaZ。

获得了非盟的"观察员"地位,并于2005年5月5日在亚的斯亚贝巴开设了其驻非盟使馆。巴西和韩国对非洲的重视也大都在同一时期,特别是韩非关系的发展与中非关系有着密切联系,下文将继续讨论。

二、促进对非合作机制发展

如前所述,中非合作论坛的成功不仅推进了中非关系本身的重大发展,还促进了国际对非合作机制的发展,主要体现为三个方面:它既复活了既有的对非合作机制,也催生了新兴对非合作机制的建立,还诱发了与中国开展涉非三边合作的尝试。

首先,随着中非合作论坛的成功,旧有对非合作机制重新得到重视,变得更为活跃。在2000年中非合作论坛成立之前,欧盟与非洲的欧非峰会(Europe-Africa Summit)和日本与非洲的非洲发展东京国际会议(Tokyo International Conference on African Development, TICAD)便已存在,尽管两者都不够活跃。正是由于中非合作论坛的快速发展,使欧盟和日本都意识到强化自身的对非合作机制建设的重要性。在这一背景下,先前并不活跃的欧非峰会和非洲发展东京峰会都得到复活,并有了很大发展。

出于历史原因,欧盟相对较为重视非洲,建立了较为完善的对非合作机制,主要体现为欧盟对非援助政策平台和欧盟与非洲的政治对话平台两个方面。前者始于欧非传统殖民联系,很大程度上也是欧洲继续控制非洲、延续其殖民时期特殊利益的重要手段。后者发展相对较晚,1996年,欧盟成员国葡萄牙提出举行非洲——欧洲国家首脑会议的建议,并于1999年7月为非洲方面接受。2000年4月3日至4日,由非洲统一组织成员国和欧洲联盟成员国领导人参加的首届非洲——欧洲首脑会议(Africa-Europe Summit)在埃及首都开罗举行。[①] 但在2006年之前,欧盟对欧非峰会的重视程度并不高,由于对津巴布韦的制裁问题,原计

---

① 《首届欧非首脑会议闭幕发表<开罗声明>和<行动计划>》,载《人民日报》2000年4月5日,第6版。

划于2003年召开的第二届峰会多次延期。2006年中非合作论坛北京峰会召开后，欧洲各国感觉到压力并于2007年12月召开了拖延长达6年的第二届欧盟—非洲峰会，并试图借此机会推动与非洲各国达成经济伙伴协议，巩固和强化传统的欧非经贸关系。这一次，欧盟下定决心不让津巴布韦问题成为欧非峰会的阻碍，并最终牺牲英国——布朗首相也因此缺席。① 中国因素在这届欧非峰会上几乎成为一个核心话题。例如，时任欧盟负责发展和人道援助的委员路易斯·米歇尔便在峰会开幕之前说："非洲正在成为一个世界大国纷纷投入着手部署的新的'大棋盘'。中国是最显著的例子。"② 此后，欧非峰会每三年一届的惯例得以保持，第三届非洲——欧盟首脑会议于2010年11月30日在利比亚首都的黎波里召开，尽管津巴布韦问题仍然存在。

尽管1973年石油危机导致日本对非政策的转变，但更大的转折出现在冷战结束之后。一方面由于西方出现的"援助疲劳症"，另一方面出于日本成为政治大国的梦想，冷战后的日本外交政策变得更为积极，在对非政策上主要表现为两个方面：向联合国维和部队派兵，启动非洲发展东京国际会议，更积极提供对非发展援助。非洲发展东京国际会议自1993年以来每五年举行一次，由日本、联合国、联合国发展署和世界银行共同主办。迄今为止，日本已经召开了四届非洲发展东京国际会议峰会。日本1993年创立非洲发展东京国际会议时的最初设想并不是为了帮助非洲，而是尝试从美欧手中接过国际援助领头羊的旗帜，提升日本在国际社会中的地位。③ 因此，日本尝试创建以联合国为主的对非援助平台；这也正是非洲发展东京国际会议保持开放性、多边性的原因。也正

---

① Daniel Bach, "The European Union and Africa: Trade Liberalisation, Constructive Disengagement, and the Securitisation of Europe's External Frontiers," *Africa Review*, Vol. 3, No. 1, 2011, p. 40.
② 《中国成欧非峰会场外主角》，载《中国经济周刊》2007年第48期；《欧非峰会"残缺不全"中国的名字却被频频提及》，新华网，2007年12月10日，http://news.xinhuanet.com/world/2007-12/10/content_7226077_1.htm。
③ Shigeru Ishikawa, "Supporting Growth and Poverty Reduction: Toward Mutual Learning from the British Model in Africa and the Japanese Model in East Asia," Discussion Paper #8, JBIC Discussion paper Series, Tokyo, March 2005, p. 34.

是出于这种权宜性的考虑，日本一方面并不准备过于密集地组织会议，将每届会议的间隔期暂定为5年；另一方面，日本始终没有对非洲发展东京国际会议进行机制化，以至于在前三届会议中，每一届会议之后人们都无法知道下一届会议是否还会继续召开。① 直到2008年，日本才在第四届非洲发展东京国际会议峰会上确认将该平台机制化，并固定会期。

在欧洲和日本之外，美国也在2006年后两度延长了《非洲增长与机遇法》和全球艾滋病计划等项目，并称将投入更大力量资助非洲的抗疟疾工作。俄罗斯也加大了对非洲的投入，重新强化与非洲的军事合作关系，并于2008年5月宣布将减免非洲国家总额为200亿美元的债务。

其次，在2006年中非合作论坛北京峰会之后，多个新的对非合作机制得以建立，呈快速增长态势。不少尚未与非洲建立起完善的合作机制的国家都纷纷召开与非洲的峰会，其中最主要的是韩国、印度和土耳其。

韩国的对非合作机制主要是在2006年韩国总统卢武铉访非之后开始建设的，主要包括三个相互联系的平台：第一，也是最为重要的，由韩国外交部和非洲联盟（AU）成员国共同主办的3年一次的韩非论坛（Korea-Africa Forum）。2006年11月5—7日——北京峰会结束后2天，韩国邀请了5名非洲首脑和20个国家的27位部长级官员——其中多数为出席北京峰会的非洲代表，举办了首届韩国—非洲论坛。2009年11月，第二届韩非论坛举行，双方决定建立"面向未来的伙伴关系"。② 第二，由韩国企划财政部、非洲开发银行（AfDB）、进出口银行等共同举行两年一次的韩非经济合作会议（Korea-Africa Economic Cooperation Conference, KOAFEC），自2006年开始已举办了三次。第三，由韩国知识经济部主办的韩非产业合作论坛，2008年举行了第一次，2009年9月举办了第二次，主要目的是在信息技术等新领域开拓非洲市场。

---

① Njunga Mulikita, "Japan's Conference, Diplomacy and African Development," *Southern African Political and Economic Monthly*, Vol. 13, No. 3, December 1999, p. 54.

② 有关韩非论坛的机制体制的讨论，可参见Johan Lagerkvist and Gabriel Jonsson, "Foreign Aid, Trade and Development: The Strategic Presence of China, Japan and Korea in Sub-Saharan Africa," *Occasional Paper*, No. 5, The Swedish Institute of International Affairs, 2011, pp. 53-67。

进入21世纪后,出于经济和政治需求,印度逐渐出台了一些相对松散的对非合作计划。到2006年后,印度意识到整合这些机制与计划的重要性,并于2008年4月在新德里召开首届印度—非洲峰会,标志着统一的印度对非合作机制的形成。印非峰会每三年举办一次,一般发表一份宣言和一份行动计划,并建立了相应的后续机制。与中非合作论坛相比,印非峰会往往是含糊其辞地提及合作、共享经验、能力建设、南南合作等,但少有切实的行动计划特别是具体开支、执行机构和时间限制等。[①]

2008年8月18—21日,土耳其举办了第一届土耳其—非洲峰会,致力于促进双方关系发展,土耳其为非洲设立了多个项目基金,并计划使土非贸易于2010年达到300亿美元。土非峰会每五年一届,在第三年往往会有一次评估和中期的执行计划。

此外,美国也于2008年正式创建了美军非洲司令部,作为统领美国在非洲的安全、发展和外交的机构,这在某种程度上也有着应对中非合作论坛的考虑。

最后,为了强化与中非关系的竞争,掌握中非关系的发展动态,将中非关系纳入其预期方向,西方不断就与中国在非洲开展三边合作进行施压。

2006年,应欧盟要求,非洲问题出现在中欧联合声明中,双方指出"将在援助有效性以及千年发展目标等问题上寻求合作"。2008年,欧盟单方面出台了《中欧非三边合作沟通文件》。在美国方面,尽管尚未出台类似的文件,但有关中美非合作的各种学术会议却举办了多次。总体上,这些三边合作的提议包括四类:1. 中国参与欧美国家在非洲的项目,以欧美国家为主导;2. 中国与欧美处于平等地位,合作在非洲国家开展项目;3. 欧美国家参与中国在非洲的项目,以中国为主导;4. 建立战略沟通机制,相互通报与非洲的合作情况。[②]

[①] J. Peter Pham, "India's New Engagement of Africa: Trends and Implications," in Jack Mangala ed., *Africa and the New World Era: From Humanitarianism to a Strategic View* (New York: Palgrave Macmillan, 2010).

[②] 张春:《中非关系:应对国际对非合作的压力和挑战》,载《外交评论》2012年第3期,第36页。

与此同时，其他的国际对非合作机制通过相互合作，对抗中非合作论坛的现象也正快速发展。传统欧美、美日政策协调中已经加入了中非关系问题。此外，还出现了一些新的机制性合作，如印度与日本在非洲的合作。印日非洲对话（India-Japan Dialogue on Africa）于2010年10月启动，每两年举行一次，轮流在日本和印度举行。由于初创，所以第二次印日非洲对话于2011年6月在印度新德里举行，第三次对话于2011年11月24—25日在东京举行。双方的参与代表都是各自的对非政策高级官员率领，日本方面一般是外务省非洲司司长，而印度方面则是由负责所有三个非洲司事务的外交部部长助理（Additional Secretary）。[1] 又如，自2010年11月奥巴马访问印度双方达成就农业和粮食安全及减贫合作以来，美印已经就非洲问题展开了第一轮对话，2011年又展开了一轮对话。[2]

三、推动国际体系转型

作为最大的发展中国家和发展中国家最集中的大陆，中非在国际舞台上的合作有着重大的国际政治和战略意义。中非合作不只是促进了非洲国际地位的提升和国际对非合作机制的发展，更为重要的是提升了中非双方的国际政治、经济和战略地位，促进了国际体系向着更为公平合理的方向发展，主要体现为推进国际政治经济新秩序的建立与促进南南合作两个方面。

在冷战结束之前，建立国际新秩序的呼声主要来自第三世界。中国一贯支持第三世界国家建立国际政治经济新秩序的主张，并且为之作出过重要贡献。例如，邓小平就在1974年在第六次特别联大上第一次系统地提出了中国关于建立国际政治经济新秩序的五点主张。冷战结束后，国际格局进入转型期，不同国际秩序观的交锋日趋激烈，中国也在不断为其国际秩序观注入新鲜内容，并始终与非洲共同努力推进国际政治经

---

[1] "India, Japan Discuss Political, Economic Engagements with Africa," *Daily India*, 16 June 2011, http://www.dailyindia.com/show/445775.php.

[2] "US Lauds India's Model of Engaging Africa," *IANS*, 10 June 2011, http://mangalorean.com/news.php?newstype=local&newsid=244136.

济新秩序的建立。2006年出台的《中国对非洲政策文件》写道,"继续加强中非在国际事务中的团结与合作","共同致力于加强联合国的作用,维护《联合国宪章》的宗旨和原则,建立公正合理、平等互利的国际政治经济新秩序,推进国际关系的民主化和法治化,维护发展中国家的合法权益"。[①] 2008年全球经济危机爆发后,中非双方又强调"国际形势正经历冷战结束以来最深刻的变化与调整",因此加强中非在国际事务中的合作具有更加重要的意义。[②] 在2011年西方国家新干涉主义再度兴起的背景下,2012年7月召开的中非合作论坛第五届部长级会议指出,中非双方"主张通过政治手段和平解决危机和争端,倡导互信、互利、平等、协作的安全观,反对干涉别国内政,反对在国际事务中动辄使用武力或以武力相威胁"。双方呼吁,进一步密切双方在国际事务中的合作,充分照顾彼此合理关切和诉求,加强协调和相互支持,合力促进国际关系民主化,推动建设持久和平、共同繁荣的和谐世界。[③]

中非双方推动国际新秩序的建立主要体现在国际政治新秩序和国际经济新秩序两个方面。国际政治新秩序建设的核心是联合国改革。随着新兴国家的群体性崛起,国际社会对于改革联合国、特别是安理会的呼声日益高涨。中国支持对安理会进行必要的合理改革,目的是提高安理会的权威和效率。安理会是负责国际安全、维护世界和平的重要机构,所以安理会改革需要联合国会员国通过耐心、深入的讨论共同作出决定。但中国特别强调,联合国安理会改革首先应该考虑非洲,任何改革方案都应通过广泛的民主讨论,与尽可能多的国家取得共识。[④] 历届中非合作论坛部长会都就国际政治新秩序的建立,特别是联合国的改革表

[①]《中国对非洲政策文件》,新华社,2006年1月12日,http://news.xinhuanet.com/world/2006-01/12/content_4042333.htm。
[②]《中非合作论坛——沙姆沙伊赫行动计划(2010至2012年)》,外交部,2009年11月12日,http://www.focac.org/chn/ltda/dsjbzjhy/bzhyhywj/t626385.htm。
[③]《中非合作论坛第五届部长级会议北京宣言》,外交部,2012年7月23日,http://www.focac.org/chn/ltda/dwjbzzjh/hywj/t954267.htm。
[④]《中国副外长:中方认为联合国安理会改革应首先考虑非洲》,国际在线,2008年9月19日,http://gb.cri.cn/18824/2008/09/19/3785s2250051.htm。

达了中非双方共同努力的愿望。

自中非合作论坛建立以来，中非双方共同推动国际经济新秩序建立的努力大致可分为两个阶段，其划分标志是2008年全球金融和经济危机的爆发。2008年以前，或在中非合作论坛前三届部长会上，中非双方对国际经济新秩序的呼吁相对更为笼统，原因很大程度上可归因于中国和非洲自身的经济实力还相对弱小、同时中非关系的发展也未引起充分的国际重视。例如，在中非合作论坛首届部长会上，有关国际经济新秩序的措辞相对空泛，双方同意"在多边经济贸易体制改革和有关规则的制定中，协调立场、增强发展中国家的集体谈判能力，为国际关系民主化和建立公正合理的国际经济新秩序而共同努力"。[①] 由此而来的，这一时期中非双方对于推动国际经济新秩序的建立的具体措施也不够宏观，关注点相对较少且过于细微。

自2007年美国次贷危机、特别是2008年全球金融和经济危机爆发后，中非双方推动国际经济新秩序建立的努力有了明显发展。例如，2009年召开的中非合作论坛第四届部长会指出，世界经济衰退和全球性问题增生导致世界政治、经济等领域不稳定、不确定因素明显增多，这将对发展中国家、特别是非洲国家经济产生严重的冲击，因此"国际社会特别是发达国家尤其要关注并继续努力减轻危机对发展中国家特别是非洲国家造成的负面影响"，最为核心的是要"对国际金融体系进行改革，推动其不断朝着公平、公正、包容、有序的方向发展，并增加发展中国家的代表性和发言权"。[②] 非洲应在"所有涉及世界经济安排中有充分代表性"，"强调现有国际经济秩序机制应更加平衡，以保证非洲的代表性得到公正体现"。[③] 又如，2012年召开的中非合作论坛第五届部长会

---

① 《中非经济和社会发展合作纲领》，外交部，2000年10月13日，http://www.focac.org/chn/ltda/dyjbzjhy/hywj12009/t155561.htm。
② 《中非合作论坛沙姆沙伊赫宣言》，外交部，2009年11月12日，http://www.focac.org/chn/ltda/dsjbzjhy/bzhyhywj/t626386.htm。
③ 《中非合作论坛——沙姆沙伊赫行动计划（2010至2012年）》，外交部，2009年11月12日，http://www.focac.org/chn/ltda/dsjbzjhy/bzhyhywj/t626385.htm。

"对当前国际金融危机蔓延深化、世界经济形势依然严峻表示担忧",主张推动国际经济新秩序的建立,具体包括支持和帮助非洲国家实现联合国千年发展目标,后千年发展目标可持续发展框架的实施计划达成一致,推动公平、合理、非歧视的多边贸易体制的建立,建立公平、公正、包容、有序的国际金融体系。[1]

当然,中国和非洲国家推动国际政治、经济新秩序建立的努力并不仅限于中非双方关系或中非合作论坛这一机制平台之内。事实上,中国与非洲国家在诸多国际平台上就此展开合作,如七十七国集团、金砖国家首脑会议、二十国集团、联合国等。

如果说推动国际政治经济新秩序的建立是使南北关系更趋合理和平衡的话,那么推动发展中国家相互合作便是中非双方对于南南合作的重要贡献。南南合作有着悠久的历史,1955年召开的万隆会议、1961年建立的不结盟运动和1964年建立的七十七国集团等都是南南合作的早期典范。很大程度上,早期的南南合作多聚焦于政治合作,自20世纪80年代起、特别是进入21世纪后,南南合作逐渐转向强调经济合作。

中国始终是南南合作的积极倡导者、坚定支持者和深入参与者。非洲是中国促进南南合作的重要一环,中非合作是发展中国家之间的团结互助,是平等互利、开放包容的合作。[2]而中非合作论坛则是中国促进南南合作、特别是新兴大国与非洲合作的重要平台。在2000年召开的中非合作论坛首届部长会上,中国政府便宣称"决心进一步巩固和拓展中非在各层次、各领域的合作,在南南合作的框架内建立长期稳定、平等互利的新型伙伴关系"。[3]

在中非关系快速发展的带动下,南南合作在冷战结束后、特别是进

---

[1] 《中非合作论坛第五届部长级会议北京宣言》,外交部,2012年7月23日,http://www.focac.org/chn/ltda/dwjbzzjh/hywj/t954267.htm。
[2] 《中非合作论坛第五届部长级会议北京宣言》,外交部,2012年7月23日,http://www.focac.org/chn/ltda/dwjbzzjh/hywj/t954267.htm。
[3] 《中非合作论坛北京宣言》,外交部,2000年10月13日,http://www.focac.org/chn/ltda/dyjbzjhy/hywj12009/t155560.htm。

入21世纪后有了快速发展。首先，南南贸易在冷战结束后有了快速增长。据统计，南南贸易在1995年至2005年间增长了三倍。[①] 在2001—2010年间，南南贸易的出口部分年均增长19%，而同一时期世界出口平均增长12%。2008年，南南出口首次超过南方国家对北方国家的出口。在2008年全球经济危机后，南南出口的恢复速度远高于世界出口增长速度（图一、二）。[②] 尽管亚洲在南南合作中占据主导地位，但非洲与外部世界的经贸联系也正在快速增长。1995年，非洲地区内贸易占非洲对外贸易的63%，而到2010年仅为29%（图三）。[③]

由于南方国家的贸易壁垒相对更为严重，因此南南贸易的增长相对于南北贸易的增长具有更大的战略意义。南南贸易的发展可能会在较短时间内降低进口价格，长期看有助于南方出口国更好地参与到国际市场中。事实上，随着全球经济危机的爆发，美国等发达国家减少了从发展中国家的进口，因此南南贸易的发展可起到一种缓解全球经济不平衡的作用。进而，中非关系对于南南合作的促进，事实上在提供一种全球性公共产品，是在间接地"拯救资本主义"。[④]

---

① Rajan Sudesh Ratna, "Promoting South-South Trade: Recent Developments and Options," *ARTNeT Policy Brief*, No. 17 (February 2009), p. 1.
② South-South Trade Monitor, No. 1 (June 2012), p. 1.
③ South-South Trade Monitor, No. 1 (June 2012), p. 2.
④ M. Fugazza & F. Robert–Nicoud, "Can South–South Trade Liberalization Stimulate North–South Trade?" *Journal of Economic Integration*, Vol. 21, No. 2 (2006), pp. 62-90.

图一：南南出口增长率，1996—2010年

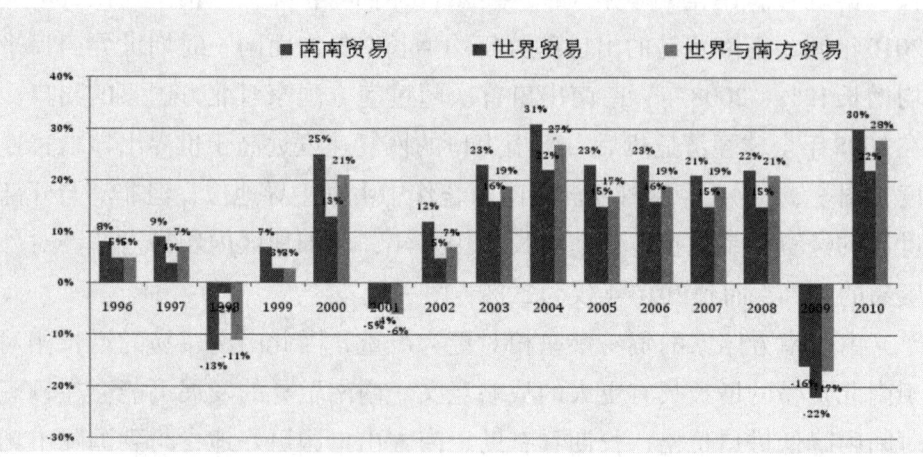

作者自制。资料来源：*South-South Trade Monitor*, No. 1 (June 2012), p. 1。

图二：南南出口占比增长情况，1995—2010年

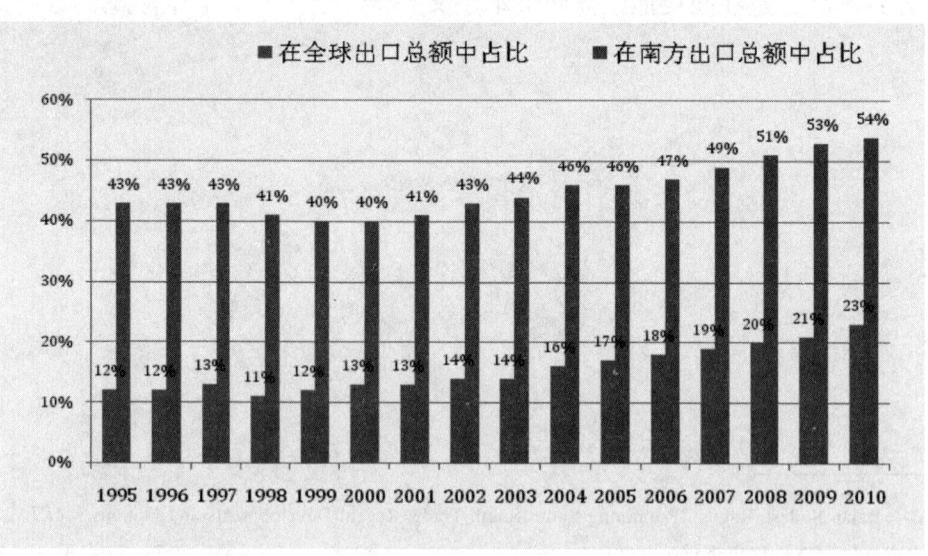

作者自制。资料来源：*South-South Trade Monitor*, No. 1 (June 2012), p. 1。

图三：不同地区在非洲与南方国家贸易中的占比，1995—2010年

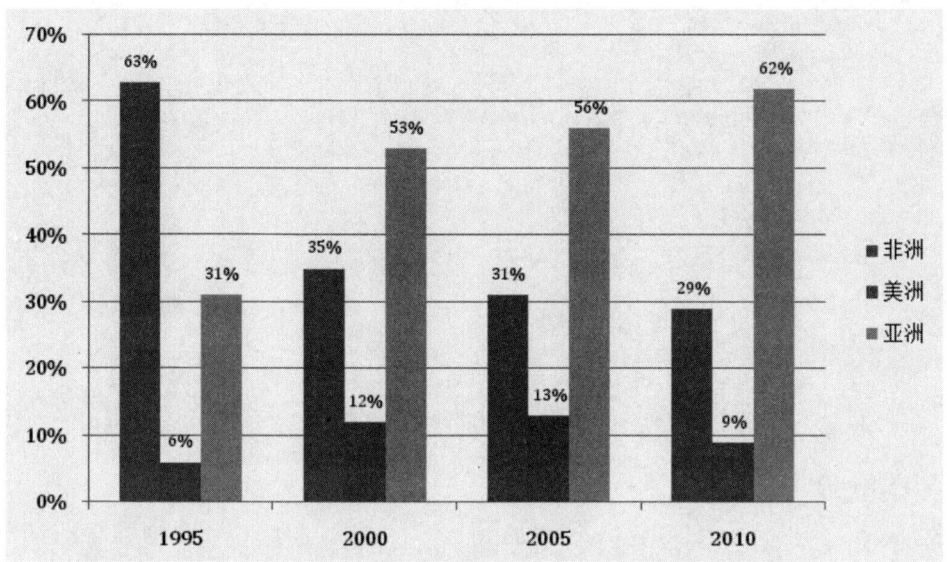

作者自制。资料来源：*South-South Trade Monitor*, No. 1 (June 2012), p. 2。

在贸易促进之外，中非合作对于南南合作的促进还体现在南方国家相互间投资的增长以及南方国家间的互惠性贸易安排等方面。随着中非关系日益引起世界的关注，其他新兴大国，如印度、巴西、土耳其等纷纷加大了对非洲的投资和援助力度，进而形成了一股南方国家相互间投资和援助的热潮。

中非合作对南南合作的促进还体现在三边合作或多边合作上。早在2000年中非合作论坛首届部长会上，中非双方就"强调开展三边合作以实现本合作纲领所含目标、尤其是在南南合作框架内促进中非关系的重要性"。① 其最为明显的体现是中国与联合国粮农组织所开展的南南合作，以便向发展中国家派遣专家和技术人员以传授知识和技术。到2010年4月，联合国粮农组织已经与13个国家合作签署了40项合作协议，向37

---

① 《中非经济和社会发展合作纲领》，外交部，2000年10月13日，http://www.focac.org/chn/ltda/dyjbzjhy/hywj12009/t155561.htm。

个国家和地区派遣了专家和技术人员,其中由中国向非洲国家派遣的共计7个项目。①

---

① 联合国粮农组织网站信息,http://www.fao.org/spfs/south-south-spfs/ssc-spfs/en/。

第四章
中非关系的理论启示

相对而言，中非关系的物质贡献和战略意义更易于识别，而其理论启示更为抽象，所受关注也相对较少。但应当指出的是，中非关系的理论启示有着更为深远和重大的意义。就当前国际体系转型背景下的各种稀缺——包括生存资源稀缺、权势地位稀缺及思想观念稀缺——而言，思想观念的稀缺及其解决更为重要，同时也是中国和非洲在未来的国际体系中拥有更大的话语权、获得更大利益的重要保证。因此，中非关系的理论启示是指这一关系可为国际关系理论整体及特定方面的思考和研究提供的新洞察和新要素；最为明显地，它可丰富作为整体的国际关系理论，推动南南合作理论的建构，完善存在重大缺陷的国际发展理论。

一、丰富国际关系理论

尽管冷战结束并未为国际社会带来真正的"和平红利"，但至少为国际关系理论的发展带来了十年左右的"和平红利"；在这十年里，国际关系理论研究不仅反思冷战时期主流国际关系理论的失败，而且致力于国际关系理论新范式的探索，其最大成果或许是建构主义理论的提出和发展。2001年发生的"9·11"事件，扭转了国际关系理论研究的重心，再度使作为整体的国际关系理论研究陷于停滞。

在这一背景下，中非关系对国际关系理论发展的首要贡献在于，为当代主流国际关系理论提供包括"中国元素"和"非洲元素"在内的新理论来源。中国和非洲是当今世界上最为古老的两大文明,其相互联系的强化对于促进人类文明的发展,无疑有着重大意义。①

随着中国的快速发展,中国学者正积极建构有中国特色的国际关系理论和外交理论,而非洲则是中国践行这些理论最为成功和最具潜力的地区,因此中非关系可极大地推动中国特色国际关系理论和外交理论进入主流国际关系理论和外交理论的话语体系。所谓中国特色国际关系理论,是指中国国际关系学者试图通过由中国历史背景和传统哲学所塑造的视角、观点、风格和语言之本体论和认识论的哲学假定,以及秉持马克思主义辩证唯物主义和历史唯物主义为指导的方法论,所建立的区别于西方历史与哲学观点的国际关系理论。它符合两大条件:就本体论和认识论而言,必须源自于中国传统历史、文化与哲学等固有逻辑与逻辑;在方法论上,必须是整合与运用马克思主义的研究方法。它主要包括四点内容,即:主张中体西用与西学中国化;彰显中国传统思想与文化,以契合当代中国国情和世界形势;强调实践是真理的检验标准;坚持马克思主义的辩证唯物主义和历史唯物主义为指导。②

迄今为止的一个非常重大的现象是,西方国际关系学界对于非洲及其在国际政治中的地位仍少有理论兴趣:"有关非洲的国际关系文献少得令人难以置信……许多既存的有关非洲与国际关系的文献事实上也并非讨论非洲与国际关系。它更多的是讨论非洲在南北关系中的角色,而且其强调重点也是北方……此外,非洲被从主流国际关系讨论排除在外意味着,少有非洲国际关系的文献有着明确的理论内涵。"③但非洲明显可为国际关系理论提供重大的新理论来源或新要素,大致包括三个方面:首先是非洲地区国际关系的独特运作逻辑,其次是非洲地区主义的运作

---

① 刘鸿武:《当代中非关系与亚非文明复兴浪潮——关于当代中非关系特殊性质及意义的若干问题》,载《世界经济与政治》2008年第9期,第29—37页。
② 郭树勇主编:《国际关系:呼唤中国理论》,天津人民出版社2005年版,第257—258页。
③ S. Croft, Review article, 'International Relations and Africa', African Affairs 96 (385) (1997), p. 609; B.G. Jones, 'Africa and the Poverty of International relations', Third World Quarterly, 26 (6) (2005), pp. 988, 993, 996.

规律，最后是非洲的国家运行逻辑和国家合法性特征。

非洲地区国际关系同时为前现代和后现代力量所主导，可为国际体系转型的未来提供重要启发。一个必须承认的现实是，主流的国际关系理论事实上将非洲视作一个完全不同的地区国际体系。这些理论总体上认为，当前的国际体系充满着多样性：一方面，在非洲及大部分发展中国家，威斯特伐利亚体系的逻辑仍占据主导，安全仍是其主要关切；另一方面，在大多数发达国家，后威斯特伐利亚体系的逻辑占据着主导，它某种程度已经成为当前整个国际体系的主导性逻辑。换句话说，非洲被认为是一个区别于当前主导性国际体系的次体系；尽管如此，但却没有人吸收其可能的理论启示，而只思考如何以现有主流理论去改造这一地区。

非洲地区主义的独特运作逻辑可为推动全球化进程和其他地区的一体化努力提供借鉴。非洲至少经历了两波地区化，第一波更多的与殖民化、非殖民化和泛非主义相联系，第二波始于20世纪80年代末，发生在冷战对非洲的结构性限制放松的背景下。[①] 这两波地区化有着一个共同的特征，即地区主义的相互重叠和竞争，这成为阻碍非洲地区一体化发展的重要因素。非洲地区主义存在明显的重叠现象，有时也导致严重的竞争，主要体现在两个方面：一方面，部分组织的成员国大部分甚至几乎全部来自另一组织，二者相互重叠、相互竞争。另一方面，非洲国家在次区域组织中的成员国身份也是多重的。这导致非洲的次区域组织在相互重叠的同时，还相互交叉，关系相当复杂。尽管如此，重叠和竞争的地区主义对于非洲国家而言仍有其积极意义，尤其是非洲国家大多经济规模较小，同时参与多个区域一体化组织，可使弱国最大化区域一体化的获益，同时能通过分散风险降低可能的损失。

非洲国家在非殖民化后的独特发展历程也可为国际关系理论提供分析未来国内社会及其国际意义的新理论来源。由于其特殊的发展经历，

---

① Morten Boas, "Regions and Regionalisation: A Heretic's View," in Nordiska Afrikainstitutet ed., *Regionalism and Regional Integration in Africa – A Debate of Current Aspects and Issues* (Uppsala: Nordiska Afrikainstitutet, 2001), p. 29.

非洲国家在非殖民化成功后仍经常缺乏内部权威：它们或者缺乏持久的法律与行政结构；或者利用军事化手段延续前殖民时期的政治组织方式与实践；而在多民族的亚非后殖民国家中，种族不平等现象司空见惯。这样，非洲国家外交政策的决定因素与其他国家存在重大的差别。不少学者都认为，非洲国家的外交政策主要关注政权安全，更进一步说是政权或统治者的生存。① 由此而来的，非洲国家的对外关系就涉及大量追求其自身"私人外交政策"的非国家行为体。② 换句话说，非洲国家的独特性，使得所谓"跨国混合行为体联盟"（transnational mixed actor coalitions）显得格外重要，非国家行为体和公民社会所发挥的作用事实上相当大，特别是就建立新的地区互动类型，创建共享规范，影响各种地区治理问题等而言，因此有必要研究"网络和混合行为体联盟在生产更为包容性的国际关系理论中的重要作用"③。

  中非关系还可通过提供替代性的解释而推动国际关系理论的新发展。一方面，过去十余年来，不少研究质疑现有国际关系理论在发展中世界、特别是非洲的适用性。④ 另一方面，如前所述，中非关系的发展使得中国和非洲的国际影响上升，进而可某种程度上影响国际关系理论的发展。总体而言，中非关系产生的替代性视角可有三种方式：一是可

---

① Robert Jackson and Carl Rosberg, "Why Africa's Weak States Persist: The Empirical and the Juridical in Statehood," *World Politics*, Vol. 35 (1982), pp. 1-24; R. Sandbrook, *The Politics of Africa's Economic Stagnation* (Cambridge: Cambridge University Press, 1986).

② Christopher S.Clapham, *Africa in the International System: The Politics of State Survival* (Cambridge: Cambridge University Press, 1996).

③ Okey Iheduru, "Civil Society, Transnational Networks & New Patterns of Regional Interaction: Lessons From West Africa," Paper presented at the annual meeting of the International Studies Association 48th Annual Convention, 28 February 2007, pp. 6-7.

④ 参见 S.G. Neuman ed., *International Relations Theory and the Third World*, Houndsmills: Macmillan, 1998; K.C. Dunn and T.M. Shaw eds., *Africa's Challenge to International Relations Theory*, Basingstoke: Palgrave, 2001; T.C. Nkiwane, "Africa and International Relations: Regional Lessons for a Global Discourse," *International Political Science Review*, Vol. 22, 2001, pp. 279-290; K. C. Lavelle, "Moving in from the Periphery: Africa and the Study of International Political Economy," *Review of International Political Economy*, Vol.12, No.2, 2005, pp. 364-379；等。

纠正国际关系理论中的诸多偏见，如纠正对非洲现状和发展前景的悲观视角，从而使国际关系理论更能反映现实。二是以全新的话语解释既有现象，特别是如对非洲冲突的地方性理解、非洲国家概念的特殊认知、国际关系民主化等，以"打破对国际关系概念的正统界定所强加的思维定式"。① 三是解释国际关系现象的新特征，随着中非关系的发展，中国和非洲的诸多潜在具有国际关系普遍意义的现象正在发生，特别是如次国家行为体与政府关系、国际关系的内外关联等。

二、建构南南合作理论

随着中非关系的快速发展，整个南方国家内部的合作有了质的提升。根据联合国贸发会议（UNCTAD）2011年底的一份报告，新世纪头十年的一个重大事件是部分新兴大国在全球经济中重要性的上升以及南南经济关系的发展。结果是，"尽管传统的北方伙伴仍很重要，南南关系现在在欠发达国家融入世界经济中正发挥着日益重要的作用。未来可能变得更为重要……"② 传统意义上的南南合作，很大程度上必须通过北方国家作为中转，因而更多不是直接、而是间接的南南合作。随着中非关系本身及其所带动的其余新兴大国与非洲关系的发展，南方国家间的直接合作正迅速增加。如同国际货币基金组织（IMF）的一份报告所指出的，巴西、中国、印度和南非等"新兴发展中国家"正"从传统的发展中国家分化出来并快速成长，而它们的发展动力越来越依靠彼此之间相互关系的加强而不是依赖于发达国家"；作为这一进程重要组成要素的中非关系，也因此获得了"经济学上的合理解释"。③ 这样，在更为扎实的南南合作理念和经验基础上，建构真正意义上的南南合作理论已经成

---

① Rolan Bleiker, "Forget IR Theory," in Stephen Chan, Peter Mandaville and Rolan Bleiker eds., *The Zen of International Relations*, Houndsmills, Basingstoke: Palgrave, 2001, pp. 50-51.

② UNCTAD, *The Least Developed Countries Report 2011: The Potential Role of South-South Cooperation for Inclusive and Sustainable Development* (New York: United Nations, 2011), p. v.

③ Cigdem Akin and M. Ayhan Kose, "Changing Nature of North-South Linkages: Stylized Facts and Explanations," *IMF Working Paper*, WP/07/280 (December 2007), pp. 4-5.

为可能。

　　首先,中非关系的发展推动了南南合作的价值观建设。真正的南南合作理论首先必须确立一套南南合作的价值观,它主要基于南方国家间的政治上平等互信、经济上互利共赢、国际上团结互助和文化上交流互鉴,以及其他传统国际关系原则。更为具体地,南方合作的价值观主要包括三个方面。第一,在政治和外交领域,南方国家应当秉持"团结外交"(diplomacy of solidarity)精神,驳斥被西方所夸大的南方国家内部的差异性和"落后性",共同推进南南合作的发展。主流国际关系理论往往将南方国家简化为两类,即新兴发展型国家与脆弱国家;其目的是试图将前者描述为西方模式的"毕业生",而将后者描述为经济上、政治上甚至是道德上的"失败者"。这样,南方国家的内部合作便存在着各种不足,特别是"道德上的缺陷",进而建构南南合作理论便是虚妄之谈。通过坚持"团结外交",南方国家必须既坚定地推进南南合作,又有力地驳斥西方的谬论。第二,在经济文化交流等领域,南方国家应坚持平等互利精神,促进双方的共同发展。尽管西方惯于强调,南南合作、特别是中非关系是"新殖民主义"或另一波"对非洲的掠夺",但事实上无论是"以资源换基础设施"还是中国不附加条件的援助等,都是基于平等互利原则促进非洲发展的典型。相反,西方国家从非洲获得了更大的经济利益,其惯常模式或者是"资源掠夺"或"资源换现金",后者对非洲较为普遍的贪腐现象有着推波助澜的作用。第三,中非合作还否定了一系列不适用于中国和非洲的所谓"后现代"国际关系原则,在处理国际关系时坚持"现代性"精神用传统国际关系准则指导南方国家间关系。从大历史的角度看,民族国家的真正普及是在20世纪才得以实现的,但其内涵的普及还远未实现。[①] 而西方国家却在这个时候大力宣扬所谓"主权过时论",宣扬国家边界已经消解,其真正目的不外乎是破坏南方国家的内部稳定,固定南方国家当前在国际体系中的不利地位,进而维护和延

---

① 参见潘亚玲:《试论全球化下威斯特伐利亚体系的生存能力》,载《教学与研究》2011年第7期;陈玉刚、袁建华主编:《超越威斯特伐利亚?——21世纪国际关系的解读》,时事出版社2004年版等。

长其既有强势地位。南南合作必须坚持传统的国际关系准则，为南方国家赢得更为有利的国际战略地位。

其次，中非关系也促进了南南合作的方法论发展。南南合作理论还必须就南南合作的方法论加以系统化和理论化，特别是其中的资源政治经济学和政权安全等内涵。南南合作提出了几十年但始终没能实现重大发展，原因之一在于南南国家相互间发展水平都比较低，进而没有多少相互的比较优势以促进对方的发展。随着中国等新兴国家的发展，南方国家内部形成一定的发展阶梯，并使得双方的比较优势得以显现，形成了南南合作的第一个重要的方法论，即围绕资源展开的政治经济学。在中印等新兴国家崛起及其与非洲关系快速发展之前，非洲丰富的自然资源并非没有得到利用，但这种利用根本上没有为非洲的发展作出任何贡献。随着中国、印度、巴西等新兴国家的群体性崛起，对非洲蕴藏丰富的各种自然资源的需求大为增加，进而使得非洲原本无法为其发展作出贡献的资源得到充分利用，并可能逐步打破由西方所建立的不公正的国际劳动分工体系，进而真正推动非洲的发展。

中非关系带动的南南合作新方法论之二是，通过对发展—安全关联的新诠释，使得发展与安全的关系得到更为合理的平衡，特别是如何处理政权稳定，并避免西方国家刻意推动的发展政策安全化以及安全政策私有化等危险。如果说西方的上述两大方法很大程度上破坏了南南合作的话，中非关系的发展正在纠正这两个方面。一是通过强调发展政策的发展性质而非安全化发展政策，特别是以中国改革开放三十多年的经验说明，在20世纪70年代末一度陷入国家破产边缘的中国并未采取西方开出的发展政策安全化的处方，而是集中精力发展经济从而逐渐摆脱了当前的困境，并成长为一个新兴大国。二是中国也充分重视安全，致力于维持改革开放所需要的内部和外部的稳定的环境，致力于实现政权稳定。中国方法向非洲展示了一种替代性的发展方法，即在确保政权稳定的基础上，通过发展逐渐解决既有的发展和安全问题，并以发展解决发展过程中新出现的发展与安全问题。

最后，中非关系还使南南合作具有了更为广泛的全球意义。南南合作理论如果仅具有南方意义,那么它将难以推广或至少生命力不强。很大程度上,南南合作理论的建立是基于对当前处于主导地位的南北关系的解构,进而也是对主流国际关系理论的一定程度的纠正。首先,南南合作理论有利于重建不均衡的全球化的理论和对西方的民主和平论的理解。全球化可能加剧国内、地区内及其相互间的不平衡。其次,南南合作也可纠正西方对国家与社会关系的理解。由于"……政治权力为非洲的大量国家与非国家行为体所行使。因为标准的国际关系理论的数据都只是官方的,因此许多非洲的国际关系被遗漏了",只有在南南合作的背景下,这些权威的、既定的但却未被承认的非国家行为体才能被重新纳入理论视野。[①]

三、完善国际发展理论

中非关系对于完善和修正当代国际发展学有着重要的意义,主要出于三个方面的原因。首先,伴随着中国的快速崛起,中国正日益成为一个重要的新兴发展伙伴,其独特的发展道路、理念和实践以及提供发展援助的独特性,都可为国际发展学的发展作出贡献。其次,中非关系的发展也带动了其他新兴大国对非发展援助的有效增加,为非洲引入了其他非西方的发展道路、理念和实践。最后,西方发展学在过去60余年的失败,特别是新近全球金融危机的冲击,使得中非关系当前的成功格外重要。

中非关系对国际发展学的完善与修正可作出三个方面的贡献。中非关系对于完善和修正国际发展理论的首要贡献在于,它始终坚持发展为首要目的,在兼顾安全、民主及其他社会性目标的同时也不因这些目标而动摇发展的首要地位。尽管中国目前的发展走在了非洲大陆的前面,但中国仍是一个发展中国家,深知"发展才是硬道理",其他许多与发展相关的问题、特别是发展条件的问题都可通过发展来逐步加以解决,而

---

① Douglas Lemke, "African Lessons for International Relations Research," *World Politics*, Vol. 56, No. 1 (October 2003), p. 116.

针对发展中所产生的新问题也可通过再进一步的发展来逐步解决。这样，中非关系的发展可推动国际发展学逐渐纠正当前过度强调发展条件进而忽视发展目标的不当思维和实践，这主要体现为两个方面。一方面，中非关系始终坚持发展目标的首要地位，不因非洲的发展条件不利而改变对非洲发展的支持，不滑向发展条件论。中国的对外援助始终坚持发展目标导向，不受其他因素的干扰。① 相比之下，西方主导的国际发展学很大程度上已经发展为一种"发展条件导向型"的理论。在20世纪50年代国际发展学的早期阶段，西方仍将发展目标作为追求方向，注重对促进经济发展的大型项目的投资和援助。但随着60年代发展主义的失败和名声扫地，西方国际社会逐渐将对非发展援助的重点转向为经济发展创造或改善条件，到90年代更发展为强调民主、良治和新自由主义等为核心的新发展主义。② 另一方面，鉴于非洲自身发展条件仍有待改善，中国对非洲发展的支持充满战略耐心，而不是如同现有国际发展学那样急功近利。中国对非援助的内部组织有着很强的综合性，对外援助的规划有着很强的规划性，且对外援助项目有着很高的延续性。相比而言，西方国家在发展与非洲关系的过程中较为缺乏战略性，更多强调援助的技术层面，并相对短视且试图寻找"万能药"，特别是在对非援助方面。在迄今为止的60余年历史中，国际发展学为寻找"万能药"而不停变换发展主题：20世纪60年代的现代化，70年代的减贫，80年代的结构调整，90年代的良治，21世纪头10年的援助有效性，现在正日益向着结果管理等方向发展。③ 这一发展轨迹也体现了西方国家在对外援助上的技术化趋势和其急功近利性质，严重忽视了发展有效性本身。

---

① 中华人民共和国国务院新闻办公室：《中国的对外援助》（白皮书），2011年4月21日，国新办网站，http://www.scio.gov.cn/zxbd/wz/201104/t896471.htm。

② [美]霍华德·威亚尔达：《绪论：西方传统及其向非西方世界的输出》，载[美]霍华德·威亚尔达著：《非西方发展理论——地区模式与全球趋势》，董正华、昝涛、郑振清译，北京大学出版社2006年版，第8页。

③ Erik Thorbecke, "The Evolution of the Development Doctrine, 1950-2005," *Research Paper*, No. 2006/155, UN University, December 2006；[赞比亚]丹比萨·莫约：《援助的死亡》，王涛、杨惠等译，刘鸿武审校，世界知识出版社2010年版，第8、11—20页。

中非关系的发展还可极大地纠正国际发展学理论中的不平等假设，主要有三个表现。第一是中国始终坚持国家无论大小一律平等的国际关系原则。1964年提出的中国对外援助八项原则中的第一、二项原则都强调平等，20世纪80年代提出的对外援助四项原则也将"平等互利"作为首要原则，而2011年发表的《中国的对外援助》白皮书也重申了平等原则的重要性。第二，由前一原则而来的，中国在为非洲国家提供发展帮助时，始终坚持互不干涉内政原则和对非援助不附加任何政治条件原则。这在非洲得到了普遍欢迎，尽管不时遭到西方国家的不实批评甚至攻击。正如有非洲学者指出的，尽管中国在如同安哥拉和苏丹这样的资源富集国的作用是有争议的，但"中国的方法是种相互尊重的方法，也向没有什么经济和政治重要的非洲国家提供援助和投资支持"。[①] 第三，中国并不认为自身有任何权利和资格去"教化"非洲国家应该走什么样的发展道路。尽管有不少人开始讨论所谓"中国模式"，但中国更强调与非洲的"相互借鉴、共同发展"，特别是在如发展、教育交流、科学、文化、医疗卫生等领域。中国对于发展的这一立场更强调了国家自决，反对包括如国际货币基金组织和世界银行等在内的西方世界的发展理念中体现的国家等级。[②] 更为重要的是，这事实上为发展理念提供了替代性的话语。相当长时期以来，西方的发展伙伴视自身为所有发展模式的标准设定者，并视发展中国家（受援国）为需要帮助的一方；这排除了相互学习的可能。正是由于中国所提供的替代性发展理念，挑战了"作为西方思想变革的外部发展援助的合法性。旧式二分法的发展话语正日益被扭转，进而使得北方与其余世界的发展关系的观念也发生了变化"，[③]

---

① M.Davies, H. Edinger, N. Tay, and S. Naidu, *How China Delivers Development Assistance to Africa*, Centre for Chinese Studies, University of Stellenbosch, February 2008.

② Barry V. Sautman, "Friends and Interests: China's Distinctive Links with Africa," Working Paper, No. 12, Center on China's Transnational Relation, The Hong Kong University of Science and Technology, 2006, http://www.cctr.ust.hk/materials/working_papers/WorkingPaper12.pdf, pp. 15-16, 2007-02-20.

③ Clemens Six, "The Rise of Postcolonial States as Donors: A Challenge to the Development Paradigm?" *Third World Quarterly*, Vol. 30, No. 6, 2009, p. 1107.

从而为国际发展学理论的修正乃至重建提供了机遇。

中非关系的快速发展还切实促进了非洲各国的发展有效性,可纠正西方对援助有效性的不当强调。首先,中非关系旨在建立中非之间相对平衡的相互依赖关系,实现中非关系的可持续发展,而不是要制造非洲国家对中国的依赖。西方国际社会、特别是各殖民宗主国在发展与非洲关系的过程中经常出现的政治依赖和债务依赖,在中非关系中都没有出现。中国从未像西方国家一样试图创造出非洲对中国的政治依赖。中国于1964年提出的对外援助八项原则中明确声称,"中国政府对外提供援助的目的,不是造成受援国对中国的依赖,而是帮助受援国逐步走上自力更生、经济上独立发展的道路"。同时,中非关系、特别是中国的对非发展援助也没有加大非洲国家的债务负担。[①] 非洲的债务危机是源于传统援助国和多边援助机构所提供的大量援助——其动机更多是利己主义的部门利益,这导致了经济上的附属效应和主从关系,进而导致了第三世界国家对援助的严重依赖。[②] 中国成为新兴发展伙伴并没有加剧这一状况,相反却通过一系列的债务减免措施为非洲债务负担的改善作出了贡献。其次,中国往往基于非洲各国的实际需求而非中国自身的特定部门利益而为非洲国家提供发展支持。历史上,传统援助国和多边援助机构的对外援助更多考虑所谓"援助行业"(development industry)的部门利益。西方一方面抱怨援助的效果令人沮丧,另一方面又大力提供援助甚至展开相互竞争。其重要原因便在于所谓的"借贷的压力":国际发展界(development industry)以发放援助为生,"他们担心在财年中他们的机构没有发放出原先预定的资金"。[③] 相比之下,中国的对外援助更多从受援国的实际需求出发,而非从援助方的特定部门利益出发。最后,

---

[①] Helmut Reisen and Sokhna Ndoye, "Prudent versus Imprudent Lending to Africa: From Debt Relief to EmergingLenders," *Working Paper*, No. 268, OECD Development Centre, February 2008, pp. 38-39.

[②] Ibi Ajayi, "Issues of Globalisation in Africa: The Opportunities and the Challenges," *Ibadan Journal of the Social Science*, Vol. 2, No. 1 (2004), pp. 23-42.

[③] [赞比亚]丹比萨·莫约:《援助的死亡》,王涛、杨惠等译,刘鸿武审校,世界知识出版社2010年版,第38—39页。

中非关系以"发展有效性"为衡量指标,进而确保了中非关系的各项措施的快速和高效。中国的对外援助为受援国的电力(主要是水力发电)、交通(主要是铁路)以及信息和通讯技术(主要是设备供应)等基础设施提供重要的资金,这些措施极大地促进了非洲的发展有效性。[①] 而反观西方国际社会,由于此前40余年发展努力的失败,自20世纪90年代初起,对外援助的重点逐渐从"援助作为应享权利"(aid-as-entitlement)转向了强调援助的结果与效率,推动"援助有效性"共识的产生,[②] 严重忽视了发展有效性这一根本问题。正因如此,塞内加尔总统韦德才会说,"比起西方批评者,中国更有竞争力,较少官僚作风,更适合在非洲做生意。不仅非洲,就连西方都有很多东西可向中国学习"。[③]

[①] J.Y. Wang, "What's Drives China's Growing Role in Africa?", *IMF Working Paper*, WP/07/211, 2007.
[②] UNDP, *Development Effectiveness: Review of Evaluative Evidence* (New York: UNDP, 2001), p. 5.
[③] Abdoulaye Wade, "Time for the West to Practice What it Preaches," *Financial Times*, 24 January 2008.

第五章
政策建议

建构中非关系国际贡献论的压力主要来自三个方面,即:国际舆论环境日趋严峻,中非关系的转型压力日益凸显,国际期待不断上升且呈多样化发展。上述压力使得建构中非关系的国际贡献论相当迫切,但既有研究存在重大不足。因此,本文尝试从物质贡献、战略意义和理论启示三方面分析中非关系的国际贡献,使之成为一个相对完整和理论化的体系,以回应上述新形势发展并为促进中非关系持续发展提供新的思考。

当然,这一努力更多是初步的,不光因为它需要长期努力,更因为它也面临诸多不确定性。物质层面,下一阶段的中非关系至少面临三大结构性挑战:一是中非经济结构可能的同步升级,将导致双方关系的重大结构性调整;二是当前世界经济的转型,特别是结合资本主义危机与气候变化而诞生的新发展思维和发展技术;三是前述的中非关系本身的三个转型趋势。国际战略层面的挑战主要在于:一方面,在硬实力相对削弱的背景下,美欧将权势竞争的主战场逐渐转向软实力、道德实力(Ethical power)领域;另一方面,由于各主要国际行为体在非洲的竞争加剧,非洲的战略选择也在增多。理论层面的挑战在于,西方国际关系理论仍占据主导地位,同时无论是在经济发展还是在思想文化方面南方国家内部都呈现出多样化发展态势。

尽管如此,建构中非关系国际贡献论仍是当代中国学者不可推卸的重任:首先是要回应前述的诸多需求或挑战,其次是要将理论话语主动权掌握在中国人手中,进而推动中非关系产生更大的国际贡献,为非洲和国际社会提供更大的物质性、战略性和理论性公共产品。

一、改善中国在非国家形象

建构中非关系国际贡献论的直接压力源于为中非关系"正名"的需要,因此要巩固和拓展中非关系国际贡献论,首先需要改善中国在非洲的国家形象,提升中国话语的国际接受度和认可度。

一方面,中国要进一步加强对非洲公共外交和人文外交。这又具体包括以下要素。一是要从两个方面合理总结和宣传中非合作论坛的成功经验,即基于国家间平等原则强调"中国经验"而非突出"中国模式",和维护中国作为现有国际体系的建设者和贡献者的形象,避免陷入西方"模式之争"的陷阱中。二是要培育非政府组织和公民社会团体应对和利用国际"软规则",包括在非洲国家扶植促进中非关系的非政府组织,培育和锻炼中国的非政府组织,以及以中非合作论坛及人文类分论坛为主渠道,积极参与国际"软规则"的制定和应用过程,塑造于中国有利的国际"软规则"。三是要从机制体制上改善对非公共外交政策体系,如可考虑设立中非合作论坛形象大使,设立政府类和冠名类"中非贡献奖"等。四是要加强研究,包括确立研究重点、建立研究队伍和强化对外学术交流等,发挥学术外交的助推作用。

另一方面,需确立中国"国际体系中的南方大国"国家身份定位。随着中国经济发展水平的提升,中国作为发展中国家的身份定位正遭受越来越多的质疑。根据党的十八大精神,到2020年中国人均收入将再翻一番,全面建成小康社会,届时继续强调中国的"发展中国家"身份可能面临更大的质疑。因此,中国未来的身份定位不应纠缠于"发展中"抑或"发达"这一经济指标,而应关注更为重要的政治和战略性指标,可将中国自身界定为"国际体系中的南方大国"的身份定位。具体而言,中国作为"国际体系中的南方大国"的身份包含以下要素:第一,无论中国未来的发展方向是什么,中国都将始终是国际社会的积极一员、普通一员,是国际体系的平等参与者、有力维护者和积极建设者;第二,尽管将来中国可能依据经济结构性指标判断脱离了发展中国家阵营,中国仍以其类似于其余南方国家的历史经历、价值判断、政治取向等而与广大发展中国家站在一起;第三,中国将通过参与、创建一系列的南方国家多边外交网络,形成以金砖国家为核心,二十国集团居间,七十七国集团和不结盟运动等为外围的南方国家合作网络,与广大发展中国家、特别是非洲一道共同推动国际秩序和国际体系朝着公正合理的方向发展。

二、提升海外利益保护能力

提升中国的海外利益保护能力,就意味着中国必须更大程度地参与非洲的和平与安全事务,而这将面临以下几对矛盾:首先是保护中国的海外利益但不称霸;其次是介入非洲的和平与安全事务但不干涉内政;再次是强化中非和平与安全合作但仍坚持走和平发展道路。

要解决上述矛盾,首先需要确立中国参与非洲和平与安全事务的战略原则,即:以共性问题为起点,以涉及中国问题为重点,以热点问题为抓手,以多边机制为平台。共性问题和涉及中国问题既能保证中非的共同关切,又能保证中国有限的能力得到有效和经济地使用;热点问题的参与能保证中国在各类问题的全面存在,同时也有助于树立"负责任大国"形象;通过多边机制参与可有效避免介入但仍坚持不干涉内政原则之间的两难。

要有效提升中国在非洲的海外利益保护能力,必须确立中国参与非洲和平与安全事务的战略优先:第一,政权稳定是所有国家得以发展的前提,同时也是中国在非洲海外利益得到有效保护的重要前提,中非可加强各个层次的政权维稳经验交流。第二,鉴于以美欧为主的国际社会对非洲安全事务的不当干涉,中国应当强化对非洲地区和平与安全架构建设的支持,特别是支持"非洲问题的非洲解决方法"原则,为非洲联盟和其他次区域组织的和平与安全架构的建设提供资助,为非洲常备军的建设提供军事训练教官和军事参谋人员,加强与非洲区域和次区域组织的情报交流与共享等。第三,考虑到非洲多国存在的国内或国际性冲突,中国应当更为积极地参与非洲热点问题的解决,强化中国在维和行动中的参与力度,为非盟及次区域组织提供维和资助和维和人员培训等。第四,中国还应在联合国、特别是安理会加大力度推动涉非安全事务的热点问题上的合作。

三、建构对称性相互依赖关系

随着中非关系未来向着更为对称的相互依赖发展,中国需要前瞻性设计相应的建构对称性相互依赖关系的战略。这种对称性相互依赖不仅可升级中非物质交流特别是经贸关系,更可通过同步提升中非双方的国际战略地位和国际合作平台,进而巩固和拓展中非关系的战略贡献和理论贡献。

建构中非对称性相互依赖关系主要应当从两个方面着手。一方面,要建构中非对称性相互依赖关系,就必须着眼这一新型相互依赖关系规划中非关系的中长期发展战略,同时保持中非关系从感情支撑型向感情—利益支撑型转变中的传统友谊与经济利益的平衡,避免中非关系从利益促进型向利益保护型转变导致的保守。具体而言,中非有关系的中长期发展战略应当包括以下要素:一是要系统设计衡量中非关系的指标体系,具体可覆盖如传统友好度、政治亲密度、意识形态接近度、政治风险度、战略重要性、经济风险度、经济潜力、双边经贸重要性、国际竞争压力等,进而建立灵活的对非政策体系,对非洲国家予以归类划分,针对不同类型的非洲国家采取不同的战略和政策;二是要系统化、合理化历届中非合作论坛部长级会议的各种举措,建立一个中国支持非洲发展的举措框架,使前几届论坛部长会的各种举措逐渐形成一个内部逻辑,同时也为后续论坛的新举措设计提供合理依据,三是要及早设计中非合作论坛第六届部长会的议题主题,使之与对2015年千年发展目标结束后的全球发展共识的建构相契合,促进中国对全球发展努力的观念、战略和政策形成。

另一方面,应当提前规划中国的涉非三边合作战略。首先是涉非三边合作的基本战略原则,具体可表述为:"非洲需要,非洲同意,非洲参与;先经后政,先易后难,先南后北。"涉非三边合作的相关谈判要

— 第四编 新形势下中非关系的国际贡献研究 —

坚持强调与非洲共进退,共同设定三边合作的战略构想和具体谈判策略和战术。

四、完善中非合作机制建设

中非合作机制、特别是中非合作论坛的发展已经从创建阶段迈向了可持续发展阶段,应当更加关注质量而非数量。完善中非合作机制建设,不仅可为中非全方位交往提供机制性保障,还可进一步促进南南合作,更可为国际关系理论、南南合作理论、国际发展学等提供新的理论素材和理论方法。

第一,要完善论坛的机制体制,提升论坛的定位。一是要建立健全中国对非政策的完整政策机制和法律机制;二是优化论坛的协调机制和组织结构,提升论坛后续行动委员会的行政级别并扩充工作人员队伍;三是要优化论坛工作人员的构成并提高其能力,包括知识结构和人员来源结构等。

第二,要适当控制论坛发展速度,稳定论坛规模。一是要适当放缓论坛直属机构的发展速度。应在相关条件成熟的情况下,根据论坛的中长期规划逐步增设相关的直属机构或分论坛,以有效预防论坛机制过快发展带来的消极后果。二是要统筹管理其他非直属性的涉中非关系论坛。建议出台相关规定,就"中非"、"论坛"等字眼的使用标准、申报制度、批准制度、监督制度等加以规范。

第三,完善论坛的质量管理措施。一是要建立健全论坛的危机管理机制,应在论坛系统内设立专门的危机管理机制,并辅之以一个由大学和智库专家学者组成的危机管理咨询团队,以便更为快速、系统和协调地应对和预防各类危机事态。二是应建立健全中非合作论坛政策措施的质量跟踪、控制和评估体系。三是要强化涉中非关系的理论性问题的预警性研究,如中非关系国际贡献与中国特色国际关系理论和外交理论的关系,不干涉内政与中非和平与安全合作等问题。

| 第五编 |

中国企业在非洲履行社会责任调查*

---

* "中国企业在非洲履行社会责任调查"课题组成员：刘青海（浙江师范大学非洲研究院，负责报告总体及除以下注明之外的调查，其中主要是在塞内加尔的调查和对非洲人的调查）、袁国昌（尼日利亚浙江商会，主要负责在尼日利亚的调查）、胡美（浙江师范大学非洲研究院，负责相关资料搜集整理）、林成华（浙江师范大学中非商学院，主要负责金华市涉非企业的调查）、陈肖依（浙江师范大学华侨研究中心，主要负责在南非的调查）。

本课题调研过程中得到了外交部刘贵今大使、林静参赞，中国驻塞内加尔大使馆龚元兴大使、张崇华参赞、黄明元参赞、钟礼生一秘，南部非洲浙江商会李家鼎名誉会长，华为塞内加尔代表处谭啸总经理，中国水产塞内加尔代表处邵仲海代表，越美集团陈志明董事长，尼日利亚浙江商会、赞比亚谦比希铜冶炼有限公司杨新国总经理、浙江师范大学非洲研究院牛长松老师、王学军老师，浙江师范大学国际学院李群星等老师的大力帮助，特此谨致谢意！在报告写作过程中，还得到了浙江师范大学楼世洲副校长、浙江师范大学非洲研究院刘鸿武院长、徐今雅教授、赵俊老师、周志发老师、蒋俊老师、教育科学研究院冯典老师等的诸多指导与良好的建议，在此也一并致谢！

随着经济全球化的发展，无论是发展中国家还是发达国家都将对外直接投资或外国直接投资作为经济发展的助推器，并希望以此为契机与其他国家开展广泛的经济技术合作，实现长期的国家战略目标和经济利益。与此同时，在有关国际组织、各国政府和非政府组织的推动下，国际企业的社会责任逐步成为一种普遍接受的理念，引起了世界各国，不仅是发达国家，而且包括非洲国家在内的广大发展中国家的关注。

　　2000年以来，随着中国与非洲经济的发展，中非合作论坛的建立，中非经济合作也日益紧密。2011年，中非贸易额已经达到了1663亿美元，中国对非洲的各类投资存量累计已超过400亿美元，其中直接投资147亿美元，在非中国企业已超过2000家。[①] 如果考虑到劳务承包、商贸等其他企业类型，加上部分未登记备案的民营小企业，中国在非洲企业的数量还应该大大超过这一数字。随着中国在非洲企业的增多，它们的行为也受到国际国内社会的广泛关注，其中，其在非洲履行社会责任的情况可以说是关注的一个焦点，众说纷纭，褒贬不一。[②] 有鉴于此，本课题组进行了一系列的调查，试图反映出中国在非洲企业履行社会责任的真实情况，为相关各方提供参考。

---

① 资料来源：中非合作论坛网："中非经贸合作前景看好"，http://www.focac.org/chn/zxxx/t908104.htm，2012年2月24日。
② 本报告所指中国仅指中国大陆地区，暂未包括香港、澳门、台湾地区。

第一章
企业社会责任概述

一、企业社会责任的内涵

在企业社会责任的众多定义中,美国佐治亚大学教授卡罗尔(Archie B. Carroll)的观点最具代表性。卡罗尔将企业社会责任归纳为四个层次:经济责任、法律责任、伦理责任、自发责任(即所谓广义的企业社会责任),而仅包括伦理责任和慈善责任两个方面的为狭义的企业社会责任。其中,慈善责任的主要内容有给社区捐献资源、扶贫帮困、救死扶伤、安置残疾人、赡养孤寡等;伦理责任的主要内容有维护股东权益、维护消费者权益、对消费者履行产品或服务质量方面的承诺、维护职工权益、参与社区建设、维持资源、环境和社会的可持续发展等;法律责任的主要内容有遵守国际公约、遵守国家法律和规定、执行国际通用标准、执行行业规范、行业标准和行业道德准则、执行企业内部规章制度等;经济责任的主要内容有提供更多的就业机会、促进社会财富的增长、提高社会资源的利用率、创造和积累企业利润等。总的来看,经济责任是企业存续的基础,在社会责任中占有最为重要的地位,其他三方面责任的重要性依次递减。[①]

联合国与世界银行、国际标准化组织等也分别从不同角度对企业社

---

① [美]阿奇·B. 卡罗尔,安·K. 巴尔霍尔茨:企业与社会伦理与利益相关者管理[M],黄煜平等译,北京:机械工业出版社,2004。

会责任进行了定义。如联合国"全球契约"(Global Compact)认为企业履行社会责任就应遵循"全球契约"十项原则,包括人权、劳工、环境和反贪污四个方面;[①]世界银行将企业社会责任看做企业与关键利益相关方的关系、价值观、遵纪守法以及尊重人、社区和环境有关的政策和实践的集合,是企业为改善利益相关方的生活质量而贡献于可持续发展的一种承诺;国际标准化组织(International Standard Organization,缩写为ISO)在其社会责任标准ISO26000文件中提出了履行社会责任应该遵守的七项原则,即:问责原则、道德行为、透明原则、尊重利益相关方利益、尊重法律、尊重国际行为准则原则、尊重人权原则。

总的来说,关于企业社会责任的概念,目前国际上没有统一的定义,一般认为企业社会责任就是企业在创造利润、对股东利益负责的同时,还要承担对员工、消费者、社区和环境的社会责任,包括遵守商业道德、生产安全、职业健康、保护劳动者的合法权益、保护环境、支持慈善事业、捐助社会公益、保护弱势群体,等等。

二、企业社会责任问题的源起与发展

现代意义上的"企业社会责任"(简称CSR)理念出现于19世纪的西方社会,其概念最早由美国学者谢尔顿于1924年提出。1953年,被誉为"企业社会责任之父"的博文在其著作《商人的社会责任》中,给出了商人社会责任的最初定义,正式提出了企业及其经营者必须承担社会责任的观点,即商人有义务按照社会所期望的目标和价值来制定政策、进行决策或采取某些行动。从此,现代企业社会责任研究成为了一个新的领域。1997年,总部设在美国的社会责任国际咨询委员会,制定了全球第一个可用于第三方认证的社会责任标准SA8000。

进入21世纪,伴随着经济全球化而产生的环境的破坏、贫困的

[①] 即企业应在其所能影响的范围内支持并尊重对国际社会做出的维护人权的宣言;不袒护侵犯人权的行为;有效保证组建工会的自由与团体交涉的权利;消除任何形式的强制劳动;切实有效地废除童工;杜绝在用工与职业方面的差别歧视;企业应对环保问题未雨绸缪;主动承担环境保护责任;推进环保技术的开发与普及;积极采取措施反对强取和贿赂等任何形式的腐败行为等。

增加，企业社会责任问题再一次成为人们关注的热点。企业在发展的同时，承担包括尊重人权、保护劳工权益、保护环境等在内的社会责任已经成为国际社会的普遍期望和要求，关于社会责任的倡议和活动得到了来自全世界的广泛支持和赞同。不仅欧盟、美国等发达国家和地区在环保、人权等社会责任重点领域制定越来越严格的政策和要求（典型的如欧盟的ROHS指令对进口产品的严格环保要求迫使涉及的所有对欧盟出口的企业都必须按照其要求对产品的材料和设计进行修改和替换），而且像非洲等不发达地区的国家也开始重视企业社会责任问题，中国企业在国际化经营中正面临着越来越多的社会责任要求。

在非洲，由于一些中国企业不熟悉当地的政治、经济、法律、宗教、文化和风俗习惯，将国内的工作模式（如劳动时间、待遇与工作条件等）复制到非洲，发生了一些劳资纠纷、安全事故、破坏环境、产品质量低下的现象，而一些社会责任履行较好的中国企业在对自身履行社会责任的正面宣传上又比较落后，加之中国企业整体与当地社会的沟通较少，一些企业除了业务往来以外，基本不与当地民众打交道，造成了外界的误解甚至诋毁，产生了一些严重的后果。

展望未来，随着全球化的进一步发展，企业社会责任的理念将日益深入人心，企业社会责任方面的表现将是企业"走出去"能否成功的重要组成部分，起到至关重要的作用，同时，也成为中国与相关东道国政府之间可持续合作的一个重要基础，中国企业在非洲的投资经营自然也不会例外，"走进非洲"的企业能否学会运用社会责任的武器来赢得竞争优势，规避风险，成为摆在中国走进非洲的企业以及相关政府机构面前的一个重大课题。

三、企业社会责任的理论框架

分析和解释企业社会责任的理论就像企业社会责任的定义一样浩如烟海，不过就目前来看，最具影响力的当属利益相关者理论和社会契约论，前者将社会拆分为若干个利益群体，回答了企业应当为谁负责的问题，后者将社会看做是一个整体，将不同社会中普遍存在的道德伦理规范作为企业社会责任的行为标准。除此之外,相关的理论还有企业多元社会责任理论、企业社会责任四阶段模型理论、企业社会责任动因理论等。

(一)利益相关者理论

利益相关者是指那些在企业发展过程中,对企业生产经营活动能够产生重大影响的团体或个人。弗里曼对利益相关者理论作了较详细的研究,他认为"利益相关者是能够影响一个组织目标的实现或者能够被组织实现目标过程影响的人"。[1]这个定义正式将当地社区、政府部门等实体纳入利益相关者管理的研究范畴,大大拓宽了利益相关者的内涵。布莱尔把利益相关者定义为"所有那些向企业贡献了专用性资产,以及作为既成结果已经处于风险投资状况的人或集团",并指出,公司应该为所有利益相关者的利益服务,而不应该仅仅是股东的利益服务,认为因为利益相关者专用性资产的存在,利益相关者也就可以根据其资产的多少和它们所承担的风险来获得企业对其利益的保护,从而为利益相关者参与公司治理、分享公司利益提供了依据。[2]

(二)社会契约论

社会契约论认为人们在经济活动中处于经济或政治目的组成了形式各异的群体,这些群体有一个共同的特征:群体内部成员会在相互认同的基础上,以退出权和发言权为支撑,建立一套用以指导日常决策的行为规范,或者说,形成一种行为上的默契,这种行为规范以超规范作为是非判断的标准。所谓超规范,类似于哲学上的至善的概念,是人们对深层次道德价值观固定的、普遍的理解,是一种天生的道德感。自由、人身安全、不受歧视的权利都属于超规范的范畴。企业作为社会体系中的

---

[1] Friedman, M. Social responsibility of business increase its profit [J]. The New York Times Magazine, 970, (13).
[2] 玛格丽特·M. 布莱尔著, 张荣刚译:"所有权与控制:面向21世纪的公司治理探索",北京:中国社会科学出版社, 1999。

一员,是社会常用的普遍认同赋予了它生存的权利,因此企业应以超规范为底线,遵守社会体系内部形成的道德准则,而这便是企业承担社会责任的合适尺度。

(三)企业多元社会责任理论

该理论由美国著名学者博文提出。该理论的主要观点是:企业不只是对股东负责的经济实体,还是承担一定社会责任的社会组织;企业被各种利益相关者,包括股东、员工、消费者、各级政府、各种商务伙伴和其他利益者所环绕,因此,企业除了要为其股东赚取合理利润外,也应为各有关利益相关者履行其应负的社会责任。[1]

(四)企业社会责任四阶段模型理论

该理论由罗宾斯(Robbins)、库尔特(Coulter)提出,认为企业社会责任可以分为四个阶段:在第一阶段,市场经济初始发展,现代企业组织形式初始出现,此时企业社会责任最小,其对象是所有者和管理者,表现为盈利和股东利益最大化;在第二阶段,市场经济发展,市场法律不断健全,投资者权益得到有效保证,此时企业社会责任小,其对象是员工和消费者,表现为保障员工权益和消费者权益;在第三阶段,市场经济进一步发展,市场竞争激烈,保证消费者利益的法律逐步完善,此时企业社会责任比较大,其对象是员工、顾客、供应商等更广泛的利益相关者,表现为为消费者创造价值,承担对利益相关者的责任;在第四阶段,现代市场经济成熟,法律制度完善,此时企业社会责任最大,其对象是整个社会,表现为更广泛的社会责任。[2]

(五)企业社会责任动因理论

施瓦茨(Schwartz)以责任承担的驱动力为标准,将公司承担社会责任

---

[1] Bowen. H. R. Social Responsibility of the Bussinessman. New York, Hamer, 1953.
[2] [美]斯托芬·P. 罗宾斯,玛丽·库尔特著,孙建敏等译,管理学(第7版),北京:中国人民大学出版社,2004。

的动因分为制度动因、道德动因和利益动因。其中,制度动因主要包括国家或政府对其社会责任的转嫁和政府利用其公权力对公司承担社会责任的摊派,道德动因主要包括突发社会事件的捐赠和社会公共物品维护费用,利益动因是指企业为了获得直接的经济利益而对社会所作的投入。在促使公司承担社会责任的经济、制度和道德等诸多动因当中,公司纯粹出于道德动因而承担社会责任的情况十分少见,纯粹出于制度动因承担社会责任则往往是对制度的被动适应,而道德动因通常也可以被解释为有利于长期经济利益,所以,利益是企业承担社会责任的根本动因,只有当企业社会责任与企业的核心目标结合在一起,成功地转化为内在的商业运作过程时,企业社会责任才得以有效实现。

四、跨国企业的社会责任问题

企业跨出国界进行投资经营,利益相关者的范围也随之扩大,面临着更为复杂的政治、经济和社会环境。由于各个国家或地区的制度、法律、宗教信仰和文化风俗都不相同,东道国政府和居民对于这些跨国企业的期望也存在着差异。在一个国家被视为合理或合法的商业行为,到了另一个国家却可能变得不合理和不合法。这种情况使得企业在跨国经营中面临着一种尴尬的境地,以高标准的社会责任要求自己会增加企业的营运成本,从而处于不利的竞争地位,而以低标准要求约束自己又会受到母国和国际社会的谴责,这一问题在那些监管不力和法律漏洞较多的国家更为明显。

社会契约论为分析和解决这一问题提供了理论基础。跨国企业无论在哪一个国家生产,首先要保证不触及超规范的底线,在此基础上还要充分尊重当地的商业惯例,由此制定的行为准则才是最恰当的。具体而言,国际非政府组织制定的国际公约和行为守则,如国际劳工公约、SA8000、跨国公司行为指南等都可以作为超规范的参考依据。在符合超规范的基础上,跨国企业还有尊重东道国的法律、尊重当地文化习俗及处事原则的责任。

五、企业社会责任在中国

在中国，企业社会责任活动始于20世纪90年代初期。早期中国企业履行社会责任的为数不多，大多是在跨国采购商的要求下改善某些工作条件，提高工人的一些待遇。90年代中后期，由于跨国采购商对中国企业的工作环境和安全卫生标准越来越严格，有的甚至成为必须满足的条件，使得中国企业不得不重视企业社会责任，中国企业社会责任开始加速发展。与此同时，中国的法律制度也日渐完善和强调公司社会责任的概念。2003年，社会道德责任标准（SA8000）开始在中国推行，2006年1月《中华人民共和国公司法》开始实施，规定承担企业社会责任为公司必须履行的一项义务。2006年3月，中国第一个标准化的社会责任自律机制《CSC9000T中国纺织企业社会责任管理体系》实施。2006年3月国家电网公司率先发布中国大陆企业首份社会责任报告。2008年1月，中国国务院国有资产监督管理委员会发布《关于中央企业履行社会责任的指导意见》，中国中央企业履行社会责任有了明确的法律依据。2008年10月，中钢集团对外发布了《中钢集团可持续发展非洲报告》，这是中国企业发布的第一份面向非洲的可持续发展报告，也是中国企业发布的首份国别报告。2011年1月至10月，中国各类社会责任报告发布数量达到817份，超过2010年全年发布的总量，较2010年同期663份增长了23.2%。数量增长的同时，报告的质量也愈加规范和专业，影响力不断扩大。①

中国企业对社会责任的态度可分为四个阶段：抗拒阶段、规避阶段、积极应对阶段、可持续发展阶段。目前，发达国家的企业社会责任正在从规避向积极应对阶段过渡，而中国的企业社会责任还处于从抗拒阶段过渡到规避阶段的时期。例如20世纪90年代中后期，国家环保总局采取的关闭"十五小"专项治理活动，关停了数千家污染严重的乡镇企业，这些企业就是抗拒社会责任的典型。近年来，这种公开抗法的企业少了，

---

① 窦玉沛："企业积极履行社会责任对促进经济社会协调发展和社会文明进步具有重大作用"，http://www.rzcsri.org/viewShow.asp?id=1128，2011年。

但是悄悄违规的企业却增多了。例如，很多企业放着治污设备不用，只等着执法检查的时候运转一下做个样子。这表明企业已经意识到环境问题是一种经营风险，不可抗拒，但是却尽可能规避和降低风险成本。能够主动积极履行社会责任的企业还是不太多。

第二章
中国企业进入非洲的现状及特点

中国对非直接投资近年来增长很快：2003—2008年，中国对非直接投资流量从0.75亿美元增加到54.9亿美元，增加了73倍，占中国对外直接投资的比例从2%上升到近10%；2010年，中国对非直接投资达21.1亿美元，较上年增长46.8%，直接投资存量达130.1亿美元，投资国别覆盖率达85%（仅次于亚洲），涉及基础设施、能源、机械、旅游、农业、电子和银行业等多个领域。[1] 从地域分布来看，根据2010年末中国对非直接投资的存量数据，居于前列的依次是南非、尼日利亚、赞比亚、阿尔及利亚、尼日尔、刚果（金）、埃塞俄比亚、安哥拉、埃及。

浙江省是中国对非投资规模最大的省份，以其为例来研究中国进入非洲的现状及特点具有较大的代表性。为了掌握中国企业进入非洲现状、特点的第一手资料，本课题组进行了两个调查，一是对浙江省金华市涉非企业进行了调查，以了解中国企业对非洲投资的意向及投资情况，一是对在南非约翰内斯堡进行批发零售投资的浙江企业进行了调查，以了解中国企业在非洲进行批发零售业投资的情况。由于国有企业与民营企业在对非投资的行业、规模及特点上有较大不同，本章还将分别对中国

---

[1] 中国商务部、国家统计局和国家外汇管理局："2010年度中国对外直接投资统计公报"，2011年。

在非国有企业、民营企业进入非洲的现状及特点进行分析与总结。

一、中国企业对非洲投资意向及投资情况
——基于对浙江省金华市企业的调查

为了对中国企业对非投资的意向及投资情况有一个基本的了解，课题组于2010年第三季度至2011年第四季度，对浙江省金华市有关企业进行了调查，调查对象为企业的中上层管理人员（大部分是浙江师范大学中非商学院涉非企业培训班的学员）。调查采用发放调查问卷的形式，共发出72份问卷，收回有效问卷63份，下面是调查情况。

第一，被调查企业的基本情况：

企业的主营产品（服务）分布广泛，有电子产品（12%）、机器设备（18%）、服饰（12%）、食品（3%），其他（55%）（小数点后数字四舍五入，下同）。在企业类型上，以私营有限责任公司为主，占72%，股份有限公司其次，占24%，而独资企业第三，占4%。在企业规模上，既有大型企业（2000人及以上，占22%），也有中型企业（300—2000人，占30%），而以小型企业（300人以下，占48%）为主，可见，企业以中小型民营企业为主，与浙江以中小型民营企业为主的省情相符合，也符合调研样本呈正态分布的要求，能够较好地反映浙江省企业的情况。

第二，被调查企业对非投资意向或投资情况：

1. 有意对非洲投资的企业的比例（针对目前对非洲尚无投资的企业）？

有意对非洲投资的企业占92%，无意占8%。

2. 如果对非投资，企业倾向于投资的行业？

倾向于投资的行业依次为：制造业（45%）（表示有45%的被调查企业倾向于投资制造业，下同），房产（17%），农业（12%），医疗（3%），教育（3%），金融（3%），娱乐（2%），餐饮0，其他（含家居、电动工具、水电投资、资源开发等）占15%。

3. 企业目前在非洲投资的行业是（针对目前对非洲已有投资的企业）？

在非洲已有投资的企业中，有33%的企业投资于制造业，41%的投资于餐饮业，其余，家居、基础设施建设占13%，医疗占10%，房产占3%，而教育、农业、金融、娱乐均为0。

4. 企业在非洲的投资效益如何？

其中，有6%的企业投资效益很好，56%的企业为良好，38%的企业一般，而投资效益不太好的企业为0。

5. 企业了解非洲市场信息的渠道是：

其中，通过中国网站了解信息的占39%，通过电视了解的占18%。其余，报纸占16%，非洲相关国家网站占11%，其他（指各类展会、研讨会、客户等）占16%。

6. 企业最希望得到哪些方面的帮助？

其中，有26%的企业最希望得到政府的政策支持，17%的企业希望有法律保障其投资安全。其余，希望得到资金支持的占17%，希望得到涉非人才支持的占13%，而希望得到相关信息支持的占25%，其他（如引导）占2%。

第三，调查结论：

1. 绝大多数（92%）企业对非洲很感兴趣，有意对非洲投资。

2. 在目前对非洲尚无投资且有兴趣投资的企业中，倾向于投资制造业的比例最大（高达45%），房产次之，也有17%的比例，农业比例也较高，居第三，占12%，其余较少，餐饮甚至为0。

3. 企业实际投资非洲的行业与打算投资非洲的行业有很大的区别。

其中，餐饮业的区别最大：没有企业打算投资，而实际投资的却最多；农业的区别也很大：打算投资的很多，而实际却无企业投资，与餐饮业恰好相反；房产业的区别较大：打算投资的占17%，而实际上却只有3%的企业投资；制造业打算投资的和实际投资的比例都很大，只是前者比例更大；教育、金融、娱乐行业，都有一定比例的企业打算投资，而实际投资的却均为0。

实践是检验真理的最好标准。以上打算投资的行业与实际投资行业的较大差异可能在一定程度上说明，企业在真正投资非洲之前的一些打算或设想，由于各种原因，可能难以适应非洲的实际情况。这也从一个侧面表明，中国企业对在非洲投资尚缺乏足够可靠的信息和详尽的可行性分析。另一方面，这也说明，在非洲进行农业、教育、金融、娱乐行业的投资可能会遇到许多意想不到的挑战，除了一些特殊情况，可能暂时并不适合投资，房地产行业的投资也需要十分谨慎，而制造业投资应该是一个可行的选择。

4. 对非投资前景光明，值得去投资

从被调查企业在非洲的投资效益情况看，有62%的企业投资效益在良好以上，而投资效益不太好的企业为0。浙江在非企业投资的实践说明，非洲确实是一个值得去投资的地方，前景是光明的。

5. 政府部门应该加强相关信息的搜索与分布

从企业了解非洲市场信息的渠道来看，通过网站了解信息的最多，占了39%，而通过各类展会、研讨会、客户等渠道的也占了16%，这说明信息在对非投资决策十分关键。然而，如果由单个的企业来搜集非洲的相关信息，成本十分巨大，大部分企业难以承受，而且，由于企业都是理性的"经济人"，即便搜集了有价值的信息也只会成为其私人产品，而不会成为可以共享的公共产品。显然，由各个企业自身来搜集信息，既不现实，也不经济。因此，由相关政府部门来提供信息以及举办（或支持企业举办）各种展会、研讨会是很有必要的。

6. 给予相关企业政策支持

由上可知，政策支持是企业最希望得到的支持，由于法律保障实际上也是政策的一种，这个比例总计高达42%。另外，资金支持也是企业比较希望得到的，不过，与很多研究认为的资金支持是企业最希望得到的支持不同，本次调研发现，资金的支持是第三位的，居于政策和信息支持之后。此外，涉非人才的支持也是企业很需要的，仅略低于资金的支持。

二、中国在非洲从事批发零售业投资的企业现状及特点
——基于对在南非约翰内斯堡从事批发零售业投资的中国企业的调查

批发零售业投资是中国在非投资的一个重要行业，也是在非从事其他行业投资的中国人最初投资的行业，很多中国人都是以此为起点慢慢拓展到其他行业的，因此，对他们的经营情况及面临的问题进行调查，具有较大的参考价值。

南非是非洲最重要的国家，也是中国最重要的经贸合作伙伴，而约翰内斯堡是南非的商业中心和最大的城市，是中国企业进入非洲尤其是南部非洲的重要平台，不少中国人在约翰内斯堡从事批发零售业投资。基于此，课题组2011年第一季度至2012年第一季度，在南非约翰内斯堡陆续对100家从事批发零售业投资的中国企业进行了调查，调查情况如下：

第一，在南非从事批发零售业投资中国企业的经营状况：

1. 具有一定的经济实力，但经营层次尚不高

在受访者中，有24位是直接从中国进货柜的，占总人数的24%，说明有相当多的中国企业具有一定的经济实力（特别是浙江企业）。另外，中国商人的贸易对象，主要面向消费能力有限的黑人（南非的经济包括白人经济和黑人经济，具有明显的二元化特点），商品档次较低，仅有少数商家的经营目标是希图打入白人市场，说明经营层次尚不高。

2. 经营状况较国内要好，但较之以前要差

据被调查者反映，他们的利润一般在12%、13%左右，生意比国内要稍微好做一些，但相比于以前生意要难做一些。例如，一商人2010年进的货比2009年多，但营业收入也差不多。

3. 普遍勤劳、肯吃苦，但生活、社交空间小，大多没有在当地长居的打算

总体而言，被调查者普遍勤劳、肯吃苦，一年仅休息8天（因为各大商城一年到头只放 8 天假，包括圣诞节3天，元旦 2 天，春节 3 天），休闲娱乐时间非常有限。生活、社交空间小，除了家和商场外，他们最多也就是等傍晚商城关门后到唐人街买点菜和日常用品，偶尔跟亲友去中餐厅聚餐。空闲的时候，大众化的娱乐之一是去赌场消磨时间。另外，他们大多没有要在南非长居的打算，如果要买房，也是回国去买或在老家盖房子。

第二，在南非从事批发零售业投资中国企业面临的问题
1. 恶性竞争比较厉害

在南非，从事零售批发的中国人之间的恶性竞争比较厉害。以毛毯的出售为例，据一专门出售毛毯的温州店主介绍，毛毯早年的批发利润是200%，由于华人之间相互压价，现在是一条毛毯只赚3、4块钱，利润大大下降。

2. 语言不通

在回答"在你的生意中经历过的最严重的问题有哪些"时，有40位受访者把"语言"列为生意中经历过的最严重问题，占总人数的 40%。因为，语言能力对营业收入的影响很大。以销售窗帘为例，如果语言好的话，就可以跟顾客讲这个窗帘料子怎么好，这样生意就更好做。又如，如果语言不过关，便常常不敢去银行开账户，只好随身携带大量现金，汇钱也只能让朋友帮忙，造成很多不便，也增加了不安全因素。

3. 清关费用上涨，签证办理困难

据反映，南非的清关费上涨很快，一个货柜就要16、17万，估计清关公司光是一个货柜就可以赚6、7万。签证的办理也很困难。

4. 安全得不到保障

南非的治安环境较差。不少在南非的中国人都有被抢的经历。以在中国城出售窗帘的一个温州老板为例（该老板在国内江苏南通有自己的窗帘工厂），到南非六七年了，曾经几次被抢。

三、在非中国企业的现状与特点

以上分别调查了中国涉非企业的投资意向及投资行业情况，特别是从事批发零售投资的情况。下面则从总体情况来加以分析总结。由于中国在非企业中国有企业与民营企业在行业、规模、特征等方面存在较大差别，下面将分别进行论述。

1. 在非中国国有企业：行业、特征及趋势

近年来，在非洲投资能源和矿藏的企业大多是国有或半国有企业，比较突出的有中国石油天然气集团公司（中石油）、中国石油化工集团公司（中石化）、中国海洋石油总公司（中海油）、中国有色矿业集团公司（中有色）等。其中，中石油主要分布于苏丹、阿尔及利亚、乍得和尼日利亚，中石化则在苏丹、安哥拉和刚果（金），中海油在尼日利亚、赤道几内亚，中有色(非洲公司)在赞比亚等。

除了矿产行业以外，中国在非国有企业也较多地从事基础设施行业，中国路桥公司、中国铁路建设公司、中国三峡公司等都在非洲修建或修复了不少公路、铁路、水坝、体育馆、办公大楼等。

传统上，绿地投资是国有企业进入非洲的典型方式，不过，这种现象在最近有所改变，兼并与收购（M&A）越来越成为流行的方式。例如，中海油花23亿美元买下尼日利亚SA's Akpo油田45%的股份（2006年），中石化以73亿美元的惊人高价接管尼日利亚Addax（2009），中石化联手中海油花13亿美元购美石油公司安哥拉油气资产（2009）。[①] 从生产模式来看，中国在非国有企业大多是垂直一体化的，从生产到品牌到销售的整条产业链均由企业自身掌控，或以较高的参与度完成，其原料供应主要来自于在中国的企业或从海外获取（上游垂直一体化）以及自己的分销渠道(下游垂直一体化)。例如，中石化在苏丹和安哥拉的兼并活动（上游一体化）、中海油除了石油冶炼外，还进入零售、石油化工和发电

---

① 中国产业竞争情报网中国大型石油企业海外并购战略分析，http://www.chinacir.com.cn/free-report/2009923144567.shtml。

(下游垂直一体化)。不过,这也并非中国国有企业所独有的特征,因为几乎整个石油产业都是垂直一体化的。

2. 在非中国私营企业:行业及特征

近几年来,由于国内竞争日趋激烈、内需不足、生产能力过剩等因素,中国私营企业开始大举进入非洲市场,成为中国对非直接投资的一种新现象。2005年以来,中国私营企业开始日益取代国有企业,成为中非经济联系的引擎,被视为是中国企业进入非洲的第五波。①

整体来看,中国私营企业基本都是中小型企业,规模比较小,华为技术公司、华立集团等是少数的例外。以华为为例,其自进军非洲市场以来发展十分迅速,已成为非洲地区最大的无线技术CDMA产品的供应者,在非洲的销量已经超过了10亿美元。从行业分布来看,中国在非私营企业主要分布在服务业、制造业,也有少量的在通讯业(如华为技术)、矿业(如Feza矿业、Zhougui矿业集团)。②大体上,中国在非私营企业可以分为两种:在中国与非洲都有业务的企业和只在非洲有业务的企业,前者规模相对比较大,主要分布在制造业和服务业,其大部分资金来源都靠自筹,少数企业能从省级政府那里获得部分支持,而后者规模相对要小一些,主要从事小型制造业和服务业,他们也是自筹资金和独立的,基本没有政府部门的支持,业务来源主要依靠家族联系。

虽然有很多不同的地方,但整体来看,中国在非私营企业也有不少共同的特征:

(1)基本上都在"制度外"经营,即在中非政府签订的双边或多边协定之外,在中国政府的控制之外,在中国政府的融资支持之外。实际上,他们大多数都不熟悉政府的对非政策,正如一个中国公司的总经理

---

① J. Gu, China's Private Enterprises in Africa and the Implications for African Development, European Journal of Development Research, Vol. 21, No. 4, 2009.
② Feza矿业是中国万宝资源公司与刚果商人2005年在刚果(金)合资开办的钴铜矿厂,Zhougui矿业集团则是赞比亚历史上最大的私有外资企业。

所说,"我们听说过有些对非政策,但我们不知道它们的内容"。①(2)富于冒险精神和创新精神,甚至把西方公司视为风险的情况看成是一种机会,正如一个投资者所说,"不要怕大风大浪,深海里才能捞到大鱼"。②(3)能吃苦,愿意接受较低的利润和在基础设施较差的环境下经营,也知道适应当地条件的必要性。③(4)一般首先开设一些商栈,从事商业活动,熟悉了当地环境的时候才投资办厂。以在尼日利亚的Hazan鞋厂为例,它刚开始的时候只有很少的生产设备,主要业务是组装从中国运来的半成品鞋子,直到2007年,它才投资兴建了一座大规模的工厂,其面积达到40000平方米。④(5)逐步趋于理性经营。根据对中非商会的调查发现,私营企业过去常常是无序的,自发的,不过,最近两年来已慢慢趋向理性化,在正式投资之前会做更多的咨询调查等准备工作。⑤(6)与在非国有企业相反,私营企业在经营活动中更多地依靠当地劳动力。一些企业的当地劳动力达到了90%之多,不过,劳动力的当地化常常仅局限于管理阶层,这说明本地化程度还是很有限的。⑥(7)比起在非国有企业,私营企业常常面对更多的挑战。最主要的是,他们对当地语言、文化、市场信息不够了解,这使得他们难以捕捉到合适的市场机会。

---

① Kaplinsky, R. and M. Morris, Chinese FDI in Sub-Saharan Africa: engaging with large dragons, European Journal of Development Research, Vol. 21, No. 4, 2009.

② 同①。

③ 同①。

④ Chinese private enterprises pioneer in Africa, China Daily, February 20, 2009.

⑤ Chinese private enterprises pioneer in Africa, China Daily, February 20, 2009.

⑥ J. Gu, China's Private Enterprises in Africa and the Implications for African Development, European Journal of Development Research, Vol. 21, No. 4, 2009.

第三章
中国在非洲企业履行社会责任情况的现状及特点：中国的视角
——基于对中国在非企业管理者的调查

为了了解中国在非洲企业履行社会责任的真实情况，课题组2011年第四季度至2012年第二季度对33家在非洲塞内加尔（9家）、尼日利亚（16家）、纳米比亚（2家）、乌干达（2家）、博茨瓦纳（1家）、安哥拉（1家）、赞比亚（1家）、刚果金（1家）八国投资经营的中国企业以"中国在非洲企业履行社会责任情况"为主题进行了问卷调查和访谈（其中，对在塞内加尔、纳米比亚、博茨瓦纳、赞比亚及尼日利亚的企业以访谈和调查问卷相结合的形式，而对在安哥拉、刚果金、乌干达、尼日利亚的其他中国企业以调查问卷为主），调查对象主要是企业在非洲公司或分支机构（代表处）的总经理或老板（对于民营小企业而言），对于有些存在疑问的地方还同时调研了普通工人。受访者大都在企业处于总经理、经理等中级以上职位，对企业整体情况有较为全面的了解。为了获得真实的信息，打消某些企业的顾虑，本文涉及的大部分受访企业相关情况按采访约定不作个别展示，必要时以阿拉伯数字表示。访谈过程中受访企业的有关人员匿名填写问卷。调研样本没有采取随机抽样的形式，主要是因为某些企业对学术机构调研的反应积极性不高，我们只能去调研那些愿意配合访谈和将问卷发给愿意填写的企业。因此，研究数据在统计概率上存在一定的偏差。不过，由于愿意配合访谈和填写问卷的企业也基本符合随机分布，因此，调查结论应该是可靠的。

表1 受访企业的基本情况（N=33）

所有制性质	数量	百分比（%）
私营	22	67
国有	11	33
行业		
制造业	4	12
批发零售业	11	33
采矿	1	3
石油勘探	1	3
通讯	3	9
服务业	3	9
农林牧副渔	1	3
建筑承包工程	9	28
员工数量		
10人以下	5	15
10—100人	15	46
100—1000人	10	30
1000人以上	3	9

资料来源：本课题组的调研。

表1说明了被调查企业的基本情况。从所有制性质来看，占33%的为国有企业（以资源开发、工程承包为主，小数点后数字四舍五入，下同），而67%为民营企业（以贸易、服务业为主）；从行业分布来看，既有传统的批发零售业（最多，占34%），建筑业（占28%，其中7家为国有企业，2家为民营企业），采矿型企业1家（国有企业），石油勘探企业1家（国有企业），制造业（占12%，均为民营企业），也涉及了新兴的信息产业（占9%）。从雇员规模来看，10—1000人以上的企业有25家，占样本总数的76%，而其他只占26%，符合调查样本所要求的正态

分布。此外，从在非洲经营时间来看，既有成立达30多年的企业，也有处于创业阶段的企业。应该说，样本企业具有一定的代表性。

与国务院发展研究中心2009年的同类调查（该调查的样本企业为22家，企业均为大中型企业，且调查均在国内进行，调查对象为企业高管）[1]以及社会科学院西亚非洲所2007年底和2008年初对非洲（该调查样本国家为尼日利亚、马里、埃塞俄比亚、苏丹、南非、赞比亚六国，样本企业30家，涉及能源生产、工程承包、加工和商贸四个行业）的同类调查相比，[2]本调查具有时间相对较新、覆盖企业相对较多、内容相对更细的特点。总的来说，调查应该能够基本反映中国在非企业履行社会的最新的真实情况。

从上面也可以看出，中国在非企业中，批发零售业企业、建筑工程承包业为分布最多的，而农林牧副渔（本调查中为渔业）和采矿业数量最少。由于制造业相对比较少，而这通常是非洲十分需要的产业，而贸易业企业特别是零售业容易对当地非正式就业造成冲击，这可能是中国在非投资受到较多非议的一个原因，再看建筑工程承包业，数目仅次于批发零售业，从这也可以看出中国在非洲基础设施建设中的巨大贡献。另外，从调查来看，建筑工程承包企业中，国有企业占绝大多数，而资源开发企业全部都是国有企业，这可能是因为这些项目都需要较多的资金投入，而这是民营企业较难承担的。

如前所述，对于企业社会责任，国际上比较认同的定义是：一个企业在创造利润、对股东利益负责的同时，还需承担对员工、消费者、供应商、社区和环境等的社会责任，包括遵守法规和商业道德、保障生产安全和职业健康、保护消费者合法权益、保护环境和自然资源、支持慈善公益、保护弱势群体等。对于在外国投资的企业，还应包括本地化情

---

[1] 国务院发展研究中心："中国企业在非洲的社会责任状况：现状与建议"，http://www.drc.gov.cn/view.asp?doc_ID=034193，2009年12月28日，具体内容可参见http://blog.sina.com.cn/s/blog_713a8d870100o9fi.html。

[2] 詹世明："中国在非企业履行社会责任概况"，http://www.cicpa.org.cn/Column/Industry_goout/Macro_information/200901/t20090106_14957.htm，2009年1月6日。

况这一重要内容。因此，本次调查也主要涉及创造利润、企业战略规划、本地化情况、员工权益、消费者以及供应链、环境保护、社会慈善和公益等方面，其中既有封闭式问题，也有开放式问题，调研情况如下。

一、履行社会责任的基础方面

1. 绝大多数企业具备履行社会责任的基础

毋庸置疑，企业应当是社会物质产品和精神产品的创造者，企业如果不能生产和盈利，就失去了其存在的基本价值。因此，任何企业的第一要义是搞好生产，创造出市场效益，争取为社会多纳税，实现它对社会的经济责任。可以说，能够创造利润是企业履行社会责任的基础和前提。

根据访谈和问卷，大部分企业对在非洲经营状况感到满意，表示会继续经营下去。从填写了效益情况的企业来看（只有20家企业填写），40%的被调查企业在非经营效益很好，20%的企业效益比较好，30%的企业效益一般，而效益不好的企业只有10%。可见，中国在非企业总体经营状况和经济效益是不错的，这为其履行社会责任奠定了基础。例如，中水产塞内加尔代表处（雇佣了中国员工112人，非洲员工1200人）由于勤奋、工资相对低一些、拓展了业务范围等原因，经济效益较好，在周围欧盟国家的水产公司都因为金融危机亏损倒闭后依然生存了下来，从而为当地创造了宝贵的就业机会和税收收入，在当地有一定声誉。①

2. 制造业企业在非洲的经营状况总体都不错，明显好于贸易类企业

经济效益情况可能因行业不同而不同。从批发零售类（贸易类）企业来看，20%的企业效益很好，40%的效益比较好，40%的企业效益一般，而效益不好的企业为0，说明批发零售业总体状况还可以接受，但比起中国在非企业总体情况来说要差一些，这可能与批发零售业遭受东道国越来越多的贸易保护主义有关。以尼日利亚为例，2004年，尼日利亚政府禁止48种商品的进口，使贸易类企业受到很大的影响，其经营效益开始

---

① 资料来源：作者在塞内加尔对中水产塞内加尔代表处邵仲海代表的访谈。

下降，不少贸易类企业开始考虑转行。再从制造业来看，两家企业均表示经营效益令人满意，而表示效益一般和不满意的均为0。可见，制造业企业在非洲的经营状况总体不错，明显好于贸易类企业。这些企业表示，非洲大部分国家对实业投资十分欢迎，做实业比较好做，这可能也是不少在非贸易企业都准备转型办实业的原因。

二、企业战略及实施方面

1. 58%的企业认为自己在非洲的发展已经有了完善清晰的社会责任理念

企业领导人的社会责任理念在企业履行社会责任中具有重要的地位，企业的发展只有具备了完善清晰的社会责任理念，履行社会责任才会具有积极性与主动性。然而，在样本企业中，有42%（14家）的企业答为没有或相当于没有（答非所问），而只有58%（19家）的企业认为自己在非洲的发展已经有了完善清晰的社会责任理念（其中9家为批发零售业民营企业），这至少说明在样本企业中，仍有较大的一部分尚没有完善清晰的社会责任理念，由此可以推测，这部分企业履行社会责任的状况应该不容乐观。

2. 对企业社会责任的认识尚不全面

在58%答为有完善清晰的社会责任理念的企业中，在进一步问及企业社会责任理念是什么时，答案则五花八门，几乎1家企业1个答案，各答案分类整理如下：

树立一个中国企业好的形象，不能引起不满；提高当地百姓的就业、生活水平和生活质量，为当地经济作贡献；为非洲人民提供方便；发展非洲经济；为非洲人民造福；按规定办事，遵守当地法律，不偷税漏税；为非洲提供先进环保的技术和服务，为中非友谊贡献绵薄之力；为当地社会发展作出自己的贡献；尽自己所能把工程出色地做好，就是社会责任；增加当地就业，创造一个良好的施工环境；遵守当地的法律法规和政府的各种规定，尊重其社会道德风尚，处理好职工的劳动、报酬和福利等事项是企业的责任；要融入当地，要给当地一些帮助；对社会负责任，不要有污染；作为国有企业，必须遵照指示办事；通过建厂，改善东道国单一的经济生产体系；文化先行，利义兼顾，合作双赢，让所在国民众享受到互利合作的成果；与当地社区和谐共处、共同发展。

3. 规模较大的企业对企业社会责任的认识相对比较系统全面

由上可知，中国在非洲一部分规模较大的企业对企业社会责任的认识相对比较系统全面，如越美集团（尼日利亚）认为是"文化先行，利义兼顾，合作双赢，让所在国民众享受到互利合作的成果"，又如中水产塞内加尔代表处，认为是"提高当地百姓的就业、生活水平和生活质量，为当地经济作贡献"，但总的来说，被调查企业对企业社会责任尚比较片面，只关注其中一个较小的方面，且还不够主动积极，如有2家国有企业答为"作为国有企业，必须遵照指示办事"，从而凸显出目前对企业社会责任教育、培训的缺乏，也反映了对他们进行社会责任教育、培训的重要性。

4. 把促进所在国经济发展，提高人民生活水平，认为是社会责任的重要方面

从企业对社会责任的认识还可以看出，中国企业对社会责任的认识与实践有着鲜明的中国特色。中国企业十分重视自身对当地经济的贡献，把促进所在国经济发展，提高人民生活水平，认为是社会责任的重要方面。同时，中国企业较少关注非洲国家内政问题，因此，访谈中的企业领导人很少将政府的腐败、透明度和人权归入企业社会责任范畴。这或许是中国长期奉行的"不干涉别国内政"原则在企业社会责任方面的体现。许多企业管理人员表示，中国企业能够基于"互惠互利、共同发展"的原则在当地开展业务，这一点与来自其他国家的跨国公司有着本质区别。

5. 大多还未建立专门的社会责任管理机构及制定有关制度

企业设置专门负责企业社会责任的办公室及主管可以更好地统筹企业社会责任，并将其纳入企业的长期管理战略中。从调研情况看，受访中国企业总体而言大多没有专门负责社会责任的管理机构，社会责任的管理体系还不甚明确，主要通过相关职能部门进行有关管理，并由在非洲的一线业务机构在社会责任方面承担更大的责任。在调查中，有5家相对较大的企业回答有专门负责企业社会责任的办公室及主管（其中3家是国有企业，2家是民营企业），其中主管的职位3家是部门经理，2家是其他（副总裁、部门经理、一般职员以外的其他人），其余回答为没有专门的部门来做，由管理层来要求下面去做。另外，只有42%的企业建立了社会责任、行为准则的规章制度，而有58%的企业尚没有建立社会责任、行为准则的规章制度。

三、员工方面

1. 被调查企业的平均本地化率高于75%

中国在非企业的本地化情况是目前国际社会关注的焦点，也是企业履行对当地社区社会责任的一个重要指标。被调查企业各行业的本地化率（非洲员工占全部员工的比例）如下：建筑工程承包，67%；服务业（含餐饮和商务服务），77%；批发零售，63%；采矿，95%；制造，96%（此样本中有1家企业还在建厂房，尚未开工，故未作计算）；渔业，92%；通讯，40%（实际情况应该比40%要高，因为，被调查通讯企业的保安、保洁、司机等服务已外包给当地物业或租车公司，而在这些部门就业的当地人没有计入企业员工数量中）[①]，平均本地化率为75%（实际情况应该比75%要高，原因同上），其中，制造业的本地化比例最高，采矿次高，批发零售较低，通讯业最低。以制造业为例，3家企业共雇佣中国员工104名，非洲员工2811名，非洲本地员工约占总员工比例的96%，为非洲创造了大量就业机会。

2. 国有企业的平均本地化率为55%，远低于民营企业的85%

11家国有企业共有中国员工1340名，非洲本地员工1835名，平均本地化率略为55%。类似地，可以计算出22家民营企业的本地化率为85%。显然，国有企业的平均本地化率相对较低，远远低于民营企业的

---

① 有些季节性较强的企业（如渔业）的员工数量在旺季和淡季时有很大的不同，为便于计算，本文取其平均数。

85%，也低于平均值的75%。当然，考虑到一些国有企业的保安、保洁服务均已外包给当地企业，但这部分员工未计入公司员工中，实际本地化率应该高于55%。

3. 一般来说，企业进入非洲时间越久、规模越大，本地化比率越高，反之越低

以越美集团尼日利亚公司为例，企业有中国员工32名，非洲员工2616名（含管理人员116名），本地化率高达98%以上，规模很大，本地化率也很高。又如，2家进入非洲市场很早的企业，如河南国际塞内加尔公司（1984年进入）、中国水产塞内加尔代表处（1985年进入）的平均本地化率达90%，1家进入非洲12年的来料加工企业本地化率为82%，2家进入非洲市场5年和7年的企业平均本地化率为43%，1家进入非洲仅两年的企业本地化率仅为22%。又如1家只有9名员工的民营贸易企业本地化率为44%，而1家同时进入非洲但有30名员工的民营贸易企业本地化率却为90%。可见，一般来说，企业进入非洲时间越久、规模越大，本地化比率越高，反之越低。在国有企业和民营制造业企业中，这个规律似乎都成立。但是在民营贸易企业中，似乎却并不存在这个规律，例如，1家2003年在非成立的企业，本地化率为44%，而1家2004年成立的企业，本地化率却为90%。

由上可知，中国企业在非洲雇佣了大量的工人，给非洲带来了不少的就业机会，但一些企业特别是近年来新进入非洲的企业本地化比例还偏低。

4. 在非中国企业中非洲员工工资均高于当地最低工资一些，一部分企业工资远远高于当地最低工资

代表性企业工资具体情况如下（括号中的文字表示该企业所在国家）：

建筑工程承包企业1平均工资为（安哥拉）：中国普通工人6万元/年，管理人员15万元/年，非洲普通工人300美元/月，管理人员800美元/月。

建筑工程承包企业2平均工资为[刚果（金）]：中国普通工人6000

元/月，管理人员 8000 元/月，非洲普通工人 1000 元/月，管理人员 1650 元/月。

贸易业企业 3 平均工资为（尼日利亚）：中国普通工人 5 万元/年，管理人员 8 万元/年，非洲普通工人 3 万元/年，管理人员 5 万元/年。

采矿国有企业 4 平均工资为（赞比亚）：中国员工平均 2500 美元/月，非洲普通工人 400 美元/月，管理人员 1000 美元/月。

服务业企业 5（乌干达）：中国普通工人 5 万元/年，管理人员 9 万元/年，非洲普通工人 1.5 万元/年，管理人员 2.5 万元/年。

可见，在非中国企业中非洲普通工人工资在 1000—2500 元/月之间，管理人员工资在 1650—6360 元/月之间。从国别来看，在赞比亚中国采矿企业的非洲工人工资最高，达到 2500 元/月，管理人员工资最高，达到 6360 元/月（按 1 美元对人民币 6.36 元的汇率计算），远远高于当地最低工资，而在尼日利亚、乌干达的中国企业的非洲员工工资相对较低，但是，都高于当地最低工资一些。不过，从工资水平来看，非洲管理人员的平均工资仅约为中国管理人员的 35%，这可能是中国管理人员的管理级别更高，技术含量更大的原因。

5. 大部分企业周工作时间符合法定要求，其中国有企业和批发零售企业周劳动时间相对较短，制造业企业的工作时间相对较长

在被调查企业中，25% 的企业周劳动时间在 40 小时或以下，42% 的企业在 41—50 小时，15% 的企业在 51—60 小时，18% 的企业在 61—70 小时（一般非洲国家要求周工作时间在 48 小时或以下，视行业而定）。在周工作时间在 40 小时以下（劳动时间相对较短）的企业中，有 40% 的企业是国有企业，40% 的是从事批发零售的小型民营企业（这可能是因为此类企业一般都是在大型商贸城经营，而商贸城一般每天定时关门，不能加班），而没有任何建筑企业。

6. 中国员工加班比例大于非洲员工

在不少被调查企业中，中国员工加班比例远大于非洲员工，中国人需要加班，而当地人是不需要加班的（因为他们不愿意，即便给双倍工资）。例如，某建筑工程承包企业，中国人周劳动时间是 41—50 小时，

而当地人是35—40小时（当地劳动法规定每天8小时），比中国人少10小时。又如1家著名的国有通讯企业周工作时间也较长，为51—60小时，很明显，该企业员工需要加班，而该企业中国员工相对较多（达330名），多于非洲员工的118名。

7. 绝大部分企业工资的发放及时，但对中国员工按时发放的比例低于非洲员工

在工资的发放方面，对当地人，95%的企业能够按时足额发放，基本不存在拖欠工资的情况。而对于企业的中国员工，只有85%的企业能够按时足额发放，有15%的企业答则可能会拖欠，有时两个月才发1次甚至半年才发1次（防止中国人受不了苦回国）。实际上，被调查企业中，有1家企业曾经因为拖欠中国员工工资而发生劳动纠纷，1家大型国有企业也对中国员工的流动性较大表示担忧。

8. 工资福利待遇总体与当地同行业的其他外资企业差不多，但采矿企业远低于同行业的其他外资企业

在填写了此选项的22个答卷中，有1家采矿企业答为低很多，占4.5%；9家差不多（含批发零售业4家，制造业3家，服务业1家，建筑1家），占41%；9家企业答为高一些（含批发零售业企业3家，通讯企业3家，制造业1家，事业勘探1家，服务1家），也占41%；2家企业答为高很多（均为批发零售企业），占9%；1家建筑施工企业答为低一些，占4.5%。可见，从被调查企业来看，有9%的企业工资福利待遇低于当地同行业的其他外资企业，有50%的企业工资福利待遇高于当地同行业的其他外资企业，41%的企业工资福利待遇与当地同行业的其他外资企业差不多。

9. 85%的企业能够提供岗位培训，但只有12%的企业提供定期培训，只有6%的企业能够保证培训经费

总的来看，33家企业中，有28家能够提供岗位培训，占被调查企业的85%。4家企业除岗位培训外，还提供定期培训，占12%。例如在塞内加尔的南通建工，由于当地技工不少都不符合要求，常常派中国技工带他们做，常常做一批工程，就会培养一批黑人。不过，有些培训仅仅停

留于教当地人使用设备方面,例如中地塞内加尔公司。不过,其中只有 2 家既能够提供岗位培训和定期培训,也能够保证培训经费,仅占所有企业的 6%。在保证培训经费方面,一些技术含量较高的企业或国有企业相对较好,例如中兴塞内加尔代表处,就建立了相应的文件规定培训机制来保证培训经费。

10. 企业基本都有当地的管理人员,且在企业所有管理人员中占比超过了 1/3

雇佣非洲员工作为管理人员,可以使其更为方便地接受中国企业管理技术的外溢,起到边干边学的效果,可以看成是培训非洲员工的一种间接的渠道。

代表性企业具体情况如下(有些企业未填写此项):

建筑企业 1:员工总数量 115 名,其中中国管理人员 10 名,非洲管理人员 5 名。

贸易业企业 2:员工总数量 7 名,其中中国管理人员 1 名,非洲管理人员 1 名。

石油勘探国有企业 3:员工总数量 38 名,其中中国管理人员 8 名,非洲管理人员 6 名。

采矿国有企业 4:员工总数量 1028 名,其中非洲管理人员 13 名(未填中国管理人员数)。

制造业企业 5:员工总数量 281 名,其中中国管理人员 12 名,非洲管理人员 4 名。

工程承包企业 6:员工总数量 220 名,其中中国管理人员 40 名,非洲管理人员 10 名。

服务业企业 7:员工总数量 42 名,其中中国管理人员 2 名,非洲管理人员 5 名。

从上可知,中国在非洲企业中,无论员工数小于 10 名的微小型企业,还是员工数超过 1000 名的大型企业中,都有当地的管理人员,且在企业所有管理人员中占比超过了 1/3(约占 36%),其中尤以制造业行业中非洲管理人员的比例为最高。

整体来看，中国人在非洲大多从事技术和管理工作，简单劳动力很少（出来筹建或建好还不久的企业除外）。此外，很多中国企业反映，当地人不太适应中国劳动强度，工艺也不熟，也不愿意加班，较难管理。

四、消费者方面：90%的企业基本能够提供符合标准的产品或服务

从调查来看，90%的企业认为自己提供了符合标准的产品或服务，且自己产品/服务价格是合理的。这里具有一定的可信度，因为，中国在非企业的产品大都价格相对其他国家要低，使得广大低收入的非洲人民也能够购买，从而改善了生活。实际上，满足低收入市场的需求，为非洲广大的消费者带来实际的利益，也是企业行使企业社会责任的表现。[①]

为了使调查更具有客观性，下面再考察利益相关者如被调查企业以外的其他中国企业、社区居民、当地政府对中国产品的反映或评价。

大多数中国企业认为，中国人之间的恶性竞争比较厉害，特别是零售批发业。以毛毯的出售为例，据南非一专门出售毛毯的温州店主介绍，毛毯早年的批发利润是200%，由于华人之间相互压价，现在是一条毛毯只赚3、4块钱，利润大大下降。不少企业（店主）反映，自己的产品很容易被中国其他企业仿冒。[②]至于社区居民，在塞内加尔街头，课题组曾经对10位随机遇到的塞内加尔人进行调查，发现他们对中国产品的评价大都是"便宜，但质量不好"，不过，有6位被访者表示，低价低质，是合理的，因为质量好了就会贵，那就买不起了。

从当地政府方面来看，大多数对中国在非零售业以外的投资持支持态度，例如对中铁七局（塞内加尔）的评价就比较好，他们认为，桥只有像中铁七局这样的中国公司才能做，当地是做不了的，而对零售业的投资持反对态度。这也许说明，中国的实业投资提供了符合标准的产品

[①] 普拉哈拉德著，林丹明等译：《金字塔底层的财富》，北京：中国人民大学出版社，2004年，第17—18页。

[②] 资料来源：浙江师范大学华侨研究中心陈肖依副教授2011年1月在南非约翰内斯堡中国商贸城的调查。

或服务，产品/服务价格是合理的，而零售业则不然。

五、供应链方面：低于50%的企业将社会责任要求纳入了采购合同

全球化的进程深化了企业之间的密切合作，使供应链管理日益成为企业管理的一个重要组成部分。将社会责任要求纳入采购合同有助于推动产业链企业履行社会责任。从调查来看，50%的企业认为自己将社会责任要求纳入了采购合同，不过，这些企业大都是批发零售企业，且他们本身对社会责任的理解比较片面，主要局限于产品的质量方面，所以，实际将社会责任要求纳入采购合同的比例应该远低于50%。另外，值得注意的是，在两家最大的企业中（一为民营制造业企业，一为资源开发国有企业），民营企业将社会责任要求纳入了采购合同，而国有企业却没有。

六、环境保护方面：绝大多数被调查企业环境保护状况较好

除纳米比亚2家服务业之外，90%的被调查企业建立了环境方针并在企业内部得到了有效落实，95%的企业污染物排放达到了规定的标准（除1家餐饮企业以外），80%的企业直接参与了社会环保项目。这个比例比在中国国内的企业似乎都做得好一些。实际上，这也并不奇怪，因为，大多数非洲国家对环境保护十分重视，例如尼日利亚政府制定了一系列保护环境的法律和法规，如《尼日利亚联邦共和国宪法（1999年）》、《联邦环境保护署法案（1988年）》（简称《FEPA法案》）、《环境影响评估法案（1992年）》（简称《EIA法案》）、《有害废物法案（1998年）》、《尼日利亚石油工业环境指南和标准》等，此外，尼日利亚环保非政府组织较多，大小十多个，都致力于保护环境。而中国在尼日利亚的企业也普遍重视环保工作，例如中油国际尼日利亚有限公司、中石化尼日利亚分公司等，通过建立环境管理体系、参与国际环保认证、加强员工环保培训

并提高员工环保意识等方式保护当地环境,避免或减少环境污染。①

七、公益或捐赠活动方面:90%的企业参加了或多或少的捐赠活动

90%的被调查企业都参加了或多或少的捐赠活动,如当中国国内遇到汶川地震、玉树地震、冰雪灾害,当东非肯尼亚遇到干旱的时候,会参与捐赠活动。此外,一些企业还会应当地要求,参加当地的一些捐助活动,如给当地残疾人和孤儿智障儿童捐款,赞助当地球队参加比赛,捐赠当地学校体育设施,给本地老员工的子女支付部分学费等。不过,从调查结果来看,这些企业大都是在中国大使馆或当地华人商会的号召下开展公益或慈善活动的,其中国有企业常常会更多地响应大使馆的号召,而民营企业特别是中小型民营企业则更多的是响应当地华人商会的号召。在所有被调查行业中,建筑业企业的公益活动似乎相对多一些,会在施工范围内为当地做一些力所能及的事情,如中地国际塞内加尔公司会帮助项目旁边的村清理垃圾、道路,平整足球场等。又如中材国际工程股份有限公司塞内加尔公司,在打了水井之后,会让当地百姓接管子,生病了免费给他们看病(工地带了医生),与当地百姓相处比较融洽,过节会买点饮料水果给当地百姓等。

一些民营企业在当地黑人朋友遇到困难和不测之时,出资解难以情换心,密切与当地人民的友好关系、加深互相的感情。特别值得一提的是,纳米比亚一中型贸易兼生产民营企业,每年会给老员工的子女支付学费2000元每人(一年10万以下),同时,还每年给残疾人、孤儿捐赠毛毯、服装等,在工资支付上,当地平均工资是600元/月,而该企业付900元/月,受到了当地的好评。

当然,也有一些不尽如人意的地方,如塞内加尔中国商会曾经有计划捐赠当地小学,但因为中国人不愿意出钱,只好作罢。又如,很多企

---

① 驻尼日利亚经商参处:"尼日利亚环保法律法规及环保非政府组织情况",http://www.mofcom.gov.cn/aarticle/i/dxfw/gzzd/200804/20080405456784.html,2008年4月1日。

业的捐赠只是面向中国国内，且都是中国大使馆组织的，缺少主动性与积极性，并且已事隔几年。其他方面则乏善可陈。

八、13%的企业认为自己在非履行社会责任比在国内好，50%的企业认为比国内差，47%认为差不多，但均认为现在比过去有所改善

对于开放式问题："公司在非履行社会责任比过去是否改善？是否比在国内要好？"企业回答如下（未标明国有企业的均为民营企业，有些企业没有回答）：

制造大型企业1：随着中国国际地位的提升和企业自身的壮大，公司在非履行社会责任的情况比过去有所改善，但相比国内还存在距离。

制造中型企业2：公司在非履行社会责任参照国内方法。

制造小型企业3：比国内差些。

服务企业4、5：比前几年有所进步，但同国内不能比。

通讯国有企业6：有所完善，因为我公司是比较国际管理。

建筑承包工程企业7：有改善，如雇佣更多黑人。

建筑工程承包国有企业8：我公司在国内外履行社会责任一直比较好。

批发零售小型企业9、10、11：有所改善，比如对员工的工资增加，福利待遇增加。

批发零售小型企业12：差不多。

大型采矿国有企业13：逐年在改善，相比国内要好，比如为当地捐建市场、诊所、巴士停靠站、艾滋病检查等。

石油勘探国有企业14：有所改善，比如福利待遇提高，按照当地及国内节假日休息等。

由上可见，在对国内外履行社会责任情况作出比较回答的8个企业中，有1个企业（在赞比亚的大型采矿企业）认为自己在非履行社会责任比在国内好，占13%，4个认为比国内差，占50%，3个认为差不多，占47%。在对过去和现在履行社会责任情况作出比较回答的所有企业中，

均认为现在比过去有所改善。

九、小结

根据本部分的调查，针对本部分的被调查企业，可以得出以下结论：

1. 中国在非企业对企业社会责任的认识尚不全面；

2. 中国在非企业履行社会责任现在比过去有所改善；

3. 大部分中国在非企业提供岗位培训，但只有很少的企业提供定期培训，非常少的企业能够保证培训经费；

4. 企业员工工资均高于当地最低工资一些，工资福利待遇与同类外资企业差不多；

5. 企业的平均本地化率高于75%，其中，国有企业为55%，远低于民营企业的85%，且企业进入非洲时间越久、规模越大，本地化比率越高；

6. 企业基本都有当地的管理人员，且在企业所有管理人员中占比超过了1/3；

7. 大部分企业周工作时间符合法定要求，且制造业企业的工作时间相对较长；

8. 绝大部分企业基本能够提供符合标准的产品或服务；

9. 绝大多数被调查企业环境保护状况较好；

10. 少于一半的企业将社会责任要求纳入了采购合同；

11. 大部分企业都参加了一些捐赠活动，但大都是在大使馆或商会的号召下进行的。

第四章
中国在非洲企业履行社会责任情况的现状及特点：非洲的视角
——基于对非洲学者、政府官员、媒体、学生的调查

调查一是基于中国在非企业经营者的视角，那么，非洲方面又怎么来看待中国在非企业履行社会责任情况的呢？2011年12月至2012年7月初，本课题组利用各种机会陆续对非洲各界（包括非洲政府官员、政党官员、妇女组织干部、公务员、教师、学者、学生、医生、记者、编辑、自我雇佣者及其他）进行了问卷调查与访谈（主要是中非智库研修班的学员、非洲政党与妇女组织干部研修班的学员、非洲法语国家大学校长研修班的学员、汉语桥—喀麦隆大中学生夏令营的营员、非洲街头所遇普通民众、在华非洲留学生、来华访问的非洲学者）。调查共涉及29个国家，100位对象，其中16—19岁11人，20—29岁6人，30—39岁24人，40—49岁23人，50—59岁24人，60岁以上12人，年龄最小的16岁，最大的78岁，包括女性34名，男性66名。

调查对象所在国家、数量及职业情况如下：喀麦隆（43位，包括经济协调员、政府官员、大学校长、教师、大学生、中学生）、利比里亚（3位，其中2位是外交部官员，一位是教授）、厄立特里亚（3位，均为外交部官员）、肯尼亚（2位，均为媒体编辑）、赞比亚（3位，分别为政

策对话中心高级政策分析师、现代史博士、政党官员）、坦桑尼亚（4位，分别为记者、政府官员、医生）、塞拉利昂（2位，分别为塞拉利昂商业论坛副主任和讲师）、乌干达（2位，分别为教师和政府官员）、毛里求斯（1位，教育心理学家）、埃及（1位，助理教授）、加纳（4位，记者、妇女组织干部）、毛里塔尼亚（1位，在华非洲教师）、科特迪瓦（2位，在华非洲留学生、教授）、莫桑比克（2位，均为在华非洲留学生）、尼日利亚（2位，学者、政府官员）、博茨瓦纳（2位，自我雇佣者、政府官员）、莱索托（2位，均为政府官员）、津巴布韦（2位，政府官员）、纳米比亚（1位，政府官员）、贝宁（2位，大学副校长）、中非共和国（2位，大学副校长）、刚果（金）（2位，学者）、乍得（2位，学者）、几内亚（2位，学者）、塞内加尔（1位，学者）、吉布提（2位，学者）、马里（1位，学者）、尼日尔（3位，学者）、布隆迪（1位，学者）。可以发现，调查对象来源于各个不同的阶层，既有政府官员、政党干部、妇女干部、也有学者、教师、校长、大中学生、留学生、记者、自谋职业者，既有老年人，也有中年人、青年人，既有调查对象多达43名的国家（如喀麦隆），也有调查对象仅1名的国家（如毛里求斯、马里等），调查国家总数达到29个，可谓是有点有面，应该说具有相当的代表性，能够反映广大非洲人民的看法，下面是调查的具体情况：

一、调查情况

1.你如何评价在贵国投资经营的中国企业履行社会责任的情况？

如表2所示（表中所占比例指该类被调查者占所有了解情况的被调查者的比例，下同）：

表2 非洲人对在自己国家投资经营的中国企业履行社会责任情况的评价

评价	评价者数量	所占比例（%）	来自国家
很好	13	15.5	肯尼亚、利比里亚、坦桑尼亚、刚果、贝宁、塞内加尔、尼日尔、吉布提、马里、喀麦隆4位

续表

评价	评价者数量	所占比例(%)	来自国家
好	39	46.5	毛里求斯、喀麦隆、乌干达、坦桑尼亚、厄立特里亚2位、赞比亚、博茨瓦纳、莱索托、加纳2位、中非2位、贝宁、乍得、几内亚、吉布提、布隆迪、喀麦隆21位
一般般	15	17.8	塞拉利昂、利比里亚、莫桑比克2位、刚果、乍得、尼日利亚、科特迪瓦、喀麦隆5位、博茨瓦纳、津巴布韦
差	13	15.5	加纳2位、毛里塔尼亚、乌干达、赞比亚、科特迪瓦、尼日利亚、赞比亚、喀麦隆5位
很差	4	4.7	塞拉利昂、尼日利亚、喀麦隆2位
不了解	16		其余国家

由表2可见，在了解情况的84名被调查者（100减去16）中，有62%的被调查者认为中国企业在自己国家履行社会责任情况为"好"或"很好"，20.2%的认为"差"或"很差"，17.8%的认为"一般般"。我们可以发现，多数非洲国家，如肯尼亚、利比里亚、坦桑尼亚、厄立特里亚、博茨瓦纳、毛里求斯、莱索托、贝宁、吉布提、马里、塞内加尔、刚果等被调查者对中国在非企业履行社会责任情况的评价是好的，这对一些污蔑中国企业的言论是一个有力的回击（这与非洲人民给中国在非企业履行社会责任的评分是一致的，详见下文）。

不过，情况也不容太乐观，因为，还有20.2%的认为"差"或"很差"，这个数字绝对不算小，而且，还有17.8%的也认为中国企业履行社会责任也不过是"一般般"，这两项加起来占了38%，其中来自塞拉利昂、尼日利亚的评价总体较差，而喀麦隆的则好差大约各占一半。

值得注意的是，来自对中国企业履行社会责任争议较多的赞比亚的三位被调查者(分别为政策对话中心高级政策分析师、现代史博士、政党官员)有一位评价为"好"，两位为"差"，这可能说明中国在赞比亚一些企业履行社会责任情况已经取得较大改善，同时依然还有一些企业履行社会责任情况较差，而且这些企业还不少。另外，尼日利亚（中国企业最多的非洲国家之一）对中国企业履行社会责任情况的总体评价较为负面。

2. 你如何评价在贵国投资经营的中国企业生产或销售的产品质量？

如表3所示：

表3　非洲人对在非中国企业产品质量的评价

评价	评价者数量	所占比例（%）	来自国家
很好	0	0	
好	1	1.2	喀麦隆
一般般	58	70.9	大部分国家
差	20	3.6	埃及、加纳、塞拉利昂、乌干达、赞比亚、科特迪瓦、尼日利亚、博茨瓦纳、喀麦隆12位
很差	3	3.6	喀麦隆3位
不了解	18	18	其余国家

由表3可知，在了解情况的82名被调查者中，只有1.2%的被调查者认为中国产品的质量"好"，而70.9%的被调查者认为中国产品的质量"很一般"，还有27.9%的被调查者认为"较差"或"很差"。看来，中国在非企业的产品质量确实不容乐观，这虽然与大多数非洲人民的购买力相对较低有关，但长此以往，必将影响中国产品以至中国的声誉，因此，应该采取措施提高中国产品的质量。

3. 你如何评价在贵国投资的中国企业对环境的保护情况？

如表4所示：

表4　非洲人对在非中国企业环境保护情况的评价

评价	评价者数量	所占比例（%）	来自国家
很好	2	2.6	喀麦隆2位
好	27	34.6	毛里求斯、乌干达2位、利比里亚、肯尼亚2位、坦桑尼亚2位、刚果（金）2位、乍得、几内亚、吉布提2位、马里、尼日尔、喀麦隆11位
一般般	25	32.1	贝宁2位、布隆迪、科特迪瓦等大部分国家

续表

评价	评价者数量	所占比例（%）	来自国家
差	17	21.3	加纳、赞比亚3位、科特迪瓦、尼日利亚、乍得、几内亚、尼日尔、喀麦隆8位
很差	4	5.3	加纳、塞拉利昂、莱索托、喀麦隆
不了解	22		其余国家

由表4可知，在了解情况的78名被调查者中，37.2%对在非中国企业环境保护情况的评价为"好"或"很好"，26.6%的评语为"差"或"很差"，32.1%的被调查者评语为"一般般"。这表明，中国在非企业在环境保护方面是良莠不齐，做得好的与做得差的都比较多，但做得好的企业要多于做得差的企业。

还可以发现，肯尼亚、坦桑尼亚、毛里求斯、乌干达被调查者的评语较好，而赞比亚3位的评语则都为"差"，而加纳、塞拉利昂、莱索托各有1位被调查者对中国企业环境保护情况的评语为"很差"，看来，在这4个国家投资的部分中国企业可能未能很好地履行保护环境的社会责任。

在被调查者最多的喀麦隆，则各种评语几乎都有，但评语为"好"的最多。

4. 你如何评价在贵国投资的中国企业本地员工的工资水平？

如表5所示：

表5 非洲人对在非中国企业本地员工工资水平的评价

评价	评价者数量	所占比例（%）	来自国家
很高	3	2.4	喀麦隆3位
高	11	16.9	厄立特里亚、几内亚2位、吉布提、喀麦隆7位
一般般	38	58.5	乍得、尼日尔、马里、喀麦隆等大部分国家
低于法律要求的最低工资	13	20.0	加纳、塞拉利昂、利比里亚2位、尼日利亚、博茨瓦纳、莱索托、纳米比亚、坦桑尼亚、刚果（金）2位、喀麦隆2位

续表

评价	评价者数量	所占比例（%）	来自国家
不了解	35		其余国家

由表5可知，在了解情况的65名被调查者中，58.5%的被调查者认为在非中国企业本地员工的工资水平为"一般般"，而有21.5%的被调查者认为"高"或"很高"，20%的被调查者，包括加纳、塞拉利昂、尼日利亚、博茨瓦纳、莱索托、纳米比亚、坦桑尼亚、利比里亚、刚果（金）等认为中国企业中本地员工的工资水平较低，甚至低于法律所要求的最低工资水平。看来，大约有1/5的在非中国企业工资过低，还存在违反法律的现象。显然，对这些企业必须加强监管。

5. 在贵国投资的中国企业的周工作时间长短情况？

如表6所示：

表6 非洲人对在非中国企业周工作时间长短的评价

评价	评价者数量	所占比例（%）	来自国家
短于法定工作时间	2	2.4	喀麦隆2位
和法定工作时间差不多	32	39.5	加纳2位、津巴布韦2位、坦桑尼亚2位、几内亚2位、尼日尔2位、吉布提、科特迪瓦、喀麦隆7位等大部分国家
长于法定工作时间	35	43.4	加纳、塞拉利昂、赞比亚、利比里亚2位、肯尼亚、莫桑比克2位、尼日利亚、博茨瓦纳、赞比亚、中非2位、刚果2位、乍得2位、尼日尔、马里、布隆迪、几内亚、喀麦隆14位
远远长于法定工作时间	12	14.7	拉利昂、乌干达、博茨瓦纳、莱索托、贝宁、喀麦隆7位
不了解		19	埃及等其余国家

由表6可知，在了解情况的81名被调查者中，有39.5%的被调查者认为中国企业的周工作时间与法定工作时间差不多，43.4%的被调查者认为在自己国家投资经营的中国企业周工作时间长于法定工作时间，其

中还有14.7%的被调查者（包括塞拉利昂、乌干达、博茨瓦纳、贝宁、莱索托、喀麦隆等12位被调查者认为远远长于法定工作时间），而只有2.4%的被调查者认为短于法定工作时间。在喀麦隆的30位相对了解情况的被调查者中，有45%认为中国企业的工作时间长于法定工作时间，24%甚至认为远远长于法定工作时间，也有24%认为和法定工作时间差不多，还有7%认为短于法定工作时间，看来，中国在非企业的实际工作时间相对于法定工作时间总体来看还是偏长，还存在不少超过法定时间工作的现象。众所周知，非洲人不喜欢加班，即便给双倍工资也不愿意，如果工作时间过长，则很容易造成劳资冲突。实际上，这也是前述调查中中国企业管理者所反映的"非洲人难管理"因而更倾向于雇佣中国工人的原因之一。

6. 你如何评价在贵国投资的中国企业当地员工的工作条件？

如表7所示：

表7 非洲人对在非中国企业当地员工工作条件的评价

评价	评价者数量	所占比例（%）	来自国家
很好	6	6.9	坦桑尼亚2位、厄立特里亚、肯尼亚、吉布提、喀麦隆
好	38	43.6	厄立特里亚2位、利比里亚、赞比亚、肯尼亚、喀麦隆、莫桑比克、加纳2位、纳米比亚、坦桑尼亚、刚果2位、乍得、几内亚2位、尼日尔、吉布提、马里、科特迪瓦、喀麦隆18位
一般般	28	32.3	博茨瓦纳2位、莱索托、津巴布韦、贝宁、乍得、布隆迪、喀麦隆10位等国家
差	15	17.2	塞拉利昂、赞比亚2位、利比里亚、科特迪瓦、尼日利亚、尼日尔、喀麦隆8位
不了解	13		埃及等其余国家

由表7可知，在了解情况的87名被调查者中，有约一半（50.5%）的被调查者认为在非中国企业当地员工的工作条件为"好"或"很好"，

这部分被调查者主要来自坦桑尼亚、厄立特里亚、肯尼亚、吉布提等，32.3%的认为"一般"，而17.2%的认为"差"，这部分被调查者主要来自塞拉利昂、赞比亚、利比里亚、科特迪瓦、尼日利亚、尼日尔等，看来，在这些国家的中国企业工作条件还迄待改进。实际上，工作条件（如办公环境）会直接影响到企业的形象及员工的工作效率，工人的劳动环境则直接影响到员工的工作效率和生命安全，然而，不少中国企业错误地把不佳的工作环境当成是艰苦创业的表现，工作场所乱七八糟，既破坏了整体环境，也影响了中国企业的整体形象，这也是应该引起注意的。

7. 假设履行社会责任最好的是100分（满分），你给在贵国投资的中国企业多少分？

如表8所示：

表8 非洲人对在非中国企业履行社会责任情况的评分（假设满分为100分）

评价分数（分）	评分者数量	评分者所占比例（%）	评分者所在国家
小于40	11	11.8	加纳、塞拉利昂、乌干达、赞比亚、毛里塔尼亚、科特迪瓦、尼日利亚、喀麦隆4位
40—50	19	20.0	毛里求斯、乌干达、赞比亚、塞拉利昂、肯尼亚、肯尼亚2位、尼日利亚、加纳、津巴布韦、尼日尔、喀麦隆8位
50—60	16	17.2	赞比亚、利比里亚、莫桑比克、博茨瓦纳、津巴布韦、纳米比亚、坦桑尼亚、乍得、喀麦隆8位
60—70	16	17.2	利比里亚、厄立特里亚2位、中非2位、贝宁、乍得、喀麦隆9位
70—80	9	9.6	莫桑比克、博茨瓦纳、莱索托、加纳、马里、喀麦隆4位
80—90	17	18.2	坦桑尼亚2位、利比里亚、刚果(金)2位、几内亚3位、尼日尔、布隆迪、科特迪瓦、喀麦隆6位
90—100	5	5.3	坦桑尼亚、贝宁、吉布提、喀麦隆2位
不清楚	7		埃及、厄立特里亚、肯尼亚、喀麦隆等

由上可见，有将近一半的被调查者（49%）给中国企业履行社会责任的评分在60分以下，其中11.8%的被调查者对中国企业履行社会责任的评分甚至在40分以下，其来自的国家有加纳、塞拉利昂、乌干达、赞比亚、毛里塔尼亚、科特迪瓦、尼日利亚，这可能表明，在这些国家的大部分中国企业履行社会责任的情况很不理想。另外，我们也可以发现，在博茨瓦纳、莱索托、加纳、贝宁、吉布提、坦桑尼亚、刚果（金）、几内亚的中国企业得分情况相对较好，而尤以坦桑尼亚、贝宁、吉布提的为最好。对于被调查者最多的喀麦隆来说，在40位相对了解情况的被调查者中，有10%的评分在40分以下，17.5%的评分为40—50分，20%的在50—60分，22.5%在60—70分，10%的为70—80分的，15%的为80—90分，5%的为90—100分。

为便于和印度及西方发达国家在非洲履行社会责任的情况相比较，下面计算中国在非企业履行社会责任的加权平均得分。算法为：各档分数以该档的平均数来计算，例如，0—40分一档的，以平均分20分计算，40—50分一档的，以平均分45分来计算，其余各档依此类推，剔除不清楚情况的被调查者7人，以93人为总数来计算，具体计算过程为：$20 \times 11 \div 93 + 45 \times 19 \div 93 + 55 \times 16 \div 93 + 65 \times 16 \div 93 + 75 \times 9 \div 93 + 85 \times 17 \div 93 + 95 \times 5 \div 93 = 60.10$分。

可见，中国在非企业履行社会责任的加权平均得分为60.10分。显然，在非洲人民眼里，中国在非企业履行社会责任的情况还不是太好（刚刚及格），但也不是太差（毕竟及格了）。

另外，对于被调查者最多的喀麦隆来说，根据上述算法，可以计算出中国在喀麦隆的企业履行社会责任的平均加权分数为60.50分，与中国在非洲国家的平均得分差不多，可见本调查样本具有较好的代表性，基本能够反映中国在非企业履行社会责任的真实情况。

8. 假设履行社会责任最好的是100分（满分），你给在贵国投资的印度企业多少分？

如表9所示：

表9 非洲人对在非印度企业履行社会责任情况的评分（假设满分为100分）

评价分数（分）	评分者数量	评分者所占比例（%）	评分者所在国家
小于40	21	25	毛里塔尼亚、加纳、肯尼亚、厄立特里亚、乌干达、尼日利亚、纳米比亚、赞比亚、刚果（金）、喀麦隆12位
40—50	27	32.1	乌干达、塞拉利昂2位、加纳、尼日利亚、莱索托、津巴布韦、坦桑尼亚、纳米比亚、贝宁、乍得、喀麦隆16位
50—60	14	16.7	肯尼亚、利比里亚、赞比亚2位、莫桑比克、科特迪瓦、加纳、津巴布韦、贝宁、喀麦隆5位
60—70	10	11.9	利比里亚、莫桑比克、博茨瓦纳、加纳、中非2位、乍得、吉布提、马里、科特迪瓦
70—80	9	10.7	毛里求斯、利比里亚、坦桑尼亚、刚果（金）、布隆迪、喀麦隆4位等国家
80—90	2	3.0	几内亚2位
90—100	1	15	坦桑尼亚
不清楚	16		埃及、喀麦隆3位、厄立特里亚2位等国家

由上可见，在了解情况的84名被调查者中，有73.8%的被调查者给印度企业履行社会责任的评分在60分以下，其中25.0%的被调查者给印度企业履行社会责任的评分在40分以下，其来自的国家有加纳、塞拉利昂、乌干达、赞比亚、毛里塔尼亚、科特迪瓦、纳米比亚、尼日利亚、喀麦隆，大体与中国相似，这表明，在这些国家的大部分印度企业履行社会责任的情况很不理想（除了几内亚、坦桑尼亚之外）。同时，我们还可以发现，对印度企业不了解情况的多达16人，远多于中国的7人，这可能表明，与中国相比，印度在非洲的投资规模较小，以至于不少被调查者都不了解他们的情况。

下面计算出印度在非企业履行社会责任的加权平均得分。算法同上，剔除不清楚情况的被调查者16人，以84人来计算，具体计算过程为：20

×21÷84+45×27÷84+55×14÷84+65×10÷84+75×9÷84+85×2÷84+95×1÷84=46.37分。

可见，印度在非企业履行社会责任的加权平均得分为46.37分，大大低于中国的60.10分，看来，在非洲人民眼里，印度在非企业履行社会责任的情况十分糟糕，也可以发现，中国企业在非洲履行社会责任的情况虽然不是很理想，但还是好于印度不少。

9. 假设履行社会责任最好的是100分（满分），你给在贵国投资的西方发达国家的企业多少分？

如表10所示：

表10　非洲人对在非西方发达国家的企业履行社会责任情况的评分
（假设满分为100分）

评分（分）	评分者数量（人）	评分者比例（%）	评分者所在国家
小于40	13	15.7	厄立特里亚、毛里塔尼亚、津巴布韦、纳米比亚、吉布提、乍得、贝宁、刚果（金）2位、喀麦隆4位
40—50	17	20.0	赞比亚2位、加纳、莱索托、津巴布韦、喀麦隆12位
50—60	17	20.0	乌干达、加纳、喀麦隆、坦桑尼亚2位、科特迪瓦、尼日尔、乍得、中非2位、喀麦隆3位等国家
60—70	10	12.0	乌干达、塞拉利昂、埃及、喀麦隆5位
70—80	16	19.2	肯尼亚、利比里亚、坦桑尼亚、莫桑比克、科特迪瓦、加纳、布隆迪、几内亚、喀麦隆8位
80—90	8	9.6	利比里亚2位、尼日利亚、马里、喀麦隆4位
90—100	2	2.8	坦桑尼亚、贝宁
不清楚	17		厄立特里亚2位、毛里塔尼亚等其余国家

由上可见，在了解情况的83名被调查者中，有55.7%的被调查者给西方发达国家在非企业履行社会责任的评分在60分以下。经过计算，西方发达国家在非企业履行社会责任的加权平均得分为56.38分。

算法：同上，剔除不了解情况的调查者17人，以83人来计算，具体计算过程为：$20×13÷83+45×17÷83+55×17÷83+65×10÷83+75×16÷83+85×8÷83+95×2÷83=56.38$分，未能及格，也低于中国的得分（60.10分），但高于印度的得分（46.37分）。

再来看喀麦隆，同理可以计算出（剔除比了解情况的8人，以35人来计算）喀麦隆对西方企业的平均评分为：$20×4÷35+45×12÷35+55×3÷35+65×5÷35+75×7÷35+85×4÷35=56.42$分，与前述西方企业在29个非洲国家的平均得分也差不多，再一次表明本调查样本具有较强的代表性，能够反映在非洲人民眼中中国以及西方在非企业履行社会责任的真实情况。

从上也可以发现，西方国家对中国在非企业履行社会责任的情况经常指指点点，说三道四，虽然不能说完全脱离事实，但是，其实他们自己在非洲履行社会责任的情况十分糟糕，还不如中国，可以说，根本就没有批评中国的资格。

西方企业在自己的母国也许履行社会责任情况还可以，但是，一旦离开了自己的国家来到了法制虽然还算健全，但执行十分乏力的非洲，便缺乏履行社会责任足够的动力，由此在履行社会责任方面常常表现不佳。实际上，西方企业在中国履行社会责任的情况也与此类似，例如，根据《中国企业社会责任研究报告》（2010），在中国国有企业100强、民营企业100强、外资企业100强企业里，履行社会责任情况较好的有14家（卓越者与领先者），包括12家国有企业，2家民营企业，而没有1家外资企业。[①]可见，一向以社会责任履行楷模自居的西方企业，一旦离开相应的社会环境，就失去了履行社会责任的动力，表现也就令人难以满意了。

10. 中国在非企业中能够较好地履行社会责任的比例？

如表11所示：

---

① 陈佳贵等著，《中国企业社会责任研究报告》（2010），北京：社会科学文献出版社，2010年，第19页。

表11　中国在非企业中能够较好地履行社会责任的比例

较好履责比例	评价者数量	评价者所占比例（%）	评价者所在国家
多于一半	25	32	厄立特里亚2位、利比里亚、毛里求斯、加纳、坦桑尼亚、科特迪瓦、布隆迪、吉布提、尼日尔2位、几内亚2位、贝宁、中非2位、喀麦隆9位
一半	15	19	坦桑尼亚、纳米比亚、赞比亚、马里、刚果（金）、喀麦隆10位
少于一半	14	18	肯尼亚、利比里亚、莱索托、乍得2位、贝宁、喀麦隆8位
很少	21	27	乌干达2位、塞拉利昂2位、毛里塔尼亚、莫桑比克、科特迪瓦、尼日利亚、博茨瓦纳、加纳、津巴布韦2位、赞比亚、喀麦隆8位
没有	3	4	厄立特里亚、埃及、喀麦隆
不了解	22		其余国家

由表11可知，在了解情况的78名被调查者中，只有32%的被调查者认为有多于一半的中国在非企业能够较好地履行社会责任，只有19%的被调查者认为只有一半的中国在非企业能够较好地履行社会责任，而49%的被调查者认为只有少部分中国企业能够较好地履行社会责任，其中还有4%的被调查者甚至认为没有中国企业较好地履行了社会责任，这可能与在非企业中中小型民营企业数目占大多数、国有企业只占少数有一定关系。

再来看被调查者最多的喀麦隆，有19位（约58%）的被调查者认为有大于或等于一半的中国在喀企业能够较好地履行社会责任，而有42%的被调查者认为只有少部分中国企业能够较好地履行社会责任。

可见，在非洲人眼中，只有少部分中国在非企业能够较好地履行社会责任。

11. 你对观点"相对于以前，中国在贵国投资经营的企业履行社会责任比以前取得了进步"是否同意？

如表12所示：

表12 对"中国在非企业履行社会责任取得了进步"的观点的看法

同意与否	发表意见的人数	所占比例（%）	发表意见者所在国家
非常赞同	18	20.2	肯尼亚、坦桑尼亚3个、纳米比亚、吉布提、尼日尔、贝宁、喀麦隆10个
同意	40	40.5	科特迪瓦、赞比亚2位、加纳2位、乌干达、马里、毛里塔尼亚、津巴布韦、莱索托、博茨瓦纳、几内亚2位、乍得2位、中非2位、贝宁、吉布提、喀麦隆16位等大部分国家
有保留地同意	21	23.6	坦桑尼亚、津巴布韦、博茨瓦纳、尼日利亚、布隆迪、刚果（金）、喀麦隆6位等国家
不同意	9	10.1	赞比亚、塞拉利昂、加纳、埃及、尼日利亚、喀麦隆4位
非常不同意	1	1.1	塞拉利昂
不清楚	11		莱索托等其余国家

由表12可见，在了解情况的89名被调查者中，有88.8%的被调查者同意或基本同意"中国在非企业履行社会责任取得了进步"的观点，说明绝大部分中国企业履行社会责任情况在大部分非洲国家里取得了可喜的进步，特别是在肯尼亚、纳米比亚、坦桑尼亚、尼日尔、贝宁、中非、几内亚、乍得。在加纳和赞比亚，也有2/3的所在国被调查者同意这个观点。不过，从调查样本来看，中国企业在塞拉利昂似还未取得进步。

12. 你对观点"你希望更多中国企业到你的国家投资"的看法？

如表13所示：

表13 对"你希望更多中国企业到你的国家投资"观点的看法

看法	发表看法的人数	所占比例（%）	发表意见者所在国家
非常赞同	57	57	赞比亚、厄立特里亚等大部分国家
同意	36	36	厄立特里亚、喀麦隆8位、尼日利亚、加纳、津巴布韦、赞比亚等、博茨瓦纳等国家

续表

有保留地同意	3	3	厄立特里亚、喀麦隆2个
随便	2	2	莱索托、赞比亚
不同意	2	2	科特迪瓦、喀麦隆

对于这一观点，与以上其他回答不同的是，这个回答几乎是异口同声，惊人的一致（甚至连表示不了解情况的都没有）：尽管对中国在非企业履行社会责任有不少的看法，然而，96%的被调查者都希望中国企业到自己的国家去投资。这说明，虽然中国企业目前还存在不少缺点，但中国企业确实能够给非洲国家带来好处和机会，双方是互利共赢的，非洲人民都希望中国企业去投资，这也从一个侧面表明，中非投资合作的潜力是很大的，充满了机遇和希望。

13. 你所在国家的媒体是怎么报道中国企业的？

如表14所示：

表14 所在国家的媒体报道中国企业的情况

媒体报道情况	发表意见的人数	所占比例（%）	所在国家
非常正面	25	31.2	赞比亚、利比里亚、肯尼亚、喀麦隆3位、毛里求斯、毛里塔尼亚、乌干达、莫桑比克、坦桑尼亚、吉布提2个、尼日尔、贝宁、津巴布韦、喀麦隆16个等国家
基本都是正面	45	56.1	坦桑尼亚2位、利比里亚、厄立特里亚2位、赞比亚、纳米比亚、津巴布韦、加纳、莱索托、博茨瓦纳、喀麦隆34位
正面、负面的差不多	3	3.8	赞比亚、加纳、塞内加尔
更多的是负面	7	8.9	博茨瓦纳、尼日利亚、加纳、塞拉利昂2位、几内亚、喀麦隆
没有报道	3		埃及、厄立特里亚、布隆迪
不清楚	17		科特迪瓦、加纳、尼日利亚、喀麦隆、莱索托、乌干达、莫桑比克等国家

由表14可知，剔除掉表示"没有报道"或"不了解情况"的20名被调查者，在余下的80名被调查者中，87.2%的被调查者认为所在国家都是以正面报道中国在非企业为主，其中尤以坦桑尼亚、利比里亚、厄立特里亚的报道更为正面，而加纳、塞拉利昂、尼日利亚的基本是负面，赞比亚的则2/3是正面，1/3是负面。而喀麦隆有多达41位的被调查者（占95%）认为媒体报道中国企业以正面为主，这可能与中喀比较友好有关系。

14. 你对"相比于西方国家，中国是一个更好的发展伙伴"这一观点持何看法？

如表15所示：

表15 对观点"相比于西方国家，中国是一个更好的发展伙伴"的看法

看法	发表看法的人数	所占比例（%）	发表意见者所在国家
非常赞同	41	51.2	津巴布韦、纳米比亚、喀麦隆25位及大部分国家
同意	20	25	加纳、坦桑尼亚2位、赞比亚、喀麦隆16位
有保留地同意	15	18.8	尼日利亚、博茨瓦纳、加纳2位、津巴布韦、乌干达2位、埃及、塞内加尔、喀麦隆6位
不同意	4	5	尼日利亚、莱索托、科特迪瓦、尼日尔
不清楚	20		其余国家

从表15可知，剔除掉"不了解情况"的20名被调查者，在余下的80名被调查者中，有高达95%的被调查者认为或基本认为中国是一个比西方国家更好的发展合作伙伴，仅有5%的反对这个观点。看来，西方国家自以为自己站在道德制高点，对中国指手画脚，横加指责，其实，非洲人自己心里很清楚，中国是一个比西方国家更好的发展合作伙伴，这在一定程度上也是对中国的对非政策的肯定，也是西方批评中国的所谓"新殖民主义"的论调的有力的回击。

15. 中国企业在贵国投资的主要行业是？

对于这一问题，89%的被调查者认为是基础设施，15%的认为是农业，6%认为是资源，5%认为是金融（此题是多项选择）（这里调查的资源型投资比例小于商务部的统计数据，这可能是因为中国大部分资源型投资地点比较偏远，一些民众无从了解，而基础设施建设却近在身边民众随时可以看见有关系）。不管怎样，可见中国在非投资的主要行业是基础设施，这对于基础设施极度缺乏的非洲来说，具有非常重要的积极意义，而资源型投资只占极少的部分，这对西方批评中国的所谓"资源掠夺论"也是一个有力的驳斥。

16. 你认为贵国居民可否从中国投资中获益？

对于这一问题，有72名被调查者答为"是"，而有18位答为"也许"（来自毛里塔尼亚、塞拉利昂、莫桑比克、科特迪瓦、喀麦隆等），1名喀麦隆被调查者答为没有受益，而9名（加纳、埃及、喀麦隆等）被调查者答为"不清楚"。可见，剔除掉不了解情况的9名被调查者，有近80%的被调查者认为自己国家的居民确实从中国投资中获益了，另外还有近20%的被调查者可能会给自己的国家带来收益，这说明，中国投资确实给非洲人民带来了实实在在的利益，确实是非洲的一个好的发展合作伙伴。

17. 中国在非企业如何做可使贵国居民受益最多？

在四个选项："技术转移、创造就业、更多的人文交流、更多的社会参与"中，回答主要集中在"技术转移"和"创造就业"方面，其中，59名被调查者（占59%）的回答为"技术转移"，而40名被调查者（占40%）答为"创造就业"，19名被调查者（占19%）答为"更多的人文交流"，16名被调查者（占16%）答为"更多的社会参与"（此题可多选）。可见，在非洲人看来，"技术转移"是最为重要的方面，而"创造就业"是第二重要的，人文交流与社会参与分居第三、第四位。

18. 你对中国的对非政策或在贵国投资经营的中国企业有何建议？

这道题是主观题，是开放性的，回答各种各样。

对于中国的对非政策的建议或看法：中国是世界的重要国家，在社会责任和环境保护方面应该更多地改善；中国的对非政策是一个好的政策，打开了非洲的视角，给了非洲希望，但应该更多地技术转移和创造就业；平衡贸易逆差；中国的非洲政策是非洲目前所需要的最好的政策，中国应该帮助非洲发展工业；支持中国的不干涉内政的原则；中国应该采取措施保证输入非洲的产品的质量；中国是一个好的发展伙伴，它应该包括尊重人权，不应该支持非洲的独裁者和卖武器给他们；在非洲建更多的学校；非洲在学习中国文化，中国也应该更多地学习非洲文化，更多地与非洲人民融合，光是学习语言是不够的；更多地进行教育、政治和学术交流等。

对于中国在非企业的建议主要有：希望更多地对非技术转移；更多地履行社会责任；更多地与当地居民交流，与当地融合；应该了解当地法律并尊重当地的法律、价值观、文化和人权；资助非洲的中小企业发展；更多地投资，特别是基础设施、农业和工业；中国投资应该更多地使非洲普通人民受益。

二、小结

由调查可以得到以下14个结论：

1. 在非中国企业的产品质量不容乐观；
2. 大部分中国在非企业履行社会责任有待改善和加强；
3. 中国在非企业的工作时间偏长；
4. 中国在非企业履行社会责任的情况大大好于印度在非企业，也好于西方国家在非企业；相对于西方国家，在非洲人眼里，中国是一个更好的发展合作伙伴；
5. 在非中国企业当地员工的工作条件不是很好，但也基本还过得去；
6. 非洲最希望中国投资能够进行对非技术转移，第二希望中国投资能够创造就业；
7. 非洲国民从中国投资中获得了收益；
8. 中国企业在非洲国家投资的主要行业是基础设施；资源投资只占极少的比例；

9. 大部分非洲国家媒体对中国在非企业的报道为正面的；

10. 非洲人民希望更多中国企业到自己的国家投资；

11. 中国企业履行社会责任情况在大部分非洲国家里取得了可喜的进步；

12. 中国在非企业应该更多地了解当地法律，尊重当地的法律、价值观、文化和人权；

13. 中国的对非政策是一个好的政策，但中国企业应加强对社会责任的履行。

三、分析与总结

总结对比三、四部分分别基于中国与非洲的视角进行的社会责任履行情况的调查，可以发现，基于中国企业的调查结果表明，中国企业履行社会责任的总体情况较好，而基于非洲人视角的调查表明，中国企业履行社会责任的情况还不容乐观，总体评分为60.10分，刚刚及格，但也不是太差，因为比起非洲人民对西方和印度在非企业的评分要高。另外，两个调查都发现中国在非企业履行企业社会责任相对于以前有所进步。

基于中国企业的调查与基于非洲人的调查存在着一些差距，这可能是因为以下原因：

一是中国企业对企业社会责任的认识本身还不全面，不少还停留于较低层次的理解，而非洲虽然经济发展水平较低，但长期受殖民主义的影响，对人权、自由、民主、环境保护、员工福利的要求高于中国，加上非洲人价值观及文化传统也与中国存在较大差异，对企业社会责任的认识已经高于中国的水平；

二是中国企业在"社会责任"方面的执行力度与非洲要求相比确实还存在差距，例如员工工作环境、福利待遇、环境保护等方面，都还没有达到非洲国家的标准；

三是中国在非企业中中小民营企业居多，其履行社会责任的能力还不强；

四是由于中国文化"少说多做"的传统，在应对媒体尤其是社会责

任的宣传方面,中国企业往往"多做少说",甚至"多做不说",实际做的事情不少,但较少宣传自己,较少和外界交流;

五是中国企业与各利益相关方特别是社区的沟通和交流不足,缺少足够的正面宣传等。

第五章
中国在非企业履行社会责任存在的问题

从调查可以发现，中国在非企业社会责任还存在着很多问题：

一、尚没有形成全面系统的企业社会责任意识

由调查可知，中国在非企业对企业社会责任大都具备了社会责任意识，但是，还没有一个清晰的、全面的认识，相当一部分企业把履行社会责任简单理解成公益、捐赠等，少部分企业甚至不知社会责任为何物。

二、履行社会责任的主动性与积极性不足

例如，两家国有企业在回答"是否已经具备完善清晰的社会责任意识"时答为："作为国有企业，必须遵照指示办事。"很多企业没有理解和把握好企业经营与承担社会责任的关系、社会期望与实际能力的关系，对履行社会责任还有顾虑，担心履行社会责任会增加企业的支出，给企业带来负担。其实，从长远来看，履行社会责任不但不会增加企业的负担和成本，还可以改善企业自身的竞争环境，提高竞争力，减少在非洲经营的风险，使得企业的经济目标和社会目标统一起来。

三、短期经营现象

由于非洲的文化、风俗与国内存在较大差别,加之部分所在国政府贪污腐败,办事效率低,又由于经营环境日趋恶化(很多当地政府为了保护本地商人,对在非做贸易的外商施加越来越多的限制,例如尼日利亚2004年以来禁止48种商品进口),且国内的发展比较快,人民币升值等原因,很多贸易类企业对在非洲发展的前途没多大的信心,存在过客心理,没有在非洲长期经营扎根的打算,由此带来一系列的短期经营问题,如产品质量问题、环境污染问题等。另外,不少非洲国家虽然有较为完善的法律体系,但执行力差,而中国商务部2004年11月虽曾颁布《关于境外投资开办企业核准事项的规定》,2009年3月又下发了《境外投资管理办法》,但实际上,上述规定更多的是约束国有企业,而对于中小企业,发放了境外投资核准证后,并无后续监管,也是造成这一现象的原因。[①]

四、捐赠缺少主动性与积极性

很多企业的捐赠只是面向中国国内,且都是中国大使馆组织的,缺少主动性与积极性,并且不少捐赠的发生已事隔多年,如汶川地震(2008年)捐款,又如塞内加尔中国商会曾经有计划捐赠当地小学,但因为中国人出钱不多,只好作罢。

五、在促使供应链企业履行社会责任方面不足

随着全球化的不断深入,企业之间的依存度不断增加。基于供应链管理履行企业社会责任已经日益成为企业提升竞争力的一种方式。供应链上的供应商、分销商等都会对企业的产品产生影响,为了确保产品的安全与质量,需要企业与供应商、分销商等合作伙伴共同履行社会责任,

---

① 新浪网:"个别中资企业漠视赞比亚劳动法",http://news.sina.com.cn/c/sd/2010-10-26/171021355846_2.shtml,2010年10月26日。

或是监督合作伙伴的企业社会责任实施水平。此外，供应链企业为了增强对供应商、分销渠道等合作伙伴的控制力，也需要对供应商、分销商等的社会责任提出一定的要求。然而，调查显示，低于50%的中国在非企业未能采取足够措施，加强同供应商的管理，提升供应链的社会责任水平。

六、一些企业对环保工作不够重视

虽然被调查的中国企业在环保方面有不少好的做法和经验，但也仍然有一些企业对环保工作不够重视，大部分公司对东道国环保法律和法规知之甚少或了解不全面，部分企业缺乏环保的动力，等等。

七、恶性竞争现象

在非中国商人普遍认为，对生意产生较大影响的因素主要来自中国商家内部的相互压价，造成利润大幅度下降。他们反映，"过去的利润在100%—200%，现在只有15%—20%"。"这里的市场竞争越来越激烈，如果不能有效协调，再有3至5年，这块好的市场就很可能被毁掉"。[1]在尼日利亚，最近一段时间，鞋类、假发、布料、服装等的恶性竞争非常激烈。[2]

此外，从员工培训来看，虽然很多中国企业都能够提供岗位培训，但多数企业还没有形成定期的培训制度，培训经费也难以保证，另外对中国员工还存在拖欠工资和较多的强制加班现象，与各利益相关方特别是社区的沟通和交流不足、灰色清关等也是较普遍的问题。

---

[1] 资料来源：本课题组2011年1月对南非中国商贸城华商的调查。
[2] 资料来源：本课题组2012年4月对在尼日利亚的浙江商人的调查。

第六章
中国在非企业履行社会责任存在问题的原因分析

一种事情的发生总有其发生的原因,找出症结所在,才能对症下药,找到对策。下面将从内因和外因两个方面来探究中国在非企业履行社会责任存在问题的原因。

一、非洲东道国企业社会责任的促进和监督机制不健全

一般来说,企业履行社会责任的总体水平取决于所在国家的制度约束。当社会缺乏对企业社会责任的促进和监督机制时,以利润最大化为目标的企业没有动力去主动承担法律以外的责任。跨国企业会参照东道国的制度水平去承担相应的社会责任,因此就会出现跨国企业在不同国家承担迥异的社会责任的现象。因此,东道国对企业社会责任的制度规制(包括现性制度和隐性制度)就显得尤为重要。中国由于该领域立法与执法起步较晚,企业的社会责任意识相对还不太强,加上许多非洲东道国企业社会责任的促进和监督机制不健全,或者虽然法制健全但执行力度很差,因此也就出现了一些问题。

二、中国企业履行社会责任缺少企业文化根基

从一定意义上讲,文化是制度之母。一种社会制度的形成、巩固和发展,需要有相应的文化为其提供指导和奠定基础。西方发达国家比较早地提出了企业社会责任的概念。1923年英国人谢尔顿(Oliver Sheldon)就正式提出"企业社会责任"(CSR)的概念,而中国直到21世纪才开始慢慢关注企业社会责任的履行问题。2006年才第一次发布《中国企业社会责任同盟宣言》,就是一个很好的证明。① 由于长期过于强调以经济增长为中心,当前文化建设特别是道德文化建设,同经济发展相比仍然是一条"短腿"。中国大多数企业仍处于单一责任主体层次,企业的多元责任在中国还没有被企业广泛地认同和接受,相当数量的企业仍然处于社会责任的底层———单一经济责任层次,很少拥有自己的企业文化。一些企业虽然拥有企业文化,然而这些企业文化多是如何督促员工努力工作,很少与履行社会责任相关,显然,中国企业履行社会责任尚缺少文化根基。

三、国内经济转型不彻底及地方政府官员政绩的评价标准

根据前述施瓦茨的社会责任动因理论,利益是企业承担社会责任的根本动因,只有当企业社会责任与企业的核心目标结合在一起,成功地转化为内在的商业运作过程时,企业社会责任才得以有效实现。在西方,企业履行社会责任更多的是受内部因素的驱使,承载了更多企业战略方面的动因,而中国的企业履行社会责任更多的容易受到政府的影响,中国企业发展中的土地、贷款、产业基金扶持、上市乃至政府采购等问题都与政府关系密切,因此,这些使得国内企业习惯于走"上层路线",不重视民众,难有履行社会责任的主动性。此外,中国大部分地方政府官员政绩的评价标准仍然是以其辖区的GDP增长情况为主,地方官员作为

---

① 中国企业社会责任同盟宣言 [EB/OL], http://finance.qq.com/zt/2006/cfcsr/。

"理性人",为了谋求职位的晋升,常常纵容企业的行为,允许其采取高投入、高消耗、高排放的粗放型经济增长方式,企业也就容易养成不重视环境保护的习惯。当这些企业走进非洲的时候,也就容易把这些观念、习惯和做法带进非洲,难有履行社会责任的主动性和积极性,企业社会责任也就难以有效实现。

四、在非企业履行社会责任存在困难

非洲在宗教信仰、价值观念、生活方式等方面有其独特的地方,企业社会责任内容特殊而复杂,中国管理者与非洲雇员工对工资与工作精神的理解和认识存在很大的差异。而且,中国大部分转移到非洲的企业特别是中小企业所经营的产业是国内市场竞争充分的行业,面临各种经营成本上升的巨大压力,融资困难,社会责任投资难以及时跟进,加上企业缺乏熟悉非洲的现代管理人才,语言不通,沟通困难,对所在国家的政治、文化和法律状况也不熟悉很容易简单地将国内的劳动时间、待遇与工作条件等工作模式复制到非洲,从而诱发企业劳资矛盾和冲突。[①]

此外,中国企业履行社会社会责任存在的问题还与中国的劳动力成本相对较低有关。例如本地化问题。对于西方企业来说,由于母国的经济发展水平本身很高,母国工人的工资成本也很高(相比非洲工人要高出很多),雇佣非洲工人的机会成本很低,自然更愿意雇佣非洲工人,而中国工人的工资水平相比与非洲工人并不高太多,但更好管理,技能更熟练,作为逐利的"理性人",雇佣非洲工人的机会成本相对并不低,中国企业自然相对更愿意雇佣中国工人,由此本地化问题也就容易产生。预计随着中国经济发展水平的提高,产业的升级,工资的上涨,工人地位的上升,这个问题也将逐渐得到解决。

---

① 薛琳、赵岩:"国际学界论当代中非关系",《西亚非洲》,2010年第7期。

第七章
其他国家（地区）的企业在非洲履行社会责任的情况

跨国企业的社会责任是西方社会发展到一定历史阶段的产物，其概念从20世纪20年代在西方发达国家产生到现在已有近百年的时间，但发展主要是从20世纪30年代开始的，其承担社会责任的形式大致可以归纳为五个方面：（1）成立专门的企业社会责任机构，如保洁公司的治理与公共责任委员会，陶氏化学公司的环境健康安全委员会，可口可乐的公共政策与信誉委员会等，它们都是企业专属的社会责任机构，接受区域总裁或副总裁的统一领导；（2）员工福利和劳动保护，这里不仅包括跨国企业本身，也包括供应链上的企业，如要求供应商遵守其制定的行为守则或取得相关的社会责任认证，并委任社会责任监督员到供应商的工厂予以指导或进行检查等；（3）环境保护，包括保护自然环境和防治污染及其他公害两个方面；（4）反腐败和商业贿赂，如壳牌石油公司为了增加商业透明度，内部专门设立了"举报专线"和辅助网站，允许员工对商业贿赂行为进行匿名举报，摩托罗拉通过网上培训的形式向员工普及反腐败知识；（5）慈善捐赠和公益活动。

一般来说，跨国企业的企业社会责任代表着全球的最高水平，不过，由于跨国公司产业转移的地区可能企业社会责任标准较之母国要低，使得他们容易放松标准，采取在本地和境外不同的标准。那么，其在非洲履行社会责任的情况又如何呢？下面通过三个案例来说明。

案例一 董氏集团（港资企业）在非洲履行社会责任情况

课题组在尼日利亚调研中国大陆企业履行社会责任情况时，也同时调研了一家大型香港股份制企业的高管，了解其在非洲履行社会责任情况。该企业为董氏集团（尼日利亚和西非最大的工业集团之一，旗下有员工一万余名，工厂几十家，大部分已集中到公司新建的西非最大的工业园区中）旗下一分厂，1975年在尼日利亚（拉各斯）成立，主要生产瓦楞铁、搪瓷、瓷砖等，有中国普通工人300名，管理人员25名，非洲普通工人3000名，管理人员50名。调查情况如下：

（1）企业在非洲发展的社会责任理念是什么？履行社会责任情况是否比过去有所改善？

回答：我公司在非洲摸索了几十年，取得了比较好的业绩，公司不断发展，开拓其他产业领域，在非洲几十年的办厂过程中，每年都在吸收中国及西方发达国家的管理理念，比所有在尼日利亚的企业管理要好。

分析：从这个回答可以发现，该高管虽然自称比所有在尼日利亚的企业管理要好，但对企业社会责任理念似乎不太了解，还不如大陆在非大型企业对企业社会责任的认识。

(2) 企业对在非经营情况满意吗？

回答：比较满意，对发展前景乐观。

分析：这与中国同类在非企业情况相似（如前所述，大陆在非制造业企业对经营状况均比较满意），再一次表明非洲确实值得去投资经营。

（3）企业本地化情况？

回答：企业有中国员工325名，非洲员工3050名，本地化率93%。

分析：这略低于中国大陆的同类企业（如前所述，大陆在尼日利亚的制造业企业的平均本地化率96%）。

（4）企业工资待遇情况？

回答：企业的中国普通工人平均工资9万/年，管理人员平均工资18万/年，非洲普通工人平均工资2万/年，管理人员平均工资4万/年。

分析：如前所述，中国在尼日利亚同类企业情况为：中国普通工人该行业的平均工资为4.6万元/年(4家企业的平均数,下同),管理人员平均工资7.1万/年,非洲普通工人平均工资1.5万/年,管理人员2.5万/年。

显然,港资企业工资待遇高于中国大陆在非同类企业。其中国普通工人工资是大陆同类企业的2倍,其中国管理工人工资是大陆同类企业的2.5倍,其非洲普通工人工资是大陆同类企业的1.3倍,其非洲管理人员工资是大陆同类企业的1.6倍。

(5)员工每周工作时间是?

回答:61—70小时。

分析:显然,这略长于中国大陆在非同类企业(如前所述,大陆3家制造业企业中,两家中小型企业工作时间也为61—70小时,但1家大型企业的工作时间为41—50小时)。

(6)是否建立环境保护的方针,污染物排放是否达标?

回答:建立了保护环境的方针,污染物排放达标。

(7)是否将社会责任要求纳入采购合同(供应链)?

回答:将社会责任要求纳入了采购合同。

分析:这一点好于中国大陆在非企业(大陆在非企业有一半以上的企业未做到这一点)。

(8)请列出最近年度企业参与的公益或慈善活动。

回答:我们每年举行员工春节联欢,捐助当地贫穷学校,参加商会的各种活动。

比较分析:中国大陆在非同类企业的回答为:通过所在国的政府、团体和社区,在企业力所能及的范围内,积极参与所在国的公益或慈善活动,如帮助困难职工、灾难捐款、修缮基础设施等。看来,这家香港在非企业似更多关注教育,而大陆同类企业更多是关注捐款与基础设施。

(9)员工的培训情况?

回答:定期进行培训。

分析:中国内地在非企业大部分只是能够提供岗位培训,而不会定期培训,在这一点上,该港资企业好于大陆在非企业。

(10)其他:认为所在地区大部分中国企业履行社会责任的情况比较

好,比其他国家的企业总体要好一些。

分析:与中国内地在尼日利亚的同类企业相比,港资企业工资待遇略高,更为关注培训(是技术转移的一种重要途径,这是非洲国家最为欢迎的,中国大陆企业相对更为重视捐款和基础设施的修缮等),更为重视供应链企业社会责任的履行以及教育,但工作时间长于中国大陆企业。

案例二 壳牌尼日利亚公司履行社会责任的情况

壳牌石油公司(SPDC)尼日利亚公司的员工10000多名,其中4000多名是全职的,95%以上的全职员工是尼日利亚人,本地化率是非常高的。①

在社会公益方面,一方面,壳牌公司在当地的社会发展支出逐年增长,参与了大量公益活动,如出资修建中学和培训村庄的年轻人、提供小额贷款帮助村民谋生、进行农业培训、修建村庄基础设施(如修建道路、发电、土地平整)等。早些时候,壳牌公司依据传统的社会责任理念,履行社会责任主要采用自上而下给予无偿援助的方式,但后来发现这样造成了援助依赖,并不能推动当地社会的发展,而且不具有可持续性,于是开始转变为自下而上的方法,更多地关注社区发展,注意教育培训和技术转移,并努力推动在该地区的其他跨国公司帮助三角洲地区人民的减贫。②

另一方面,壳牌公司由于漏油、环境污染等问题也与当地村庄存在不少冲突,如:1992年底,由尼日利亚剧作家肯·萨罗维瓦创建的"奥格尼地区人民生存运动组织"向壳牌公司发出通牒:要么赔偿损失,要么永远离开奥格尼地区;1993年4月30日,壳牌公司的承包商在奥格尼人的田地里铺设管道时,被群情激奋的民众包围,有媒体报道壳牌公司收买了当地军警射杀示威人群,人权观察组织(HRW)也在一份报告里提到,尼日利亚人民"因试图表达对石油公司的不满而被残酷对待,有

---

① Uwem E. Ite, multination and Corporate social responsibility, Corporate Social Responsibility and Environmental Management, 11, 1–11, 2004.

② 同上。

时候，他们还来不及提交诉状就遭到了恐吓、毒打或监禁"。①2006年，尼日利亚哈科特港地方法院作出的判决，要求英国壳牌石油公司赔偿尼南部伊格博族居民15亿美元，作为石油开采活动对当地环境造成严重破坏的赔偿。2011年10月，壳牌公司因数十年来的漏油污染和破坏生态环境行为受到了尼日利亚的一名部落首领的起诉，要求赔偿10亿美元，其起诉的理由是壳牌公司在尼日利亚的作业没有采用其在全球其他地区所用的最佳技术和手段"预防和控制输油管道溢溅"，采用措施"远低于国际认可标准"；②2012年3月，距离尼日尔河三角洲75海里的海面发生了严重漏油事故，漏油量达4万桶，漏油带长达70公里，扩散范围超过923平方公里，是壳牌公司10年来发生的最严重漏油事件。事故发生后，尼日利亚处于戒备状态，尼日利亚已对其提起诉讼，要求其对环境破坏做出赔偿，然而壳牌公司对此事件却"轻描淡写"。③

分析：壳牌公司在尼日利亚的社会责任履行方面有不少值得中国企业学习的地方，特别是其注重当地社区的长期发展，如出资修建中学和培训村庄的年轻人、提供小额贷款帮助村民谋生、进行农业培训（类似的项目中国一般都是政府出面的）等（这一点，前面所说的港资企业也做得比中国企业要好一些）。实际上，依据前文对非洲民众的调查可知，非洲民众最希望的就是中国对他们的技术转移。因此，中国企业在这一方面还有待改进。当然，壳牌公司的一些劣迹，如试图收买军警射杀示威人群、发生多次漏油事件等，都是中国企业应当引以为戒的。

案例三　法国阿尔法公司

2008年，尼日尔一家名为"Aghir in Man"的非政府组织对外透露，

---

① 章鲁生："壳牌石油公司在非洲劣迹：收买军警射杀示威人群"，http://news.ifeng.com/history/shijieshi/detail_2012_04/11/13800385_1.shtml，2012年4月11日。
② 京华网："尼日利亚一部落状告壳牌石油"，http://news.jinghua.cn/352/c/201110/22/n3506276.shtml，2011年10月22日。
③ 中国能源网："英国壳牌公司因尼日利亚严重漏油遭起诉"，http://oil.in-en.com/html/oil-16101610371332294.html 2012年3月26日。

法国阿尔法公司在尼日尔大量开采铀，其矿区的粉尘、垃圾对当地空气、土壤、地表水造成严重污染，尤为可怕的是，铀矿的辐射污染，导致矿区周围的居民健康状况恶化，频繁出现癌症患者。

小结

前述调查表明，非洲人对中国在非企业履行社会责任的评分为60.10分（印度为46.37分），而对西方在非洲企业的评分为56.38分，西方企业低于中国企业4分多，但这并不说明西方企业在非履行社会责任没有其可取的地方。总的来看，在非西方企业大都将参与慈善与公益活动作为履行社会责任的最主要内容，将较多资源投入到教育事业和员工培训方面（当然也有许多劣迹），而且这些行为更多的是受内部因素的驱使，承载了更多企业战略方面的动因，相比中国的企业，其慈善活动更多的是受外部因素的影响，其中又以政府动员的作用最为明显。

第八章
中国在非履行社会责任典型案例

一、调研案例

案例一　中国水产总公司塞内加尔代表处[①]

1985年，中国水产总公司注册资金4000万美元，成立了中水产塞内加尔代表处，开始在塞内加尔开展渔业合作。成立之初，公司只有船队，员工不到300人，主要从事捕捞。2008年发生金融危机以后，在周围欧盟国家的水产公司基本都停产倒闭，致使一大批当地工人失业的情况下，中国水产公司本着"提高当地就业，提高百姓的生活水平和生活质量，为当地经济作贡献"的社会责任理念，艰苦创业，不但没有停工，还扩大了生产规模，兴建了两个渔产品加工厂，又购置了4条渔船（每条船价格为250万美元，仅4条渔船总价就达1000万美元），提高了产品的卫生标准（产品卫生已符合欧盟标准），成为塞内加尔最大的水产公司。

目前，企业雇员总数达1312人，其中，中国员工112人，非洲当地员工1200人，本地化率达92%，为塞内加尔提供了大量的就业机会。公司业务还带动当地包装、船舶修理等相关产业发展，间接带动近万人就业，在塞内加尔及周边国家都有一定的影响。

[①] 资料来源：本课题组2011年12月在中水产塞内加尔代表处的实地调研和访谈。

企业员工全员签订了劳动合同，每周工作时间在41—50小时，工资福利按时发放，足额缴纳各项社会保险，足额支付加班工资（旺季时有时需要加班，加班工资为平常的两倍），还设立了带薪休假制度。员工对公司大都有深厚的感情，不少非洲员工在公司的工龄已经有10年以上。例如，该公司的一名塞内加尔当地司机，1996年之前在中国驻塞内加尔大使馆当保安，1996年1月中国与塞内加尔断交之后，成为水产公司的一名员工，从那时起一直到现在，他一直待在水产公司，工龄已经长达16年，以至于已经能够说一口流利的中国话了。

案例二 谦比希铜冶炼有限公司[①]

2006年7月，谦比希铜冶炼有限公司在赞比亚铜带省谦比希注册成立，2009年2月建成投产，生产规模为15万吨粗铜/年，30万吨硫酸/年，总投资3亿美元。企业成立以来，本着"与当地社区和谐共处、共同发展"的社会责任理念，制定了有关社会责任履行的各种规章制度，如制定员工职业健康安全管理制度、环境保护制度、员工定期培训制度等，保护员工利益，努力与当地社区和谐相处。

在员工方面，企业注重员工的当地化，努力提高员工的工资福利。目前，企业有中国员工65名，非洲员工963名（其中普通工人950名，管理人员13名，全部签订了劳动合同），本地化率达94.6%，为当地解决了大量的就业。其普通工人平均月工资400美元，管理人员平均月工资1000美元，均远远高于当地最低工资。[②]员工工资福利均按时足额发放，足额支付加班工资，足额缴纳社会保险。企业还专门安排了培训经费，除了通常的岗位培训外，还对员工进行定期培训，使员工能够学到一些技术。

[①] 资料来源：本课题组2012年4月对谦比希铜冶炼有限公司总经理的访谈和问卷调查。

[②] 根据赞比亚2011年1月7日起实施的最低工资和雇佣条件条例，一般工人的工资为克瓦查419,000.00/月，约相当于83.8美元/月。详情可参见驻赞比亚经济商务参赞处："赞比亚2011年最低工资和雇佣条件条例"，http://zm.mofcom.gov.cn/aarticle/ztdy/201110/20111007790818.html，2011年10月20日。

自2009年公司建成投产以来，其履行社会责任的情况逐年在改善，相比国内要好。例如，2008年，为当地捐建了一个菜市场；2009年，为当地捐建2个巴士停靠站；2011年，为当地捐建了一个诊所，为艾滋病的防治进行捐赠。此外，还不定期地进行慈善捐赠等。

不过，公司员工的周工作时间为51—60小时，这略长于赞比亚的法定周工作时间（赞比亚法律规定，雇员的正常周工作小时不应超过48小时）。①公司在非洲也发生过劳资纠纷，主要是每年一度的劳资双方谈判。此外，公司并未将社会责任要求纳入采购合同，因而在促使供应链企业履行社会责任方面做得也还不够。

案例三　越美集团有限公司②

越美集团有限公司是一家成立于1992年7月的民营企业。自2000年进入尼日利亚经营至今，越美集团在非洲的发展历程归纳起来已走出了五大步：第一步，2000年跨出国门，在尼日利亚设立境外贸易企业，开拓国际市场；第二步，2004年在尼日利亚卡拉巴保税区设立第一家境外加工贸易生产企业——"金美（尼日利亚）纺织品有限公司"；第三步，2007年开发建设了中国在非洲的第一家境外纺织工业园——越美（尼日利亚）纺织工业园，占地800亩；第四步，参与国际资源配置服务国内发展，2011年通过国际竞标成功并购马里国有棉花企业，成为中国第一家掌控境外棉花资源的纺织企业，直接掌控马里年产35万吨棉花资源；第五步，创新援外项目经营模式，承接坦中友谊纺织有限公司。

越美集团注重在当地履行企业社会责任，反哺桑梓，回报社会，取得了初步效果。公司在非洲发展的社会责任理念是：文化先行，利义兼顾，合作双赢，让所在国民众享受到互利合作的成果。基于此，公司制

---

① 根据赞比亚2011年1月7日起实施的最低工资和雇佣条件条例，一般工人的工资为克瓦查419,000.00/月，约相当于83.8美元/月。详情可参见驻赞比亚经济商务参赞处："赞比亚2011年最低工资和雇佣条件条例"，http://zm.mofcom.gov.cn/aarticle/ztdy/201110/20111007790818.html，2011年10月20日。

② 资料来源：本课题组2012年3月对越美集团有限公司（尼日利亚）中高层管理人员的访谈。

定了一系列有关社会责任的规章制度,如建立员工职业健康安全管理制度、建立环境保护方针、将社会责任要求纳入采购合同、污染物排放要求达标等。

在员工方面,企业注重员工的当地化,努力提高员工的工资福利。目前,企业有中国员工32名,非洲员工2616名(其中普通工人2500名,管理人员116名,全部签订了劳动合同),本地化率高达98%,为当地创造了大量的就业机会。其普通工人平均月工资120美元,管理人员月平均工资150美元,均高于当地最低工资一些。员工工资福利均按时足额发放,足额支付加班工资,足额缴纳社会保险,在非洲从未发生过劳资纠纷。2011年经过国际竞标收购的马里纺织发展公司项目,其实施将为马里近200万棉农增加3亿多美元的收入,为马里政府增加7580万美元的财政收入。

在慈善和公益事业方面,越美集团常常通过所在国的政府、团体和社区,在企业力所能及的范围内,积极参与所在国的公益或慈善活动,如帮助困难职工、灾难捐款、修缮基础设施等。

案例四 安徽外经建设有限公司

安徽外经建设有限公司(民营企业)从2010年开始与北京同仁医院、海南航空集团一起,在津巴布韦、马拉维和莫桑比克等国开展"中非光明行"活动,出资购买人工晶体,为上千名失明的非洲白内障患者免费实施复明手术。[①]2011年,公司耗资8000多万美元,给予每户安置费1000多美元,[②]无偿为津巴布韦一矿区搬迁家庭建设住房475套(每套含90平方米住房、10平方米厨房和10平方米卫生间),这是津历史上第一家外国公司如此大规模、高速度地为津百姓造福,赢得了当地民众和政府的赞誉。

---

① 国际在线:"真心真情感动非洲——记安徽省外经建设有限公司",http://news.sina.com.cn/o/2011-10-13/113223297683.shtml,2011年10月13日。
② 资料来源:浙江师范大学非洲研究院牛长松副研究员2011年11月在津巴布韦安徽外经的调研。

案例五　尼日利亚边际油田[①]

尼日利亚边际油田自成立以来，认真执行项目的同时，积极履行当地义务和社会责任，捐资当地学校和社区。2005—2007年，投资约120900美元为油田所在社区Unyenge建了一栋有6间教室、2间办公室的学校，另外投资9000美元购置了课桌、建设配套水井，投资36600美元为当地社区Ntak Inyang建了一口水井。2008—2010年，投资约173500美元为Unyenge建了4口饮用水井，投资约11800美元为Ntak Inyang建了一栋有6间教室的学校。截至2010年，已经合计投资387800美元。2011年计划继续给Unyenge建4口水井，为Ntak Inyang的学校完善配套课桌及水井。

二、其他案例

案例一　中钢集团（南非）

中钢集团在南非投资的铬矿项目涉及铬矿开采、冶炼厂等项目。该公司在履行社会责任主要有：

在环境保护方面，中钢集团南非铬业有限公司已全部通过了ISO14001环境管理体系认证。第三方认证机构SAI Global南非公司董事经理Roelof Mouton表示，"近年来，中钢南非铬业公司的环境管理工作进步很大，成就显著。我从来没有听到任何对中钢南非铬业有限公司环境管理工作的负面评价"。

在慈善事业方面，该公司专门建立了捐赠制度，2007年，捐赠总额约52万美元，约占税前利润的1%，主要用于社区公益事业。南林波波省副省长克林斯表示，"作为政府和合作方代表，我们从未听到过中钢南非铬业公司与当地社区发生冲突，我们认为是中方管理者较好处理了和当地社区的关系"。

在促进当地就业方面，该公司坚持实施"员工本土化"，雇用本地员

---

① 资料来源：浙江师范大学非洲研究院王学军副研究员2012年3月在尼日利亚边际油田的调研。

工3676人,达到员工总数的99%以上。

案例二　中国石油天然气集团（苏丹）

中石油在苏丹累计捐资5000万美元,为苏丹人民建设医院、学校、打水井、修路架桥、直接受益人数超过200万人,在1/2/4石油区块建成一个世界最大的生物降解污水处理系统,实现生产污水零排放。

案例三　中国有色集团（赞比亚）

中国有色集团是在赞比亚规模最大的中资企业,通过提供就业、纳税、捐助等多种途径回报当地社会。

2008年受国际金融危机影响,赞比亚支柱产业采铜业遭受重挫,部分西方国家公司纷纷撤资。有色集团在自身经营也面临严峻考验的情况下,一直坚持"不减员、不减产、不减投资",2009年还收购了因金融危机而停产的赞比亚卢安夏铜矿并于当年复产,为当地直接提供2500个就业岗位,为帮助赞比亚克服金融危机、促进当地经济发展和社会稳定作出了积极贡献。由有色集团投资建设的赞中经贸合作区有关企业共向当地累计缴纳税费5000万美元,为当地提供6000个就业岗位。2011年11月,有色集团向当地的卡鲁鲁西政府捐赠22万美元善款,用于市政公益活动,获得当地政府和民众高度评价。2011年3月,由有色集团出资,中非友协举办了"2011年中国赞比亚光明行"活动,为100多名赞比亚白内障患者实施了免费复明手术。

有色集团在赞比亚企业每年制订和实施年度公益计划,在当地先后积极参与修建道路、候车大厅、公共体育设施、向学校捐赠文具、援助妇女就业、艾滋病和疟疾防治等多项公益事业,累计捐资、出资超过70多万美元。

案例四　武汉钢铁公司（利比里亚）

邦州铁矿项目是目前中国在利比里亚最大投资项目,由武汉钢铁公司控股,项目已于2011年4月启动,虽然项目尚未投产,中国企业已修复首都至矿区35公里的公路,并向利比里亚大学捐赠资金帮助利教育事业发展。中国企业还拟对矿区医院进行修复,在矿区建设部分小学校,为矿山职工和矿区居民子女入学提供便利。项目正式开工投产后,预计可直接增加就业2000人左右,同时可带动相关产业发展,间接为数万人提供新岗位。

案例五　重庆博赛矿业集团(加纳)

2010年,中国重庆博赛矿业集团有限公司投入10万美元,对加纳进行社区捐赠,包括维修破损路桥、建设社区学校、资助社区优秀学生等。同时,公司把一些本地采购业务承包给当地社区企业,以扶持当地经济。公司将自己开办的医院向社区民众开放,提供医疗服务,每月约接待1000名来自社区的患者,获得社区的一致好评。

案例六　华为公司(乌干达、尼日利亚)

华为乌干达公司曾向乌一家孤儿院捐赠价值1万余美元的药品及教学用品。2010年3月,该孤儿院出现肺结核病例,华为公司又组织中国医疗队为病重儿童义诊,当地媒体广泛报道,反响良好。

华为公司在拉各斯大学设立"信息和通信技术奖学金",每年总额为300万奈拉。该项活动秉承华为通过教育"消除数字鸿沟"的理念,体现了华为在尼日利亚当地履行社会责任的承诺,其目的和意义在于帮助生活有困难的优秀学生能够很好地完成学业,减轻他们的家庭经济负担,同时也为了储备当地优秀人才,使企业最终走向本土化经营。

案例七　中国土木工程集团(尼日利亚)

中土尼日利亚公司在实现企业自身发展的同时,以造福民众、回报社会为己任,积极履行社会责任,树立企业良好的社会形象。公司多次为村镇无偿修建道路和打井、修建学校、设立奖学金,并积极参加当地抢险救灾。

2011年9月,尼日利亚西南部地区遭遇30年一遇暴雨袭击,造成

100多人死亡，数万灾民流离失所，大量房屋桥梁被冲毁。在接到奥约州政府的救援请求后，中土公司不提任何条件以最快速度组织20多台机械设备和30多名员工奔赴灾区，经过四天四夜连续奋战，完成河道疏浚、涵洞清理、桥梁加固和便道修建任务，最大程度地减少了灾区民众生命财产损失。尼日利亚总统古德勒克·乔纳森在视察灾区时，对中土公司参与当地救灾表示高度赞扬。

案例八 江苏正太公司（博茨瓦纳）

2011年7月，江苏正太公司（博茨瓦纳）启动了本地员工技能培训项目，该项目将培训750名当地员工。11月17日，正太集团举办当地员工技能比赛，参加比赛的工种包括木工、瓦工、钢筋工和机械操作工。博茨瓦纳基础设施科技部长斯瓦茨在讲话时对正太公司自觉培训当地员工、回馈社会的做法表示高度赞赏。

案例九 中国成套设备进出口集团总公司（马达加斯加）

中国成套设备进出口集团总公司控股的中成马达糖业股份有限公司旗下3家糖厂生产高峰期间雇佣当地员工8000多人，惠及7万多人，公司定期为职工缴纳各类保险，还多次邀请中国援马医疗队到工厂为工人进行免费巡诊。糖厂建有职工子弟学校，教学质量在当地区县名列前茅。由于工厂所在地信教民众多，工厂积极参与教堂维护与修缮工作。工厂还向当地居民免费开放员工俱乐部，丰富当地居民的文化生活。

案例十 哈杉鞋业有限公司

2010年12月，在非洲尼日利亚创办工业园的温州哈杉鞋业有限公司出资1000万元专门设立哈杉非洲基金会，用于当地社会公益事业。受该基金会资助的6名尼日利亚来华留学生，分别就读温州大学国际贸易专业和温州华侨职业中专学校烹饪专业。

从2001年哈杉鞋业进驻尼日利亚市场以来，哈杉非洲公司业务发展顺利，形成拥有四条生产流水线，600多名员工，年产达200万双的非洲鞋业生产基地，成为西非最大的冷粘男鞋生产厂家。去年11月，哈杉鞋业同尼日利亚奥贡州政府签订了规划建设1500多亩土地，总投资约8000多万美元的工业园区协议。目前，该工业园一期占地51亩的生产基地即将完工。

"为了帮助尼日利亚奥贡州培养优秀人才，帮助推动当地经济发展，感谢当地政府对哈杉公司在当地投资建厂的支持，哈杉公司特设立哈杉非洲基金会。"哈杉鞋业相关负责人介绍说，走出国门的温州民企将日益国际化，就像世界500强企业一样，如何实现在所在国的本土化发展是温州民企考虑的命题。"通过非洲基金会发挥的作用，不仅促进中尼文化交流，同时也树立温商、温企良好的社会形象，有助于企业在尼日利亚乃至非洲进一步发展。"

据介绍，哈杉非洲基金会资金将主要用于当地教育文化等社会公益事业，目前正筹备在当地建设一所学校，资助尼日利亚奥贡州学生来华留学是基金会第一个社会公益事业项目。根据2013年3月哈杉鞋业有限公司制定的《哈杉尼日利亚奥贡州来华留学生奖学金评定办法》有关规定，来华留学生生源由奥贡州政府、州议会议员等推荐品学兼优的初高中毕业学生为主，由哈杉公司牵头，留学生可申请浙江大学、温州大学、华侨职业中专、温州医学院等院校，最后经哈杉基金会、尼日利亚国际教育基金会、浙江省奖学金基金会审核，择优录取。哈杉公司将资助留学生在华留学期间每年往返尼日利亚与中国机票、部分生活费和学费。

"哈杉鞋业是首个在尼日利亚出资资助留学生求学的外企。"送首批留学生来到温州的奥贡州政府官员BADMUS表示，哈杉奖学金资助的第二批来华留学生选拔日期也已经确定，将从2014年2月中旬开始。

案例十一　中国农业发展集团总公司（坦桑尼亚）

坦桑尼亚剑麻农场是中国政府贴息优惠贷款项目，由中国农业发展集团总公司国际农业合作开发有限公司实施。该农场每年为坦桑尼亚政府上交所得税、职工社会保险基金、职工教育基金、土地税等，修建了职工宿舍和医疗卫生所，2010年坦桑尼亚发生水灾时，农场向当地灾民捐赠玉米面等物资。

案例十二　中国彩棉集团等（马拉维）

2009年6月，由中非发展基金、中国彩棉集团和青岛瑞昌棉业有限公司组成的中非棉业发展有限公司（中非棉业）在马拉维巴拉卡地区投资的棉花种植与加工项目正式投产。项目包括兴建轧花厂、榨油厂、纺纱厂和棉籽培育中心，总投资为2500万美元，是中非发展基金成立以来最大的对非农业投资项目。该项目当年投产当年收效，并使当地10万客户受益，上千人得到就业机会。

第九章
促进中国在非企业更好地履行社会责任的对策

从长远来看,不重视社会责任的企业将遭到国际市场的拒绝。因此,加强企业社会责任建设是我国企业国际化经营过程中面临的重要课题。

一、政府层面

1. 推动中国经济的进一步转型

如前所述,在非西方企业履行社会责任更多的是受内部因素的驱使,承载了更多企业战略方面的动因,尤其体现在做良好企业公民,树立良好形象方面;而中国的企业慈善活动更多的是受外部因素的影响,其中又以政府动员(如中国驻非大使馆)的作用最为明显。换言之,政府作为利益相关者对于不同性质的企业的重要性是不同的。中国企业发展中的土地、贷款、产业基金扶持、上市乃至政府采购等问题都与政府关系密切,因此,中国企业的社会责任履行更容易受到政府的影响,打上政府引导和组织的烙印。因此,推动中国经济转型的进一步深化、转变政府主导型的发展模式,改变粗放型的经济发展方式,更好地发挥市场在资源配置中的基础作用,是推动在非中国企业更好地履行社会责任的一个关键。

2. 加强企业道德文化建设

伦理道德、法律、市场机制是规范企业经营行为的三个必不可少的手段，然而，如前所述，当前国内文化建设特别是道德文化建设，同经济发展相比仍然是一条"短腿"。因此，加强企业道德文化建设是非常必要的。有了伦理道德调节、市场调节、法律调节与政府调节的效应才会越明显，也越有效，而企业履行其社会责任也才会更加具有主动性和积极性。政府有关部门要做大力宣传，让全社会关注企业社会责任，全民参与到推动企业社会责任的活动中来，营造履行企业社会责任的良好社会氛围，引导企业树立社会责任意识。同时，多组织企业社会责任实施方面的培训，帮助企业了解社会责任，树立社会责任观念，让中小企业经营者、管理者充分认识到企业积极履行社会责任能为企业带来长期的有利影响，可以提升企业的长远的竞争力。还要充分发挥新闻舆论、消费者协会、工会、行业协会等社会团体的作用，形成立体化、多层次、多渠道的社会监督体系。

3. 提升中国企业有效履责的能力

企业社会责任实践表明，有经济实力和责任能力的企业才能有效参与并承担一定的社会责任。目前，大部分转移到非洲的企业特别是中小企业履责能力有限，资金不足、投资规模不大是其在非洲发展的"瓶颈"。因此，政府一方面要有效落实各类优惠政策，帮助中小企业多渠道融资，鼓励中国金融机构进入非洲，为当地中国中小企业提供资金融通、贸易结算、财务管理咨询等便利；另一方面，为中小企业提供政策咨询和信息服务，帮助企业熟悉非洲的政策法规，帮助企业研究和规划所在地方的社会责任重点领域和方向，减少无知导致的侵权和违规情况。社会责任已经成为全球认知的普遍概念，随着一系列国际标准或规范的先后发布，相关机构要提供有效的信息服务，帮助投资非洲的中小企业熟悉国际标准，学习先进企业的做法。

4. 完善企业社会责任法律法规

中国在非企业履行社会责任存在的诸多问题与其没有养成履行社会责任的习惯有关。因此，应该尽快按照国际上企业社会责任的相关规定，完善企业社会责任建设方面的法律法规，使企业履行社会责任规范化与法律化，而不管企业是在国内还是国外。例如，美国1977年出台的《海外反腐败行为法案》，禁止在海外经营的美国企业进行商业贿赂，这一法律对全球范围内的美国企业都具有约束力。同时，建立企业履行社会责任信息披露和奖罚机制，在财税、金融、价格等方面制定操作性较强的制度细则，建立一套政策支持体系来约束、规范及鼓励企业的行为，如建立有关经济补偿制度，对履行社会责任好的企业优先给予贷款担保支持等。另外，还应该倡导和开展企业社会责任活动，组织企业社会责任方面的培训，营造履行企业社会责任的氛围。

5. **积极与国际社会交流和沟通，为中国企业履行责任争取公平和谐的环境**

中国在非企业履行社会责任需要一个和谐的国际环境。中国企业在非洲面临很大的舆论压力，其失误行为常被西方媒体刻意炒作和放大。因此，政府要积极与国际社会交流和沟通，为中国企业履行责任争取公平和谐的环境。宣传一直是中国非洲战略的弱项，中国企业往往"多做少说"，或者"多做不说"，导致处于被动局面。政府、驻非使领馆要加强对外宣传力度，增进与非洲国家政府和西方媒体的沟通，鼓励企业展示在履行社会责任方面的努力和成绩。

6. **在企业的评比上，将此企业职工对企业的评价及在社会上的表现纳入评比的范围**

如前所述，企业的社会责任不仅表现在捐款等方面，还表现在员工的培养上，对职工的教育和影响也是企业社会责任的一个重要方面。企业不仅是一个生产产品的地方，还必须是一个生产合格的、有道德的高素质人才的地方，这就是企业给社会提供的无形资产和公共产品。在和谐社会理念深入人心的今天，当代的中国的确非常需要培养一种公认的责任意识。因此，今后在企业的评比上（特别是感动非洲的十大企业评选），应该将此企业职工在社会上的表现纳入评比的范围。

7. **多搜集和宣传各种企业特别是中小企业的良好案例**

目前，中国已经知道搜集履行企业社会责任良好案例的重要性，不过，这些案例的主角通常都是大企业。然而，依据目前中国大量中小企业在非洲的现实，履行社会责任的主要对象其实是这些中小企业，假若不考虑这些中小企业，则在非企业社会责任问题显然是无法解决的。但是，由于企业社会责任这一概念是针对大企业而提出的复杂的概念，未必适合于政府同中小企业保持交流沟通并促使其履行社会责任。因此，可以参照欧盟的做法，将标准适当降低，另外提出一个"负责任的企业家活动"概念，只要企业能够博得企业的员工及周围社区人们的好评就可以，与此同时，力求将中小企业企业家活力及其思维方式同社会责任这一普遍的意识相互结合在一起，提高中小企业社会责任履行的主动性。为达此目的，可以多向中小企业经营者揭示"企业的绩效和社会责任能相互结合而且能创造新的经济机会，达到相互促进"的理念，收集一些"优秀活动"的事例，开展宣教活动和举办研讨会，宣传中小企业在市场、工作场所、社区、环境等方面的优秀措施，增强对企业社会责任的认识。

二、在企业层面

1. 将企业社会责任意识及早融入走进非洲的各个环节

对于企业来说，仅仅在法律许可的范围内经营，对企业来说不一定是最好的选择，这对企业的可持续发展是不利的。从长远来看，社会准则、规范、法律都会发生变化，在情况相对复杂的非洲更是如此。如果缺乏社会责任意识，企业经营将会面临更多的风险，并连累到其他中国企业，最近频繁发生的中国在非企业员工遭遇绑架、抢劫等就是一个证明。因此，企业必须将社会责任意识及早融入走进非洲的各个环节。

2. 完善相关组织保障和内部制度，热心公益并进行高调宣传

对于社会责任管理体系，被调查中国企业随意性较大，在组织制度建设上明显不足，缺乏宣传和管理，这样的直接后果就是即使中国企业在履行社会责任方面投入很大，但公众的感知明显不如对其他外资企业那么强烈。因此，中国在非企业迄需完善社会责任相关组织保障和内部制度，并向利益相关者披露企业的社会责任信息，将自己的可持续发展理念和成效积极地社会交流和沟通，改善社会责任履行的效果。

3. 重视员工的培训，重视动员员工参与公益和志愿者活动

企业的社会责任不仅表现在捐款等方面，还表现在员工的培养上。企业不仅是个职工劳动的地方，也是一个受教育、长知识和获得生活经验的小型社会，如果企业能够把员工培养成有知识、有道德的公民，更是承担企业社会责任的重要表现。而动员员工参与当地的公益和志愿者活动（如植树造林、向灾区和其他贫困地区捐赠物品、向大众普及专业知识等），则能够帮助企业提升企业社会形象，构建和谐的社区关系，更重要的是，它可以使员工在获得工作技能的同时，唤起员工的奉献精神，从而提高员工的综合素质，更有针对性地为公司的整体战略服务。

4. 运用"破坏性技术"原理开拓非洲市场

履行企业社会责任，并不是一味地强调付出而不考虑收益。为了既获取收益，又能够履行社会责任，企业可以在非洲这样一个人均收入较低的市场（BOP市场）运用"破坏性技术"(disruptive technology，指不能满足主流客户需求的初期技术）原理开发新产品，也就是提供那些价格更低、功能更简单、使用更方便的产品或服务（注意，这绝不意味着降低产品的质量），从而有效地开拓非洲市场（因为发达国家的企业提供的产品往往会超出非洲大多数消费者的吸纳能力）。[①]实际上，如前所述，满足低收入市场的需求，为非洲广大的消费者带来实际的利益，也是企业行使企业社会责任的表现。

5. 积极应对西方媒体的负面报道，主动与西方媒体及国际组织、NGO组织、宗教团体沟通、交流乃至建立良好的关系

媒体、国际组织、NGO组织、宗教团体作为国际社会的重要行为主体，往往在国际舆论中起到推波助澜的作用。企业可以主动请西方媒体及国际组织到企业项目所在地如非洲去了解、采访，例如可以采访非洲当地民众，用一种开放的心态，以雄辩的事实向世界传递中非合作共赢的声音。在这方面，中国水电建设集团在与国际河流组织交流的过程中

---

① 普拉哈拉德著，林丹明等译：《金字塔底层的财富》，北京：中国人民大学出版社，２００４年，第17—18页。

有深刻的体会和丰富的经验。在全球范围内倡导河流"绝对"自由流淌理念、惯于攻击各国水坝建设的美国国际河流组织,近年来在国际上攻击中国在非承建的水电站项目,严重损害了中国水电集团在国际上的形象。2009年7月,中国水电集团邀请中国大坝协会、中国水力发电学会等多方面水电专家,在北京接待美国国际河流组织代表。双方就中国水力水电发展过程中的法律、法规进行探讨,就该组织在网页、杂志等方面的歪曲事实、缺乏科学依据、极不专业的言论提出质疑,并充分交换看法。通过交流,河流组织政策执行主任白好德(Peter Bosshard)感悟很深,他在会谈结束时说:"过去由于我们的组织缺乏有效、可靠的信息来源,造成了许多对中国政府、中国企业缺乏事实根据的报道,并导致彼此之间产生了一些误解和不愉快事情的发生,为此深表遗憾,郑重道歉。"并希望今后建立与中国水电集团的交流渠道,及时交换信息,消除误解。因此,中国企业在国际经营中,不仅要高度重视社会责任,还要加强与国际组织的交流,重视国际舆论对企事业造成的影响。另外,中国企业需要以开放的心态,友好坦诚的方式与一些持不同政见的国际组织坦诚交流,甚至辩论,增进了解,交换看法。过去一些中国企业采取的对极端国际组织置之不理,或任凭它们在国际上发表负面言论的做法,都会不同程度地降低企业威信,损害中国形象。

最后,企业还可以利用中国相关学者、留学生、非政府组织等在国际上的影响力,帮助自己走进非洲。此外,企业也应该重视开展对投资区域的调查,全面分析企业在非洲投资的社会、文化、法律等环境,同时还要积极参与社会责任国际标准指南的制定,提高企业在社会责任领域的国际话语权等。

附录

1. 企业社会责任调查问卷1

中国在非洲企业情况调查问卷

尊敬的先生/女士：您好！我们是浙江师范大学非洲研究院的教师，感谢您在百忙之中抽出宝贵的时间回答本问卷。此问卷旨在了解中国在非企业的真实情况，您所提供的资料仅供整体分析之用，绝不会发表，请放心作答。由衷感谢您的帮忙与支持！

一、企业基本信息

在非洲成立年份	所属行业	注册资金	企业所在地
所有制形式	A.国有及国有控股企业　B.集体企业　C.民营企业			
企业有中国普通工人 ____ 名，平均工资 ____，管理人员 ____ 名，平均工资是 ____			
非洲普通工人 ____ 名，平均工资 ____，管理人员 ____ 名，平均工资是 ____			

二、选择（请填上所选项字母，可多选）

1.工资福利（　　）：A.按时足额发放　B.足额支付加班工资　C.足额缴纳社会保险

2.员工每周工作时间（　　）小时：A.40以下　B.50以下　C.60以下　D.70以下　E.70以上

3.您所在企业的工资福利待遇与当地同行业的其他外资企业相比，平均要（　　）

A.低很多　B.低一些　C.差不多　D.高一些　E.高很多

4.您所在企业的工资比当地最低工资要（　　）

A.高很多　B.高一些　C.差不多　D.低一些

5.公司是否建立社会责任、行为准则的规章制度(　　)：A.是　B.否

6.已建立员工职业健康安全管理制度(　　)：A.是　B.否

7.全员签订劳动合同(　　)：A.是　B.否

8.员工培训(　　)：A定期培训　B.能够保证培训经费　C.提供岗位培训　D.没有培训

9.是否将社会责任要求纳入采购合同(　　):A是　B否

10.是否建立保护环境的方针并在企业内部得到有效贯彻和落实(　　):A.是　B.否

11.污染物排放是否达标(　　):A.是　B.否

12.您认为您所在地区的大部分中国企业履行企业社会责任的情况(　　)

A.非常好　B.比较好　C.一般　D.比较差　E.非常差

13.您认为您所在地区的中国企业履行企业社会责任的情况比其他国家的企业总体要(　　)

A.好很多　B.好一些　C.差不多　D.差一些　E.差很多　F.不清楚

14.您认为您所在地的中国企业中，履行社会责任情况最好的是(　　)，最差的是(　　)

A.大型国有企业　B.中小型国有企业　C.大型民营企业　D.中小型民营企业　E.都差不多

三、请回答

1.您对您公司在非洲的经营情况满意吗？请简单介绍贵公司在非洲的发展历程。

2.您经营中碰到的主要问题有哪些？（请按照问题的严重程度排列）

3.您觉得您所在国投资环境怎么样？（如利润的汇回是否方便，有否优惠政策、投资程序是否复杂、腐败现象是否严重、法制是否完善、投资风险大小？）

4.您所在省市对您走进非洲有哪些支持政策或措施？您希望政府采

取哪些政策措施？（请注明企业来源省份）

5. 您公司在非洲是否发生过劳资纠纷？是什么时候？起因是什么？是如何解决的呢？

6. 您公司履行社会责任的情况比过去是否有所改善？是否比在国内要好？请举例说明。

7. 您公司在非洲的发展是否已经有完善清晰的社会责任理念？是什么？

8. 您觉得国内经济发展情况对您在非洲事业的发展有什么影响？请举例说明。

9. 请列出最近年度企业参与的公益或慈善活动。

感谢您参与此次问卷调查！如您以电子版填写，敬请发回给szpro@163.com 或 liuqinghai@zjnu.cn. 非常感谢！

2. 企业社会责任调查问卷2

Questions on

"China's companies and their social responsibility in Africa"

This survey is examining how African people perceive China's companies and their fulfilling their social responsibility in Africa. The results are for research purpose use only.Please complete these questions and return it as soon as possible after receiving it(You can choose more than one answer).

Age_____Gender_____Nationality_____

Occupation or Major in study_____

1. How many Chinese companies in your country?

    a. few; b.many; c.just so-so ; d. no idea

2. How do you think China's companies fulfilling their social responsibility in your country?_____

    a.good; b. very good; c. bad; d.very bad; e. just so-so; f. know nothing

3. How many times have you heard the good stories about "China's

corporate social responsibility in your country"?_____

a. once; b. twice; c. three times; d. more than three times; e. never

4. How many times have you heard the bad stories about "China's corporate social responsibility in your country"?_____

a. once; b. twice; c. three times; d. more than three times; e. never

5. How do you think of the Chinese corporate in your country's product quality?_____

a. very bad; b. bad; c. somewhat familiar; d. know nothing

6. How do you think of the Chinese corporate in your country to protect environment?_____

a. good; b. very good; c. bad; d. very bad; e. just so-so; f. know nothing

7. How do you think of the wages about Chinese corporate in your country?_____

a. high; b. very high; c. just so-so; d. lower than lowest wages Legal requirements; e. know nothing

8. How do you think of the working hours about Chinese corporate in your country?_____

a. longer than Legal requirements; b. very longer than Legal requirements; c. the same as laws Legal requirements; d. shorter than Legal requirements; e. know nothing

9. How do you think of the working condition about Chinese corporate in your country?_____

a. good; b. very good; c. bad; d. very bad; e. just so-so; f. know nothing

10. If you can give score to "China's corporate fulfilling their social responsibility in your country" (if 100 is the highest marks), you will give them_____

a. less than 40; b. 40-50; c. 50-60; d. 60-70; e. 70-80; f. 80-90; g.

90-100; h.100; i.others

11. If you can give score to "India's corporate fulfilling their social responsibility in your country" (if 100 is the highest marks), you will give them_____
    a.less than 40; b.40-50; c. 50-60; d.60-70; e. 70-80; f. 80-90; g. 90-100; h.100; i.others

12. If you can give score to "Western developed country's corporate fulfilling their social responsibility in your country" (if 100 is the highest marks),you will give them_____
    a.less than 40; b.40-50; c. 50-60; d.60-70; e. 70-80; f. 80-90; g. 90-100; h.100; i.others

13. What is the percentage among China's corporate to fulfilling their social responsibility in your country is good?
    a.most of them ; b.half of them; c. less than half of them; d. little of them; e. not any of them

14. Comparing to the past, China's corporates in fulfilling their social responsibility in your country has made some progress._____
    a. strongly agree; b. agree; c. somewhat agree; d. disagree; e. strongly disagree.

15. You hope China's corporates to invest more in your country_____
    a. strongly agree; b. agree; c. somewhat agree; d. disagree; e. strongly disagree.

16. How does the media in your country reports on China's corporate in your country?_____
    a.more positive; b. positive; c. negative; d. more negative; e. not at all; f.not clear

17. Do you think the media in your country reports accurately on "China's corporate social responsibility in Africa" ?_____
    a. definitely yes; b. yes; c. not clear; d. no; e. not at all

18. China is a better development partner for your country compared to the West._____

    a. Strongly agree; b. agree; c. somewhat agree; d. disagree; e. strongly disagree

19. What type of Chinese investment in your country do you know most about?_____

    a. finance; b. resources; c. infrastructure; d. agriculture; e. others

20. What aspect of Chinese investment is most important to you?_____

    a. its scale; b. generations of jobs; c. environmental protection; d. loss of industries and jobs; e. lack of social responsibility; f. environmental degradation

21. Is Chinese investment benefiting citizens in your country?_____

    a. yes; b. maybe; c. no; d. don't know

22. How could Chinese investment benefit citizens in your country best through?_____

    a. more job creation; b. more social involvement; c. more technological transfers; d. more people-to-people exchange

23. If you have comments on China's African policies, please discuss below._____

_____

_____

Should you have any questions during completing this questionnaire, please don't hesitate to contact Dr. QingHai Liu, who can be reached at liuqinghai@zjnu.cn. Feedback and comments are welcome. Thank you for taking your time on this!!!

图书在版编目（CIP）数据

中非联合研究交流计划2012—2013年课题研究报告选编／外交部非洲司编．—北京：世界知识出版社，2014.7
ISBN 978-7-5012-4692-2
Ⅰ．①中… Ⅱ．①外… Ⅲ．①中外关系－国际交流－研究－非洲－2012—2013 Ⅳ．① D822.34
中国版本图书馆 CIP 数据核字（2014）第 128749 号

中非联合研究交流计划2012—20113年课题研究报告选编
zhongfei lianhe yanjiu jiaoliu jihua
2012—2013 nian keti yanjiu baogao xuanbian

编　者／外交部非洲司

责任编辑／杨志芬
责任出版／赵　玥
责任校对／张　琨
封面设计／小　月

出版发行／世界知识出版社
地址邮编／北京市东城区干面胡同 51 号（100010）
网　　址／www.wap1934.com
电　　话／010-65265923（发行）　010-85119023（邮购）
经　　销／新华书店
印　　刷／北京京科印刷有限公司
开本印张／720×1020 毫米　1/16　22 印张
字　　数／324 千字
版次印次／2014 年 8 月第一版　2014 年 8 月第一次印刷
标准书号／ISBN 978-7-5012-4692-2
定　　价／46.00 元

版权所有　侵权必究